序　言

芒格主义认为什么最愚蠢

沃伦·巴菲特

1991 年夏末的一天，我出席了国会众议院小组委员会举行的一场听证会，回答他们提出的一些关于所罗门兄弟交易丑闻的问题。听证会由众议员埃德·马基主持，现场挤满了来自多家电视台和报刊的记者。当马基主席提出第一个问题时，我感到有些紧张。他想知道此次在所罗门兄弟发生的卑劣行为到底是华尔街的一贯风格，还是一个偶然事件。在他的表述中，他使用了一个拉丁语短语——“独特的非常事件”。

一般情况下，一提到拉丁语我会感到有些恐慌，因为在高中的时候，除了勉强通过西班牙语的初级课程之外，我从未接触过拉丁语。但是，我对“独特的非常事件”这个拉丁语短语倒并不陌生，因为我身边有个多年的老友兼合作伙伴，他就是查理·芒格。

芒格是那种独一无二的人，我在 1959 年第一次见到他时就意识到了这一点。在那之后，我不断在他身上发现与众不同的品质。我想任何与芒格有过接触的人，哪怕是很短暂的接触，都会告诉你同样的发现。但在一般情况下，提到芒格，人们立刻想到的是他的行为方式。很显然，如果芒格去参加一个礼仪培训班，建议在授予他毕业证书之前，应该对他下一番大功夫才行。

对我来说，芒格与众不同的是他的品质。他的才智确实令人惊叹，在我见过的所有人当中，芒格绝对算绝顶聪明的。即便年逾古稀，他的记忆力仍然令我羡慕不已。这些能力对于他而言，简直就是上天赋予、与生俱来的，而让我对他更加敬佩的是他对如何运用这些能力的选择。

在我们交往的几十年里，我从未见过芒格打算占别人的便宜，也从未见过他越界揽功归己。事实上，我的亲眼所见甚至恰恰与此相反，但凡有好的投资机会出现，他总是让我和其伙伴得到更好的投资条件。当发生问题时，他总是主动承担更多的分外责任；而在事情一帆风顺时，他却只接受比分内应得更少的赞誉。在内心深处他总是极为慷慨，从不让自我感性干扰理性。与大多数渴望得到外界认可的人不同，芒格完全根据其内心评分卡来衡量自己，而他的评分标准很严格。

在公司业务方面，芒格和我在很大程度上意见是一致的。然而，在社会问题上，我们有时会有不同的看法。尽管我们都有自己坚定的观点，但我们在数十年的友谊中从来没有发生过争吵，也从来没有因意见不合而闹得不可开交。大家也许很难想象芒格穿着救世军制服站在街头做公益慈善的样子，因为这根本不可能。他坚信慈善机构的一个信条：“应该憎恶罪恶，而不憎恶罪人。”

说到罪恶这个话题，芒格甚至将这个话题上升到了理性的高度。他得出结论，称应该避免好色、暴饮暴食和懒惰散漫等不良行为。然而，他对这些不良行为也持理解态度，因为它们通常会带来瞬间的、转瞬即逝的快乐。在所谓的“七宗罪”当中，芒格认为嫉妒应该算是最愚蠢的，因为它根本没有带来任何愉悦，相反，它只会让人感到痛苦。

在我多年的商业生涯中，我有过很多愉快的时光，但如果没有芒格，我的人生将大为逊色。“芒格主义”带给我极大的愉悦，并在很大程度上影响了我的思维方式。尽管许多人会将商人或慈善家作为芒格的标签，但我更愿意称他为一位老师，我们的伯克希尔－哈撒韦也因此受益，成为一家更有价值、更受人尊敬的公司。

另外，所有关于芒格的讨论如果没有提到他的妻子南希·巴里，基本上都可以说是不完整的。说南希·巴里对芒格具有巨大影响，毫不过分。作为芒格一家近距离的观察者，我可以向你们保证，如果没有南希·巴里这位贤内助，芒格如今的成就会大大逊色。如果将南希·巴里的工作比作“礼仪导师”的话，那么，在完善芒格的行为风格方面，她或许谈不上完全成功，尽管她努力了，而且非常努力，但她以另一种方式滋养了他，使他能够按照自己的信仰从事喜欢的事业。就这一点而言，南希·巴里非常了不起。

总之，芒格是一个独一无二的人。他的智慧、品质和教诲对世界产生了深远的影响，这些影响应该归功于他本人以及他的妻子南希。我希望这本书能够向更多的人展示芒格的伟大和独特之处，以及他为世界带来的宝贵财富和智慧。

写于内布拉斯加州奥马哈

译者序

中国亲见芒格第一人谈芒格

杨天南

作为百年纪念版的译者，我有幸在二十多年前见过芒格，是在他的家乡奥马哈，应该算是中国第一个去见芒格的人。芒格离世时达 99.9 岁高龄，如今世界各地互不相识的人，都以不同的方式纪念这位“度百岁而去”的智者，这种热情随着他的远去反而日渐热烈。

世人皆知巴菲特是前无古人的伟大投资家，伯克希尔 - 哈撒韦在其领导之下，从 60 余年前的 0.23 亿美元攀上 1 万亿美元的市值高峰，股价更是突破 70 万美元一股。当有人得知巴菲特当年的买入价是 8 美元一股时，震惊之情，难以言表。

而这一切与一个人有关，巴菲特曾经不止一次提到是“他让我从大猩猩进化为人”，这个重要人物就是查理·芒格。

芒格不但是巴菲特一生事业的绝世好搭档，还致力于传播知识、拔擢晚辈。为什么巴菲特总能买到好股票？为什么李录能遇见芒格？无论是高山流水，还是师生情谊，无论是巴芒，还是芒录，都是广为流传、令人赞叹的佳话。其实，人们羡慕的那些看似“偶遇”，背后都是坚持不懈的努力。

芒格出生于法律世家，比巴菲特大六岁，二人是奥马哈老乡。二战期间芒格从军，后来一直定居加州洛杉矶。从哈佛大学法学院毕业之后，芒格就职于律师事务所。他很年轻的时候就结了婚，生了一子两女三个孩子。不久后离婚，继而长子病故。而立之年的芒格在这样的打击之下，在街上一边走一边哭。在接下来的人生路上，带着两个女儿的芒格遇上了后来相伴一生的第二任妻子，后者带着两个儿子。于是，两人一结婚便有了四个孩子，接下来又生了四个。一家十口俨然一个热闹的大家庭，普通人面临的生活挑战芒格也一样感同身受，但这样的重压却是芒格成为亿万富翁的动力。

芒格在律师业务之外，开发房地产赚得第一桶金，结识巴菲特后走上投资管理的道路。二人惺惺相惜，最终合二为一，芒格成为伯克希尔－哈撒韦副董事长，他们相濡以沫，彼此成就，直至生命终点。

这本《芒格传》百年纪念版，是对芒格大半生的一个记录，此次推出也算是世人对他多年以来奉献社会的致敬。这本英文原名为

“真棒！”的书，客观而言，写作方法不太符合中文阅读习惯。

另外，相对于巴菲特“深入浅出”的文风，芒格则属于“深入深出”型。他的一些表述非但翻译成中文后读起来感觉难，即便是西方人读原文也会觉得费劲。所以，很多人在读过芒格的文章之后觉得深奥艰涩，甚至怀疑“是不是自己毕业多年，阅读能力已严重下降了”。为此，在翻译过程中，在忠实原著的前提下，作为译者的我斗胆做了一些拾遗补缺的工作，以增强本书的可读性。

一是对于书中的人物、事件，补充些背景信息，增添些过渡性文字，以便读者能够破竹而下。每种文化都有其独特的土壤环境，在某个环境中耳熟能详的事情，换了个环境可能是闻所未闻。加之原书作者当初也未必能想到自己的作品会跨越山海，触达异域，所以，译者有必要替读者着想，适时发挥一下主观能动性。

二是对于一些人物增加相应的标注，诸如老友、女儿、老师等称谓，以免读者读着读着就迷失了人物之间的关系，不知所云。何况中西方传统不但存在差别，有时甚至是逆天的存在。例如，西方常常会用先辈之名给晚辈取名，以示纪念和敬仰，而这在东方传统中却是忌讳。

你很难想象巴菲特的儿子名字中竟然有格雷厄姆，那是巴菲特最尊敬的老师的名字；你也很难想象查理·芒格有一个儿子的名字跟父亲一样，英文“Charles”和“Charlie”是同一个名字的不同拼写方式，前者更为正式，后者则更为口语化。

三是调整句子的顺序，同一自然段落的语序调整可以提升阅读品质。

四是将过长的段落分解为较短的段落，以减轻读者阅读时的视觉压迫感。

五是对于过长的“章”，适当地划分“节”。但为了不至脱离，节的标题依据原文就地取材。这样，既降低了阅读难度，又增加了可读性与趣味性，易于读者吸收理解。

芒格可能不知道，今天我有幸将他的传记翻译为中文；他或许不记得，二十多年前我们曾经在奥马哈见过面；他更不会想到，他所倡导的“跨学科技能”，实际上促成了我的跨学科技能；他谈到的“教育的意义”，实际上已经融入我们如今青少年社会实践活动之中，红红火火，星火燎原。

芒格为人世间留下了很多宝贵的精神财富，他的一生应验了我曾经在一篇经典文章中写过的话：“活着的时候有人喜欢，离开的时候有人怀念。”

千言万语，一句话：芒格，配得上。

前　言

找到智慧宝藏的地图

珍妮特·洛尔

每年春季，伯克希尔－哈撒韦都会在内布拉斯加州的奥马哈举办股东大会，世界各地成千上万的投资者为了见巴菲特一面，不惜远道而来，但他们除了想见巴菲特之外，对坐在他身边、帮助这位奥马哈先知回答问题的人也感到着迷。大家将他们二人在股东大会上的侃侃而谈称为“巴菲特－芒格脱口秀”。通常情况下，巴菲特回答问题时会根据自己的判断决定每个问题花多少时间。每当回答结束时，他会转向自己的长期老搭档芒格，问道：“芒格，你有什么需要补充的吗？”芒格静静地坐在那里，看起来像拉什莫尔山上那些著名的石雕一般安稳，然后给出一个简短的回答："我没有什么好补充的。"

巴芒每年都会在股东大会上开些善意的小玩笑，观众们也都喜欢跟着他们一起开心。然而，这样的会议还具有更深层次的意义，巴菲特会认真思考这些问题，芒格偶尔也会有感而发，给出一些基于他的漫长人生和丰富经验的小讲演。当芒格开口讲话时，全场观众都会屏声静气地洗耳恭听。

他一直秉承着一些自认为很重要的观点，例如：与人交往要秉承道德底线，实事求是，面对现实，从他人的错误中吸取教训，等等。他在传播这些道理时，充满使命感。

芒格的大女儿莫莉这样评价自己的老爸："爸爸非常清楚，他所秉承的社会价值观并不代表商业世界的常态。"

就财富而言，芒格的身家远远赶不上巴菲特，部分原因是他的生活方式有所不同。他不像巴菲特那样喜欢抛头露面，尽管他可以非常有趣。正是出于这些原因，芒格家族长期以来坐享亿万富翁之实，却不受名声附带的拖累。

在 1997 年 5 月的伯克希尔 - 哈撒韦股东大会上，我见到芒格，告诉他关于这本书的计划，并表示我将在当月晚些时候参加他主持的威斯科金融股东大会，希望届时我们可以进一步讨论这本书。当时，芒格并没有过多表示，只是说他认为这本书可能不会成为畅销书。

后来，我的丈夫和我、还有一个朋友一起前往参加威斯科金融股东大会。在会议即将结束时，芒格面对人群大声问道："珍妮特·洛尔在吗？”几百人的现场观众都转头四顾，寻找目标，一些认识我的人赶紧招呼我。我小心紧张地站起身答道：“芒格先生，我在这里。”他从椅子上站起来说：“你跟我来。”然后转身大步走出后门。我摆摆手和丈夫、朋友告别，不确定需要去多久。芒格默默地走在前面，我跟在后面，上了电梯，然后到了他的私人办公室。他告诉我芒格家族不希望这本传记出版，因为他们觉得这样会影响他们一向珍视的隐私。

实际上，我一向是一个害羞、不喜欢争执的人，我并不觉得这次会面的谈话轻松容易。听了他的想法，我解释说已经签了合同，必须完成这本书，即使他不合作，事情依然会推进。然而，我说我相信如果他答应合作，这本书会更好。“好吧，”芒格大声说道，“你可以先读这些书。”他递给我一份长长的书单，上面是他最喜欢的书，其中包括理查德·道金斯的《自私的基因》。

在接下来的日子里，芒格告诉我对于这件事，他经历了几个阶段：从起初的反对，到后来试图将影响降到最低，再到最后答应和我一起努力，尽力配合，让他的生活、他的活动变得更加易于理解。在这个过程中，我们之间的配合并非总是一帆风顺。例如，当我追问当年他儿子去世的情况，以及导致他一只眼睛失明的手术事故细节时，都勾起了他令人悲伤的回忆。

之后，我们完成了一系列访谈，或是在芒格位于洛杉矶圣巴巴拉的家中，或是在他的办公室里，还有两次是在他妹妹位于奥马哈的家中，有些访谈时间还不短。芒格邀请我们夫妇去他家位于明尼苏达北部的度假胜地，我在那里度过了几天，采访了他的家人和邻居，也与芒格一家进行了徒步旅行、划船、钓鱼活动，共度了不少愉快时光。

这本书的研究和写作历时三年，尽管其中一些研究涉及价值投资者本杰明·格雷厄姆和他的明星学生巴菲特，但那些材料只能作为背景参考。芒格的照片曾出现在《福布斯》杂志的封面上，他也曾在几家报纸上接受过专访，但关于他的资料非常有限。本书中超过 75% 的研究都是原创的。为了完成这本传记，我一共进行了 44 次采访，采访了 33 个不同的对象。我参加了 8 次伯克希尔-哈撒韦股东大会和 5 次威斯科金融股东大会，在威斯科金融股东大会现场，芒格独自登台，毫无保留地分享他所知道的一切。我还参考了大约 6 场不同演讲的文字记录，包括他在哈佛大学法学院同学重聚时的演讲。

尽管芒格在这本书的产生过程中十分配合，但他并未试图控制这本书的内容，除了经常表示他希望这本书能够强调他在过去几十年的生活中所学到的经验教训，并且希望别人能够从他的错误和成功中受益之外。事实上，他的人生教训不仅体现在书中，更体现在他的生活中。他和妻子如何在各种逆境中抚养八个孩子成长，如何不断努力发挥自己的才能和改善自己的财务状况，以及他作为一个有责任感的公民所承担的责任，所有这些都是一个传奇。在写这本书的过程中，我时不时地会心一笑，但有时也会感到痛苦、悲伤：芒格经历了生活的各种苦与乐。

芒格是独一无二的，他代表了西海岸文化与中西部价值观的融合，这种融合主要发生在 20 世纪上半叶。如果说巴菲特展示了一个住在奥马哈这种非金融中心城市的人也可以成为一个了不起的投资家，那么芒格则展示了尽管存在偏见，那些宝贵的、创新的金融和文化理念依然可以从西海岸传播到东海岸。

芒格经常在演讲中论及改变人生的重大理念，但在这些演讲中他并没有详细说明该怎么做。芒格向听众递交了一张地图，以帮助他们找到智慧的宝藏。然而，就像一张好的藏宝图一样，它非常简单，以至有些令人迷惑。直到你真正理解了这些指示的含义并一直遵循它们，你才能找到宝藏。

本书人物背景资料*

芒格本人的学习经历：

密歇根大学（未毕业）

加州理工学院

哈佛大学法学院（法律硕士）

第一段婚姻（1945—1953 年）：

妻子南希·哈金斯（Nancy Huggins，2002 年 76 岁时去世）

女儿温迪（Wendy Munger）、女儿莫莉（Molly Munger）

---

* 此背景资料由译者补充，便于读者理解书中内容。

这两个女儿均于 1945 年后出生，现在应该 70 多岁了。

儿子泰迪（Teddy Munger）（9 岁时因病去世，大约是 50 年代中期）。

第二段婚姻（结婚日期不详，应该在 1960 年左右）:

妻子南希 · 巴里（Nancy Barry，2010 年 86 岁时去世）

儿子小芒格（Charles T. Munger，Jr.）

女儿艾米莉（Emilie Munger Ogden）

儿子巴里（Barry A. Munger）

儿子菲利普（Philip R. Munger）

这四个孩子应该都是“60 后”，现在五六十岁左右。

第二任妻子带来在前一段婚姻生的两个男孩:

哈尔（William Harold Borthwick）

大卫（David Borthwick）

现在两人应该是 70 多岁。

作者在致谢部分提到了七个子女:

哈尔、大卫、莫莉、温迪、小芒格、艾米莉和巴里。

芒格有两个妹妹，分别是玛丽和卡罗尔。

巴芒的奥马哈老友戴维斯医生的两个儿子埃迪和尼尔后来也都成了医生，女儿薇拉与奥马哈商人李 · 希曼结婚。

目录

CONTENTS

第 1 章 非凡的智慧组合

Charlie Munger

我和巴菲特共事很久了，我一直认为自己仅仅是一个注脚。

——查理・芒格，1993 年芒格首次入选《福布斯》全美富豪排行榜

新闻界人士眼中的芒格

凯瑟琳·格雷厄姆女士是美国主流报刊《华盛顿邮报》的出版人，退休之后，在谈起查理·芒格时她回忆道："我和芒格之间有过联系而且还有些奇特。最早的时候，我向他咨询一些问题，因为当时我发现自己不仅要负责一家公司，而且要负责家族的信托基金，但我缺乏这方面的经验。我问过巴菲特的意见，他在解答之后往往会加上一如既往的典型反应说'这是我的看法，但你最好也去问问我的搭档芒格，虽然我们在大多数事情上意见差不多'。"

在来自奥马哈的亿万富翁巴菲特的安排下，凯瑟琳和芒格见了面。她后来说："于是，我跟着巴菲特一起去了洛杉矶，在芒格的办公室和他沟通。我认为他是一个很有趣、非常聪明的人，因为谈话刚刚准备开始的时候，我便拿出黄色便笺纸准备做笔记，这个举动把巴菲特逗乐了。直到今天，他依然会笑着回忆我当初如何记录芒格智慧金句的样子。从那时起，我和芒格便有了一段较长时间的愉快的信件往来，这是一段非常奇妙的经历。"

凯瑟琳的个人自传《我的一生略小于美国现代史》（*Personal History*）一书荣获了普利策奖。她有一个装信件的文件夹，在她撰写自传时经常翻阅那个文件夹中的资料。她回忆说:“我时常查看那些资料，它们记录了我最重要、最密切的通信往来。我已经忘了当初我们为什么开始通信，这种往来持续了大约十年之久，我们俩经常天马行空、畅所欲言，互开着玩笑，就像骑自行车时双手撒把一样洒脱与自在。”

凯瑟琳自认为生性腼腆，总是担心自己即便非常努力也不够优秀，终于有一天她意识到，在很大程度上，“是他在鼓励我，我做的比我想象的好很多”。

凯瑟琳说:“让我印象深刻的是，巴菲特和芒格两人的声音是那么相似，他们俩从声音到举止，再到幽默感，都如出一辙。”他们相互开着善意的玩笑，相互揭短，在我看来，他们俩在一起的确是一个非凡的智慧组合。”

巴芒初相见

回顾与芒格的交往，巴菲特说:“我在1957年就听到了查理·芒格这个名字。我当时在奥马哈管理着一个规模不大的投资公司，总资产大约为30万美元。埃德温·戴维斯是我们当地最著名的医生，他的妻子叫多萝西·戴维斯，我们很熟。我去过他们家，多萝西非常精明能干。我说了一下自己的投资管理事业，戴维斯医生似乎并不是很在意，但在我说完之后，他们夫妇讨论了一下，然后说打算投资10万美元。我惊讶地问他们:‘你们根本就没仔细听我说，为什么要投这么多？’他说：‘你让我想起了芒格。’我说虽然我不认识芒格，但我已经开始喜欢他了。”

20世纪二三十年代，芒格生长在奥马哈，他们一家与戴维斯医生一家既是邻居，又是好友。芒格说戴维斯医生是当地一位与众不同的人物，“他是一个非常有才华又特立独行的人，巴菲特管理的投资对戴维斯家族来说肯定是非常成功的”。戴维斯夫妇将他们的大部分家产都交给了巴菲特管理。

对于芒格的这番描述，巴菲特表示出不同意见。他说：“戴维斯医生是有点古怪，随着年龄的增长，他变得越来越古怪，到底是年纪有点大了。后来，他打算在我这里追加投资时，追加的是他自己从芒格那里赎回的。我说：‘我并不介意在很多场合你都将我和芒格搞混了，但是，关于赎回这件事，我建议如果你一定要赎回的话，就从我这里赎回吧。’”

巴菲特第一次真正见到芒格是在听到他名字的两年之后。巴菲特说：“1959年，芒格的父亲去世，他回来料理后事。戴维斯夫妇安排了一顿晚餐，在那个晚上，我们一见如故，无话不谈。”

现在，每当巴菲特提到戴维斯一家时，不再是指当年的戴维斯夫妇，而是指他们的孩子，他们都曾是芒格儿时的玩伴。戴维斯医生的两个儿子埃迪和尼尔后来也都成了医生，女儿薇拉与奥马哈商人李·希曼结婚。那次晚餐的地点是在奥马哈一家颇有历史的俱乐部，根据薇拉后来的回忆：“那天晚上氛围非常棒。”

在那晚见面之前，芒格也听到其他人说起过巴菲特，但他对初次相见并没有抱特别高的期望。他说："很有意思的是，除了巴菲特本人之外，我认识巴菲特家族的其他每一个人。"但一见面，芒格立刻注意到了那个戴眼镜的年轻人，当时巴菲特剪了个平头。芒格认为自己对生活习惯已经相当宽容，但当他了解到巴菲特习惯喝百事可乐、吃咸坚果、不吃蔬菜时，芒格说："我还是感到惊讶。"

芒格对见面的低预期看来是错误的，他的确被震惊到了。芒格说："不得不承认，我几乎立刻意识到，这是一个非常了不起的人。"

芒格立即开始问起巴菲特在做什么事，如何谋生，他被听到的东西迷住了。第二天晚上，两人共同的另一位朋友迪克·霍兰德（Dick Holland）邀请两人共进晚餐。当时，巴菲特 29 岁、芒格 35 岁，二人再次陷入深度对话。芒格全神贯注于对方说的话，以至当他举起杯来一口的时候，他也会举起另一只手以防其他人打断谈话。

可见，这个历史性的会面时机对两人都是有利的。芒格深爱的父亲去世了，巴菲特的导师格雷厄姆退休了，离开了投资圈，从纽约搬到了洛杉矶。随着格雷厄姆对投资问题的兴趣渐淡，巴菲特感到怅然若失，此刻的他需要一个新的交流对象。芒格和格雷厄姆在思维过程上有着惊人相似的一面：他们都诚实、现实、极具好奇心，不受传统思维的束缚。正是因为这样，芒格引起了巴菲特的注意。

盖可保险的联席董事长、一度被认为是巴菲特接班人的卢·辛普森说："我认为芒格比他自己认为的更像格雷厄姆。芒格走的是学术路线，但他对许多不同的事物感兴趣，他的阅读对象可以说是兼收并蓄，范围极广。"

巴菲特以专注于投资而闻名，认为芒格和格雷厄姆一样，兴趣广泛。他说："芒格的思维跨度比我大，他读了很多传记，每年数以百计。他能融会贯通，记住并吸收。"

巴芒的相遇也伴随着大时代。当菲德尔·卡斯特罗在古巴掌权时，当年轻的约翰·肯尼迪当选美国总统时，巴菲特和芒格两人已经成为"灵魂搭档"，这种关系至少在开始的时候并不涉及任何合同或头衔。

巴菲特形容这样的形式更像是"兄弟一场"的安排，而不是一种商业设计。在相互信任和认同的基础上，他们两人之间发生了一次又一次的讨论，一场又一场的会面，一笔又一笔的投资。

尽管芒格在奥马哈的家距离巴菲特的家仅有几个街区之远，并且十几岁时还在巴菲特爷爷的店里打过工，但他们之间六年的年龄差使得他们从未谋面。然而，正是这些相互交织的线索最终还是将两人联系在了一起。

芒格的女儿莫莉说："你可以想象一下，他们两人有很多非常像的地方，相似的父母，相似的价值观，相同的城市，所以，他们注定会成为朋友。"

芒格和巴菲特还有一些共同之处。芒格早年以当律师为生，他说：“和巴菲特一样，我对发财致富怀有巨大的热情，并不是因为我想要开法拉利豪车，而是我渴望独立，我非常渴望独立。在我心里，和别人做笔业务然后开张发票不是我想要的日子。我不清楚这样的想法从何而来，但我的确这么想。”

各方人士眼中的芒格

本书的主角——查理·芒格是世界上最著名的控股公司之一伯克希尔-哈撒韦的副董事长，也是第二大股东。他也是加利福尼亚州最大的法律报业集团每日新闻（Daily Journal Corporation）和威斯科金融的掌舵人，伯克希尔-哈撒韦持有威斯科金融 80% 的股份。此外，芒格还是洛杉矶慈善事业的热心参与者。1996 年，当芒格的照片出现在《福布斯》杂志封面上的时候，公众才渐渐意识到芒格不仅仅是伯克希尔-哈撒韦股东大会上那个一直坐在巴菲特身边的搭档。

作为全美最神秘、最有趣且独立的商业领袖之一，芒格的目标是保持略低于《福布斯》富豪榜最低门槛，这样将有助于避开聚光灯，但他的这个目标未能实现。

1998 年，芒格的身价超过 12 亿美元。在美国富豪榜上，芒格的排名仅次于李维·施特劳斯（Levi Strauss）家族的继承人，高于迪士尼的掌舵人迈克尔·艾斯纳和希尔顿酒店集团的继承人威廉·巴伦·希尔顿。最令人惊讶的是，他竟然将硅谷的史蒂夫·乔布斯甩在了身后。

与巴菲特一样，芒格也是白手起家，没有继承任何财富，他的成功完全建立在自己的意志力和商业头脑之上。

芒格解释说：“虽然没有继承金钱财富，但我的家庭给了我良好的教育，树立了非常好的榜样，告诉我应该如何为人处世。最终看来，这些比金钱更有价值。人生之初，受到正确的价值观的熏陶是一笔巨大的财富，巴菲特也是在这样的氛围中成长起来的。这样的价值观氛围甚至有一种财务优势，比如人们喜欢巴菲特，实际上有部分原因是出于对巴菲特家族的信任。”

根据巴菲特狂热粉丝俱乐部的传闻，芒格可能是伯克希尔－哈撒韦辉煌帝国背后的神秘人。按照巴菲特的长子霍华德的说法，父亲在他所知道的最聪明的人中排第二，排在第一的是芒格。当然，巴菲特也以他独有的幽默感聊起过具有神秘感的芒格。在伯克希尔－哈撒韦的一次股东大会上，巴菲特说：“芒格当然在说话，我只不过是动了动嘴而已。”

有一年，巴菲特在回答了一位股东的问题后将话筒递给芒格，芒格一如既往地给出了预期的回答：“我没有什么要加上的。”巴菲特开玩笑地说：“他有时还会做减法。”

伯克希尔－哈撒韦在全美可以说是最为人津津乐道但同时知之甚少的公司。多年以来，巴芒二人在股东大会上的表现就像一场轻松的娱乐秀，他们也以这样的形式传达了公司理念和投资理念。巴菲特无疑是这场盛会的明星，他的个性备受瞩目。芒格则完美地扮演了一个总能一针见血的捧哏，不过他很享受这个心直口快的直男角色。

芒格的继子、洛杉矶律师哈尔解释说："其实，大家看到的坐在巴菲特旁边的那个人并不是芒格，那只不过是他刻意树立的形象而已。的确如此，他当时没有太多要补充的，只是想继续下去而已，坐在那里的不是平日里真正的芒格。"

那么，真正的芒格在哪儿？

对于哈尔来说，芒格是一名敬业的继父，一位导师，一个让生活成为一场真正的冒险的人。

在《福布斯》杂志看来，芒格是让巴菲特家庭形象可信的陪衬，他"以强有力的方式让巴菲特成为一位好好先生"。

对于所罗门兄弟的前高管而言，芒格是一名精明的董事会成员。芒格很早就意识到了欺诈行为的存在，坚持要求公司就涉及国债交易的不当行为进行反省并对政府监管机构和公众做出解释，即使这会令公司这一利润丰厚的业务面临风险也在所不惜。

位于洛杉矶的芒格、托尔斯 & 奥尔森律师事务所规模不大但富有盛誉，这家律所之所以能吸引石油、公用事业等行业的大公司客户，是因为有芒格这块吸引力巨大的磁石。数十年来，伯克希尔－哈撒韦之所以能不断壮大，成就了今天的辉煌，也有芒格的功劳。

《洛杉矶大都会新闻》是一家位于洛杉矶的媒体，它的出版商罗杰·格雷斯是一名牛虻式的批评者。在格雷斯看来，芒格就是一个腰缠亿万贯、仗势欺人的人，一心打算利用他的每日新闻集团垄断加利福尼亚的合法出版市场。

但对于桥牌搭档而言，包括巴菲特、《财富》杂志编辑卡罗尔·卢米斯、亿万富翁奥提斯·布思、微软创始人比尔·盖茨以及已故的喜剧演员乔治·伯恩斯，芒格是一个出色的桥牌手，如果他能避免偶尔的不着边际的出牌当然就更好了。他的伙伴有时会有点难以理解他为什么会如此下注，尽管他通常遵循自己的一些简单逻辑。

对于船主和造船商而言，芒格是一个对任何新颖的造船想法均感兴趣的人，他可能会支持一个不同寻常的项目。他的女儿莫莉说："只要有人有任何关于造船的疯狂想法，老爸都是一个容易当真的人。"

芒格也是开市客（Costco）公司的董事，开市客的 CEO 詹姆斯·辛尼格（James Sinegal）认为芒格是全美最富人脉的商人之一。根据他的回忆，当初他遇见芒格并邀请芒格加入开市客董事会时，两人见面的地点是在位于洛杉矶市中心的著名的商业俱乐部——加州俱乐部。他说："当时在俱乐部里吃午餐的人很多，大约有 400 人，我觉得他们每一个人好像都认识芒格。"

在这之后，1997 年芒格第一次参加开市客的董事会。在会上，辛尼格将芒格介绍给另一位董事、著名政治活动家吉尔·鲁克勒肖斯（Jill Ruckleshaus）。结果，他们两人很久以前就见过。对此，辛尼格评价说："你永远不会对此感到惊讶。"

也就是说，芒格认识谁都不令人意外。

芒格的朋友圈包括比尔·盖茨、内森·梅尔沃德（曾经是微软未来创意专家）、通用电气董事长杰克·韦尔奇、美国前贸易代表卡拉·安德森·希尔斯、洛杉矶市长理查德·里奥丹，以及许多州长、参议员和总统。

尽管巴菲特和芒格两人看起来有很多相似之处，但也有很大的不同，在某些方面甚至相反。巴菲特擅长使用简洁的语言、民间故事和寓言，而芒格与此不同，他擅长阐述复杂的概念和详细的分析。巴菲特对穿着不太在意，而芒格是一个衣着整洁的人。巴菲特住在他买的第一栋房子里，多年来只做了有限的改建；芒格热爱建筑，喜欢房子，一共拥有七套住宅。此外，芒格是一位坚定的共和党人，而巴菲特称自己“大半是民主党人”。

芒格的个人生活一直很艰难，有时甚至是悲惨的，他并不像巴菲特那样看起来那么轻松就能赚到钱。然而，与其他伟大的合作伙伴一样，比如微软创始人比尔·盖茨和保罗·艾伦，索尼的盛田昭夫和井深大，或巴菲特在人生早期遇见的导师格雷厄姆和他的合伙人杰里·纽曼，他们之间的关系有协同效应，甚至存在某种神奇的力量。每个人都有自己的天赋，每个人都获得了巨大的财富，各自过着有趣的生活，但两个人在个性或技能上并不相同，而这些不同恰恰能使彼此互补，两人搭档的表现要比两人各自的表现好得多。正如芒格经常说的那样，当你把各种因素正确组合在一起的时候，你可以得到一个

“好上加好”的结果。

巴菲特接受过商业和金融方面的正式训练，但没有接受过法律方面的训练。芒格曾是一名职业律师，虽然他有经营企业的经验，但要成为一个职业的投资者，芒格还有很多东西要学。

芒格说：“你知道异性相吸的理论吧？实际上，完全相反并不能吸引人，每个从事复杂工作的人都需要团队，只有将你的思路与他人的理清并整合在一起的纪律才是有用的。”

在芒格身上，巴菲特找到了一个可以与之分享价值观和目标的人，他可以与之进行天马行空般的交流。

这两个人最大的相似点之一是他们的幽默感，和许多中西部人一样，他们学会了通过开玩笑来应对不适、压力、惊讶甚至悲伤。幽默能打破紧张气氛，提供心理保护，并使他们处于支配地位。

对于巴菲特而言，芒格带来的不仅仅是志同道合的理念，还有事业上的帮助。尽管巴菲特接手了一批前格雷厄姆－纽曼公司的投资者，并正忙于在内布拉斯加募集资金，但芒格在加利福尼亚将巴菲特的故事广而告之，为巴菲特带来了数百万美元的新投资。伯克希尔－哈撒韦早期的成功在很大程度上应该归功于收购了蓝筹印花、喜诗糖果以及加利福尼亚的其他公司，其中大部分是由芒格和他的西海岸投资圈好友发现的。

正如芒格饶有兴趣地观察巴菲特对饮食的简单态度，巴菲特也开始理解芒格不同寻常的个性。1967 年，在他们早期的一次投资调研经历中，芒格和巴菲特去纽约收购一家名为联合棉纺商店的小公司。巴菲特回忆起当时他和芒格正沿着曼哈顿的街道走，一边走一边说话。忽然，巴菲特回过头来，发现只有自己在自言自语，芒格不见了。原来，芒格忽然想起了自己要去赶飞机，径直离开了，连个招呼都没打。

巴菲特说，尽管芒格显得如此无礼，但“他是一个感性的朋友，这并不是指表面的细节，而是指发自内心的表现。我们一起做了很多事，从来都没有发生过争吵。有时会产生分歧，但从来没有一次感到愤怒、恼怒或其他什么。如果你有什么想法，他不会情绪化，反之，如果他有更好的事实或理由，他不会退缩。我们都认为对方的意见值得倾听”。

芒格眼中的自己

关于他自己，芒格坚持认为“自己的经历算不上是伟大的故事，可能会冗长而乏味。如果要完成一项任务，你必须首先走完全程，不要原地踏步。我的祖父是律师和法官。受他的影响，退伍之后，顺理成章地，我选择了去哈佛大学法学院学法律。人生是如此有趣，我其实很想尝试不同的领域。我一般进入某一行业之后总会比其他人做得更好。是什么原因导致这样的结果呢？应该是自学形成的自律，这些真的有用”。

芒格的人生故事揭示了很多很有帮助的观点，尽管并不那么条分缕析，例如量入为出、存钱投资、学习你需要学习的东西等。正如巴菲特喜欢说的："传统的观念，很有道理。"

巴菲特经常建议大学生尽早养成正确的思维和行为习惯，因为在大多数时候人们都按习惯行事。这与芒格提出的另一个想法完全一致。芒格总是尽可能诚实地行事，他说："你曾经的所作所为，日后将会以意想不到的方式反馈给你自己。"

第 2 章

一个可以定义芒格的湖

Charlie Munger

在生命中有很多事情比金钱更重要。对此，有人会感到不解。例如，我的一位高尔夫球友就说过：“健康有什么用？你又不能用健康换到金钱。”

—— 查理 · 芒格

明星岛度假生活

芒格一家在一座岛上有一栋度假别墅，这座岛的名字叫明星岛（Star Island），位于明尼苏达北部的卡斯湖。20世纪的最后一个夏季，芒格和南希夫妇二人坐着摩托艇到明星岛上的别墅度假。一大家子在码头迎接他们的到来，儿子、女儿、孙子、孙女，大家嘘寒问暖，高兴地说这说那。其中，有一个头发呈淡黄色的小孩大喊："嗨，爷爷，爷爷。"她就是芒格三岁的小孙女夏洛特。看到爷爷没看自己，小女孩直接走到爷爷身边，拉起爷爷的手。没几分钟，爷孙俩就热络了起来。小孙女很兴奋，显然她的热情得到了爷爷的热情回应。这种孙辈争宠的画面在芒格的大家庭里经常发生，屡见不鲜。

到达别墅之后，没一会儿，就听见儿媳莎拉在厨房大声喊："老爸，巴菲特刚才给你打来了电话，让你给他打回去。"

"好的。"芒格大声回应道，但他并没有立刻去打电话，而是继续告诉孩子们和管家菲利普·维拉斯奎兹各种行李应该放在什么地方。这些行李中有一个袋子，里面是笨重的钓鱼竿。

管家拿起一个裹得严严实实的塑料饵料盒，高兴地说："看，完好无损，没有压坏。"这些是芒格探访位于缅因州的朋友后，在飞往伯米吉的航班上托运的行李，伯米吉是距离明星岛最近的机场。饵料盒里装的是一系列新款专用鱼饵，那是芒格从一个钓鱼电视推销节目中订购的，这个货真价实的亿万富翁对勤俭节约也很在行。

在经历了到家之后的一阵忙乱，一切落定之后，芒格走到厨房，那里的墙上装有室内唯一的一部电话。此时，厨房里家中的大人在专业厨师的带领下，正在为 30 位亲朋好友准备晚餐。不到十岁的小孙女玛丽·玛格特一边在认真地削着胡萝卜，一边竖着耳朵听着关于钓鱼的故事。她对钓鱼实在是太着迷了，有点迫不及待地想跟着爷爷去湖边。

芒格扫了一眼厨房，仿佛在评估在这种氛围下与老朋友巴菲特进行私人谈话的可能性。巴菲特是他长期以来的商业伙伴，是这世界上第二富有的人，是证券界的股神。这时南希走了过来，挽救了处于困境中的丈夫："嗨，这是可移动电话，你可以拿着它到方便的地方打电话。"芒格不相信在室外还会有信号，于是就在客厅的转角处输入了他熟悉的号码。当芒格坐在一张厚实的软垫椅子上，沉浸于与巴菲特的通话时，屋子里其他空间充满了热闹的气氛。

芒格与巴菲特在电话里的对话如下：

"嗯、嗯、嗯。"只见芒格静静地点着头。

"嗯、嗯。"芒格继续同样的动作。

"那么，是价格不合适吗？"芒格问，"如果再等一等，我想你会得到想要的价格。"

"好吧，就这样。"挂断电话，通话结束。

儿时也淘气的芒格

1924 年 1 月 1 日，查理·芒格出生于内布拉斯加州的奥马哈，但他显然认为明星岛才是自己的家。这里是他的过去、现在和未来交汇的地方，正是这栋夏季度假别墅将芒格大家庭里分散在世界各地的家人聚在一起，无论是世事艰难还是事业忙碌，尤其是在孩子们长大成人、各自建立了自己的家庭之后。芒格的祖父母在这里度假，芒格的父母也在这里度假。很多年来，位于明尼苏达州卡斯湖中心小岛上的一系列小屋，俨然已经成为芒格大家庭的欢聚之所，这个大家庭包括芒格的八个子女、十五个孙子孙女以及一大群姨婶叔伯、子侄外甥、堂表兄弟姐妹。

每年夏天，芒格的子女齐聚一堂。芒格有两个来自第一段婚姻的女儿：莫莉和温迪。第二任妻子南希从第一段婚姻带来了两个儿子：哈尔和大卫。芒格和南希的婚姻是各自的第二段婚姻，他们一起又生了四个孩子，分别是小芒格、艾米莉、巴里和菲利普。除了菲利普目前还在纽约读研究生，其他孩子都已经结婚生子。

的确，明星岛具有一种在当今大都市里难得一见的氛围。芒格的女儿温迪如是说："我们都认为这座岛是这个大家庭的中心。如果你的屋顶漏了一个洞，邻居们会热心地赶来帮忙；

如果你的船坏了，他们也会来。这是一个守望相助的地方，大家相互关心，互帮互助。”

对于芒格家的孩子们来说，明星岛是一个珍藏了很多宝贵记忆的地方，因为那个平日工作时全神贯注、雄心勃勃的芒格，每年夏天都会在此与大家一起度过一段美好的时光。

按照女儿温迪的说法就是：“那是我们能够见到他最多的地方。”

明星岛的名字很贴切，它的形状就像一颗从太空坠落地球，火光飞溅在地球形成的恒星。芒格家的别墅后面是茂密的常绿植被，清澈透明的卡斯湖距离别墅的东门仅仅 40 英尺。岛上还有个内湖——温迪戈湖，这个湖是一片完全封闭在岛内的水域，从岛上的任何一栋别墅走到湖边，用时都在 15 分钟之内。

岛上基本上都是小路，这是岛上的居民为了便于出行而开发出来的林间徒步小径。从陆地登岛的唯一方式是乘坐私人船只，该岛大部分地区现在由美国林业局管理，但在此住了几十年的居民都认为这里应当属于自己。

芒格的祖父母早在 1932 年就知道了这个岛，卡斯湖距离他们在内布拉斯加林肯的家大约有两天的车程，但对芒格一家来说，为了开车来到明尼苏达州北部的这个狂野之地，一切努力都是值得的。因为他们是在绝望中来到了这片舒适的度假胜地，当时内布拉斯加东部在夏天的温度可以达到令人窒息的 90 华氏度，湿度高达 90%。那时，几乎没有人知道家用空调为何物，任何有能力的中西部地区居民都跑到了更为凉爽的北方。

岛上发生过火灾，明星岛上唯一的旅馆被付之一炬，剩下的住宿选择是一幢美式小屋（后来该建筑被美国国家公园管理局收购并拆除），以及分布在湖岸线上的一些简陋小木屋。起初，芒格一家租了其中的一栋小木屋住下。芒格的祖父母即后来成为联邦法官的托马斯·C. 芒格和他的妻子意志坚定，他们认为没有电力、没有厕所、没有电话且附近没有商店的简陋环境对他们的家庭是有益的，因为这样可以磨砺性格。直到 1951 年岛上才通电，直到 20 世纪 80 年代岛上才通电话。

据芒格女儿温迪回忆："在我的记忆中，直到我 13 岁，家里才有室内洗手间。在那之前，只有户外厕所和几个水槽可用。"

芒格家族的度假小屋最早建于 1908 年左右，芒格的父亲在 20 世纪 40 年代从骨科医生汤米·汤普森医生手中买下了这栋小屋。直到今天，老房东汤普森医生留下的幽默金句依然挂在室内的墙上。

根据芒格的叙述："我父亲在 1946 年花 5 600 美元买下了这栋房子，那时我祖母刚刚离世，他因此继承了一些遗产。在此之前，我父亲的银行账户上没有任何积蓄。"

芒格的父亲阿尔弗雷德·芒格是一个热衷于户外活动的人，他很高兴拥有自己的湖边小屋，但芒格的母亲弗洛伦斯·图迪对于全家去明尼苏达进行一年一度的度假却需要鼓足勇气。

芒格的妹妹卡罗尔回忆说："父亲酷爱钓鱼，那是他的最爱。他喜欢狗，喜欢去猎鸭。"当谈到母亲时，她说："她的体质使她容易过敏，因此她一点儿都不喜欢户外活动。"

从陆地码头到岛上小屋码头的船程并不长，但这对于芒格的母亲而言依然是一种折磨，因为她晕船很厉害，但她的勇气为所有的祖母树立了榜样。

芒格的女儿温迪回忆起自己的祖母时说："她不会游泳，但每年夏天她都会出于对子女、孙辈的爱来到岛上。"一旦安全登岛，她祖母的幽默感立刻就又回来了。

芒格的儿时伙伴薇拉的说法是："在卡斯湖，我们必须在晚饭前把一切安排妥当，芒格的妈妈会说'我希望在日落之前布置好房间'。她既聪明又有趣。"

过敏和晕船并不是芒格的母亲遇到的仅有问题，她还非常害怕老鼠。因为在一年中的大部分时间这栋森林小屋都处于无人居住的状态，所以老鼠可不少。尽管房屋经过了几次翻修改造，但芒格一家还是一直无法完全摆脱老鼠带来的困扰。即便是在老家奥马哈的居所，芒格的母亲也不得不面对这些讨厌的啮齿动物，甚至这还与她唯一的儿子芒格有关。

芒格回忆说，当自己还是个小孩的时候经常会和母亲一起去散步。一天，他看到路边有一只死老鼠，于是便开始恶作剧。他回忆说："当时，我明知她对死老鼠的厌恶，但还是故意捡起它，提溜到她面前晃着说：'妈，你看这是什么？'她吓坏了，转过身沿着大路狂奔。我在后面追着她，手里还拿着那只死老鼠。”

芒格说：“回家后，她拿着衣架追着要打我，这是唯一的一次。”

再后来，芒格迷上了当时一种流行的宠物时尚活动：在地下室养仓鼠。而且，他经常与其他人交换宠物，通常都是像他一样年纪差不多的孩子。奥马哈有个宠物鼠俱乐部，位于市中心的法院大楼里，芒格会经常骑自行车到那里参加聚会。

芒格后来解释说：“去那里参加聚会主要是为了交换更大的仓鼠或品种不同的仓鼠，诸如此类。”他曾一度养了大约35只仓鼠，其中有一只死掉了，他不忍心将它丢掉，想把它放在冰箱里。

芒格的妹妹卡罗尔说：“哥哥有时会忘记喂仓鼠，或者放学回家太晚来不及喂。这些小动物饥饿的时候就会发出咯吱咯吱的响声，搞得在整个屋子都能听到。后来，这些小动物实在太难闻了，最后，妈妈让哥哥把它们都放走了。”

明星岛上的生活

后来，芒格和他的两个妹妹从父母那里继承了明尼苏达的小屋。再后来，两姐妹中的玛丽在过世前卖掉了自己的份额，在岛上另一处买了自己的沙滩小屋。现在，芒格和他的妻子南希以及他依然在世的妹妹卡罗尔，各自拥有这栋房屋三分之一的产权。

芒格的妻子南希说："我们喜欢岛上的生活，很多人在这里住了很多年，我们的不少朋友都已经是当地第五代甚至第六代居民。"

他们在明星岛上有位邻居，叫约翰 · 拉克米克，一年中的大部分时间他都住在科罗拉多州的常青镇，但他在明星岛上度过了 72 个夏季。20 世纪 20 年代末，在约翰的父母于明星岛度假期间，他的母亲怀上了他。接下来的第二年，约翰便开始每年都来明星岛。根据约翰的记忆，自己第一次见到芒格是在 5 ～ 7 岁的时候。两个家庭在岛上聚餐的时候，他们两个小男孩经常一起玩。约翰说："他很早就显示出自己与众不同的个性，他非常自信！"

芒格长大后，每年都会回到岛上，这对他而言并非轻而易举，尤其是 20 世纪 40 年代中期他搬到加利福尼亚之后，更不用说在接下来的二十年时间里，他需要养活一大家子。

芒格的女儿莫莉回忆说："我记得三四岁的时候，我们开始每年去明星岛。刚开始的时候，有时我们会先飞到奥马哈，然后开车去。温迪和妈妈一起乘坐飞机，那时她还小，可以坐在妈妈的腿上。有一次，我、温迪和父亲一起坐火车去，花了很长时间，那次我穿着红色的凉鞋。"

随着家庭经济状况的好转，芒格一家会先从加利福尼亚飞到明尼阿波利斯，然后按照找到的最佳路径到达卡斯湖。女儿温迪回忆说："当初为了省钱，我们乘坐过一些奇怪的航班，甚至到达中转站时我们要分开走，大一点的孩子会乘坐灰狗长途巴士。直到有一次，我们全家一起从明尼阿波利斯飞到伯米吉，这是一个巨大的变化，戏剧般的变化。”

对儿子小芒格来说，在湖边度过的夏季是一家人难得的欢聚时刻，他可以得到父亲更多的关注。他说：“我们通常会在这里钓鱼，点起篝火。在一年的其他时间里，我们很少能见到他。”

现在，女儿温迪说：“我们经常会在那里欢聚一堂，通常是八个孩子中的七个，或者至少是八个中的六个。这成为幸福生活的重要部分，我们都想在同一时间到岛上，因此，后来不得不在岛上买下岸边的房子，以便大家来了都能住下。”

当芒格一大家子在 7 月、8 月相聚于明星岛时，加起来有三四十号人，他们住在各种各样的小屋里。由于岛上小屋的厨房储物空间有限，很难为这么多人储存足够的食物，因此，芒格家的孩子每天都会轮流乘船，在卡斯湖上穿梭前去购物，每天购买食物的账单往往会超过 300 美元。一家人还喜欢四处搜罗美食，有时是新鲜的湖鱼，有时是当地产的质量不错的野生稻米，有时他们会从停在路边的农用卡车买上 100 根新鲜带穗的玉米回家。

当附近的别墅陆续挂牌出售时，芒格一家会将它们一一买下，并开玩笑地以“芒格西”开头为它们命名。从第一栋、第二栋开始，接着是第三栋、第四栋，这些小屋沿着湖岸一字排开。1999 年，芒格的子女们通过电话、传真、电子邮件等方式不断沟通，大家群策群力，打算设计、建造一幢“超级大房子”，以便让家人和朋友有机会在同一个地方聚餐、游戏。

芒格父亲最初买下的主屋被称为“芒格东”，经过一系列扩建，面积增加了一倍。后来他们还修建了可供残障人士使用的客房，配备了坡道和其他相关设备，以方便芒格的妹妹玛丽居住，玛丽在 20 世纪 80 年代末患上了帕金森病。后来，还增加了一个顶部有公寓的船库；再后来，又加了一个网球场。1999 年，芒格自己还亲自设计了一个更大的码头。

主屋大门上的标牌写着“钓鱼者休息室”，这个名字来自芒格最喜欢的一位作家——伍德豪斯（P. G. Wodehouse）——的书，显示出芒格对这位作家和钓鱼活动的热爱。在这所老房子翻修之前，楼上一些墙并没有延伸到天花板的高度，它们更像是隔板而不是墙壁。这样，女儿莫莉晚上躺在床上常常会听到隔壁房间里老爸读书时发出的笑声，这是他读到伍德豪斯书中那些滑稽故事时发出的笑声。

芒格一家经常到明星岛度假，但他们也不会忘记可以让度假变得更舒服的公司，例如巴菲特的心头好——内布拉斯加家具大世界（NFM）。他们屋里的大部分家具都是从 NFM 购买的。家具被运到湖边后，由芒格自家的驳船运上岛。小屋的浴室里放着吉列牌的洗漱用品，冰箱里放着可口可乐，伯克希尔 - 哈撒韦持有这两家公司的大量股票。

随着时间的推移，明星岛上的小屋、码头和船只越来越多。现在全岛一共有 13 艘船，包括钓鱼用的小船、两艘“马克 · 吐温号”、一艘“刺尾鱼号”和一艘双体帆船。芒格的女儿莫莉说，明星岛上的船只这么多一直以来都是个令人烦恼的问题，因为家庭成员在一年中的大部分时间里都住在数千英里外的地方，这些船只无人看管，以至或多或少都处于“不同程度的失修状态”。

这里的房屋维护更是一项让人望而生畏的工作，除了明星岛之外，芒格夫妇在洛杉矶汉考克公园附近、圣巴巴拉、加利福尼亚新港海滩以及夏威夷都有房子。此外，芒格在明尼苏达州也有房产，由当地一位名叫安·克莱默的女经纪人负责日常管理。二十五年来，她一直不断地参与那些似乎永远没完没了的新建和改造项目。

无论从哪个角度看，芒格都是一个热情且执着的钓鱼爱好者。对于芒格而言，童年的记忆是抹不掉的，但即便没有这些记忆，他可能也会继续。

芒格在圣巴巴拉造了一艘大型帆船，平时就停靠在当地。他的朋友兼船长金·威廉姆斯说：“芒格非常喜欢钓鱼，他甚至会在鱼桶里钓鱼。”

卡斯湖是一连串向北延伸的湖泊之一，每个湖泊都有隐蔽的水湾和浅滩。根据当地人的说法，这里有鲈鱼、大梭鱼，可能还有碧古鱼。在明星岛上，有一位来自艾奥瓦得梅因的邻居，名叫 J. D. 拉姆齐。在 80 岁生日那天，芒格聊起自己这位朋友的钓鱼习惯，但聊天的内容听起来很像芒格自己：

“我这辈子见过很多像我一样奇特的钓鱼人，为了能在希望较大的水域钓鱼，他们宁愿忍受痛苦。”芒格在对拉姆齐的致辞中，以开玩笑的口气写道。“但只有拉姆齐思想坚定，着装正式，将钓鱼的意义上升到一个境界和高度。他通过沼泽地带运送小船，并宁愿在选定的钓点忍受折磨。这些地方一般人难以进入或不愿进入，部分原因是在那里几乎无鱼可钓。”

芒格的儿子巴里解释说，父亲是一个有耐心的投资者，也是一个极其有耐心的钓鱼人。巴里说：“他每天都在努力寻找最好的钓鱼技巧，并会坚持使用他认为有效的鱼饵，即使船上的其他人用其他方式取得了更好的结果，他也不为所动。曾经有一段时间，他每天钓鱼时都使用橙黄色的鱼饵，我猜可能是因为这样做有效。但是，如果换做我，如果鱼一直不上钩，我会尝试钓箱里不同颜色的鱼饵。”

芒格对钓鱼的态度在他曾经讲述的另一个故事中得以展现，当时他在思考许多投资者容易轻信进而上当受骗的问题。

关于鱼饵，有的是花哨的绿色和紫色，我曾经问过一家我认识的渔具商：“对于这些花里胡哨的东西，鱼会上钩吗？”渔具商回答说：“你想想，我又不是把这些鱼饵卖给鱼。”

芒格和儿子巴里在明星岛上的合影

巴菲特险些丧命卡斯湖

大卫是芒格的继子，他说正是在明星岛的日子让他开始真正意识到巴菲特在芒格一家人的生活中扮演了一个特殊的角色。他说："在 1963 年或 1964 年的 8 月，巴菲特到岛上住了几天。通常，一般的客人到来继父会派哥哥哈尔去接。但巴菲特来的时候，继父坚持亲自去接。这是一个暗示，说明来的客人非常重要。"

当巴菲特第二次到访明星岛时，这座岛在很多追随者心中成为一个传奇之地。但正是这次来访，芒格差点淹死了他的商业伙伴。

对于此次旅程，巴菲特回忆说："我是和古瑞恩一起去的。那时，他的妻子去世了，留下一个儿子，我们觉得带他们一起去度个假是个好主意。"

古瑞恩当时是位于洛杉矶的证券经纪公司 MJT（Mitchum, Jones and Templeton）的董事长，还是新美国基金的董事长，芒格持有该基金大量的份额。古瑞恩是个精明能干的人，也是个狂热的健身爱好者。他喜欢戴墨镜，喜欢穿敞领丝绸衬衫，看起来像是电影行业的人。实际上，他的确有自己的电影公司。但尽管如此，古瑞恩是芒格的长期商业合作伙伴，在巴芒这个传统的圈子里，他似乎是最与众不同的一位。

古瑞恩回忆说，自己的第一任妻子安在世时经常将芒格、巴菲特以及查克・里克绍尔（洛杉矶的律师）称为自家人。不幸的是，她于 1980 年自杀。古瑞恩说："这对我实在是一个巨大的打击。几天之后，巴菲特找我谈心、宽慰我，也谈到了母亲去世对孩子的影响，当时我们的孩子帕特里克才刚满八岁。”

巴菲特建议古瑞恩和芒格的大家庭一起，每年去卡斯湖小住。古瑞恩很受芒格的欢迎，他们二人保持了终身的友谊，直到古瑞恩最终因病在家中离世。

关于那段时光，古瑞恩曾回忆说：“我们一起溜达，一起在家里打桥牌。”

自然而然，芒格会开船带着朋友们出去钓鱼。

古瑞恩说：“芒格非要亲自开船，我曾主动要求由我来开船，但他依然坚持自己来。”接下来发生的事情流传有几个不同的版本，但一般来说故事的情节是这样的：

> 巴菲特回忆说：“那是一个风平浪静的日子，我们的船开出去了，距离湖岸一英里左右，古瑞恩和我一直在聊天。”
>
> 这时，为了开到一个合适的位置，船长芒格突然来了一个大拐弯。
>
> 古瑞恩回忆说：“突然，我低头一看，发现自己已经在水里。我们的船正在后退，湖水漫过了船舷，倾泻而下。”
>
> 古瑞恩对芒格大喊，芒格却冷静地回答说：“我会处理的。”接着，他依然开足马力继续后退，然后，船沉了。古瑞恩和巴菲特都掉进了水里，两人被湖水淹没了好几分钟，终于，双双浮出水面。“巴菲特的眼睛瞪得和他的眼

镜一样大。”古瑞恩这样描述当时巴菲特的惊恐。

芒格后来解释说，这艘船是借来的，船上没有设计后退时的防进水功能。巴菲特虽然身体素质还不错，但他并不是一个泳技高超的游泳健将。

古瑞恩坦言：“我得帮巴菲特解释一下，这个故事听起来有点不靠谱。我们当然知道，不管有没有我巴菲特都会活下来。在那之后，我常说如果巴菲特哪天万一真的遇到麻烦，我会在给他救生衣之前做个交易。那样的话，我就有可能成为伯克希尔－哈撒韦的董事长。”

古瑞恩说，正是因为这个不幸事件，后来芒格被朋友们戏称为“海军上将”。尽管遭遇了不幸，古瑞恩说那年夏天在卡斯湖度过的时光是使他从悲伤中恢复过来的宝贵的第一步。他说，这次旅行也让他看到芒格和巴菲特不仅仅是商业伙伴。

“巴菲特给了我他能给的最好的礼物：一起度过的三天时光。芒格也一样，我们在一起的时光有理性、机智、逻辑的一面，但还有另一面。”

巴菲特对这次翻船事故的反应，典型地体现了他和芒格之间的商业关系。芒格说：“就算是在明尼苏达州去钓鱼的途中我不慎搞翻了船，我们不得不游到岸边，他也不会对我大吼大叫。”

不过，后来芒格的一个孩子也提到，自打那次不幸翻船，巴菲特再也没有来过卡斯湖。

按照芒格的说法，巴菲特没有再来明星岛还有一个原因：“他掉到水里之后，为了让他高兴起来，我们安排了一群高中生在帐篷里表演莫里哀的戏剧。”然而，即便表演不错，但很显然，莫里哀的戏剧不符合巴菲特的口味。

第 3 章

内布拉斯加人

Charlie Munger

越来越多的人自称来自内布拉斯加*，有些人出于对身份地位的考虑会说自己来自内布拉斯加，但实际上他们并不是。

—— 沃伦·巴菲特，1997 年伯克希尔 - 哈撒韦股东大会

---

* 内布拉斯加是美国的50个州之一，位于美国中西部。奥马哈是该州最大的城市，巴菲特、芒格都生长在奥马哈，它也是伯克希尔 - 哈撒韦总部所在地。

一方水土奥马哈

奥马哈，位于美国中西部，是内布拉斯加州最大的城市，这个地方是通往密苏里河以西广袤富饶土地的门户。19世纪，成千上万的人向西部进发，成为西部开发的先行者。他们穿过内布拉斯加州，沿着摩门教徒之路，前往俄勒冈州，一直向西。时隔150年，当年那些马车留下的辙印如今在农田里依然清晰可见。当时的奥马哈充满了狂野粗放的气息，以至芒格的祖母有很长一段时间都不愿意住在那里，因为她老家艾奥瓦州的文化氛围与这里差别太大。

芒格的妹妹卡罗尔说："老一辈的人都搬去了奥马哈，他们在那里工作，但老太太坚持住在艾奥瓦，现在那里到处都是赌场和脱衣舞厅，但在当年，相比之下，在一般人看来，内布拉斯加比起艾奥瓦更像是一个蛮荒之地。"

现在，虽说奥马哈的环境已经有所改变，但是对生活在这里的人来说依然是一种磨炼。这里的夏季气温可以达到100华氏度（约合38摄氏度）以上，冬季会降至零下40华氏度（约合零下40摄氏度）。这里有两条大河，分别是普拉特河和密苏里河，它们在奥马哈交汇。春天来临的时候，融化的冰雪有时会引发早春的洪水。

很多内布拉斯加人个性鲜明，包括现代牛仔竞技会的创始人布法罗・比尔・科迪，小说家威拉・凯瑟，美国前总统福特，演员亨利・方达、约翰尼・卡森、马龙・白兰度、尼克・诺尔特和弗雷德・阿斯泰尔，以及人权活动家马尔科姆。

奥马哈是芒格生长的地方，他曾说自己亏欠家乡太多。他还曾引用过一句老话并略做修改：“**命运能让一个男孩离开家乡，但却无法让家乡离开他**。”

芒格的女儿温迪说：“父亲一再强调，自己之所以有今天，就是因为生长在奥马哈。但是，巴菲特不这么认为，因为他说他在奥马哈从来没有遇见像我父亲一样的人。”

芒格的父亲叫阿尔弗雷德・芒格，是奥马哈一名律师，母亲叫弗洛伦斯・图迪。芒格是家中的第一个孩子，也是独子。芒格出生的年代被后世称为“咆哮的二十年代”。在他出生的四年前《沃尔斯特德法案》（The Volstead Act）生效，该法案规定禁止携带酒精饮料入境美国；在他出生的四年后，青霉素被发现。

后来，美国总统沃伦・哈丁（Warren Harding）在办公室因心脏病发作而离世。一年之后，卡尔文・柯立芝（Calvin Coolidge）接替他成为美国总统。或许是为了避免同样的命运降临在自己身上，柯立芝每天白天会小憩两三个小时。他这种休闲的生活习惯并没有对国家经济造成伤害，当时的国民经济正处于上升的繁荣时期。柯立芝曾宣称“政府工作的重点就是抓经济”。实际上，从1921年到1929年，美国的国民生产总值从740亿美元飙升至1 044亿美元。随着经济的繁荣，熟练工人的购买力也增长了50%，泥瓦匠开始买得起旅行车，他们的配偶开始穿上丝袜。

芒格的父亲从家乡林肯搬到了奥马哈，两地相距大约50英里，因为芒格的祖父是当地唯一的联邦法官，也是当地社区的领袖，这让芒格的父亲在执业时需要有更多周全的考虑。从1915年到1959年，芒格的父亲也在奥马哈一直从事法律工作，两代人的办公室位于市中心的同一栋大厦里。在第一次世界大战期间，芒格的父亲曾经担任助理总检察官，履行了自己的公民义务。

芒格家族史

芒格家族的历史可以追溯到美国早期，其祖先是新英格兰地区最早的来自英国的移民之一。芒格这个词来源于德语单词monger，意思是推销商品的人，例如贩鱼或贩铁等职业。在更早的时候，芒格家族从德国迁至英国，此后，逐渐英国化。

1637年，芒格家族的第一人抵达美洲，名叫尼古拉斯。他当时只有16岁，是一个来自英国萨里郡的自由民。到达美洲新大陆之后，他定居在康涅狄格州的吉尔福德，那里的农场多是沼泽，并且产量很低，所以一大家子不得不从一个令人失望的农场搬到另一个，希望以此改善家族的命运。随着时间的推移，这家人不断向西迁移，最终来到了内布拉斯加。

这些故事被记录在芒格家族史中。一位负责芒格家族史的学者记录道："在我们当中，既没有大名鼎鼎的人，也没有权势显赫的人，大多数属于踏踏实实的'中产阶级'，**中产阶级是一个国家的中坚力量**。家族里有些人给这个家族增光添彩，他们是时代勇敢的先锋，无论是在殖民地斗争中、独立战争中，还是在南北战争中，他们都作战英勇，他们配得上这样的称号。"

在这些迁至内布拉斯加的芒格家族成员里，其中一位成为一名教师，并与一位女教师结婚。他们的家庭极其贫困，因为在美国建国早期，教师的收入非常微薄。尽管如此，他们的两个儿子，一个成了医生，另一个成了律师，后者也就是芒格的祖父，他后来成了一名法官。

T. C. 芒格法官是芒格的祖父，早期的贫困生活对他的一生产生了深刻的影响，他经常回忆起当年自己拿着仅有的零钱去肉店买那些别人不要的碎肉的往事。由于缺钱，他不得不仅读了一年大学就辍学，靠着自律通过书本自学。即便是在这样艰苦的环境下，他也始终保持着先辈的信仰和特质，渐渐获得了一些社会影响力。他决心让家人尽可能摆脱父母曾经历的苦难生活。芒格回忆道："祖父的想法是，**不能再贫困下去，自救之道唯有努力工作、自力更生**。我的祖父母认为《鲁滨逊漂流记》是一部伟大的作品，他们强烈要求家里的每个孩子都读这本书，我的祖母还读过给我听。他们那一代人崇尚通过自律征服世界。"

芒格的女儿莫莉对家族史很感兴趣。她解释说："曾祖父作为法官反对赌博、反对酗酒。他在财务上很保守，勤俭节约，将省下来的钱借给信誉不错的德裔农民和屠夫，以此赚些利息收入。作为法官，他属于进步派，当时能成为联邦法官是一件大事，这样的例子不多见。"

的确，芒格的祖父能成为联邦法官是一件大事，1907 年他的大名出现在林肯市当地报纸的头版头条上，标题是《律协主席搭火车前往首都华盛顿拜访总统》。1939 年，《奥马哈世界先驱报》（*Omaha World Herald*）刊登了一篇关于他的专题文章，这一年他 77 岁，正在庆祝其律师生涯达到 54 年以及担任美国地区法官即将进入第 33 年，他是在所有担任联邦法官的人中任期第二长的人。1907 年，西奥多·罗斯福总统任命他为联邦法官，此前他在州议会任职，并担任兰开斯特县的检察官。

"当时从墨西哥度假回来后，T.C. 芒格法官回到工作岗位上，并没有因为这个周年纪念日而过度兴奋。他像往常一样埋头工作。在一个星期的周一，他前往黑斯廷斯主持绑架案审判工作时，日常的工作安排将被一件更令人兴奋的事情打断。"

《奥马哈世界先驱报》对 T.C. 芒格法官做出过如是报道："他坚信**工作是保持年轻的最佳方法**。他闪动着明亮的蓝眼睛说：我将自己称为一个现代人，因为我就是这样感觉的，一点儿都没错。"

最令 T.C. 芒格法官难忘的案件之一是他上任后不久发生在奥马哈西部的火车抢劫案，另一起则是对一群内布拉斯加人被指控欺诈性地冒名占有农场的起诉。

文章的作者指出：“他向陪审团做出的说明，比中西部任何其他法官都要透彻。”

在芒格父母两边的家族中，双方的标准显然都很高。父系芒格家族是长老会教徒，是教堂的常客；母系罗素家族是新英格兰风格的爱默生式的一神论者，不常去教堂。

卡罗尔说，尽管母亲有着思想开放的家族史，但她还是试图向孩子灌输宗教观念。卡罗尔说：“我们都是在严格的道德标准下长大的，接受了一神论的教育。爸爸很少去教堂，妈妈却经常拉着我们去，直到我们不再想去为止。最终，我们这些子女的道德观念的形成既来自父母，也来自祖父母。”

芒格说：“我有四个姑姑，她们都是我的亲姑姑，每一个都是大学里的荣誉生。在我母亲这一边，他们的宗教信仰属于新英格兰风格的知识分子，但如今他们所属的宗教组织已经发展成为一个左翼政治组织，母系罗素家族的后代已经不再是一神论者。”

芒格给《华盛顿邮报》的凯瑟琳·格雷厄姆写过一封信，其中他讲述了他姑姑奥菲的正直人品。因为父亲是一名法官，她从小就被教导要有永不退缩、恪尽职守的精神。事实上，之所以被称为“奥菲”而不是“露丝”，是因为在年幼时她就可以在睡前诵读冗长而复杂的祷告词。她年幼的弟弟阿尔弗雷德在听这些祷告词时没法跟上她的诵读，于是便说：“好吧，我的祷告就像奥菲的一样。”

成年之后，奥菲姑姑非常尽职尽责。在丈夫去世后，她甚至亲自到现场见证了尸检过程。

芒格非常敬重奥菲姑姑，部分原因是她的处世标准非常严格，以至让人觉得有些意外。例如，祖父在 80 岁突然去世时，奥菲姑姑的反应令芒格感到惊讶。因为就在祖父去世前不久，奥菲姑姑注意到祖父做错了一道算术题。事后，她对芒格说："这下好了，他走了，这样就不会继续犯错了。"

从罗素家族和芒格家族中，芒格继承了两边家族的智力和健康的体魄，以及长寿的基因。

芒格母亲的外祖父母这一支——英厄姆家族是艾奥瓦州阿尔戈纳最早的一批居民。当年，英厄姆船长带着年轻的妻子一起来到艾奥瓦州，夫妇俩最初住在简易的房子里，其实那就是一个山洞。英厄姆船长喜欢讲述那些早年拓荒的故事，而他的妻子只会说："那些日子实在太难了，我可不想回首往事。"

后来，英厄姆船长在阿尔戈纳定居。经过多年的努力，他在当地经营的银行生意兴隆，并积累了大片农田。英厄姆船长变得非常富裕，以至当实业家安德鲁·卡内基提议为城市新建的图书馆捐资一半时，他在妻子的支持下承担了另一半的建馆费用。

英厄姆船长是一名钓鱼爱好者，他专门请人将自己的战利品——一条 150 磅的大西洋鲢鱼，制成动物标本，悬挂在图书馆的地下室里。毫无疑问，这是他捐建图书馆的条件之一。他曾经还是一名狂热的猎人，但有一次打猎时意外地打死了自己的爱犬弗兰克。从那以后，他便放弃了打猎。

芒格曾经这样评价英厄姆船长：“他性格坚强，参加过印第安人战争，因此成了英厄姆船长。每年同辈都会到阿尔戈纳聚会。他的许多孙辈也住在那里，有点像我们家欢聚在明星岛上的感觉。我母亲和她的姐妹都会去参加他们的聚会，年复一年，大家在那里度过了一个又一个夏天。”

英厄姆船长与本杰明·富兰克林一样对数学着迷，他可以快速完成“魔方”游戏。这个游戏是在一张纸上画出横竖多个方格，无论是哪个方向，将所有直线上的数字相加都会得到相同的总和数字，这给他的孙辈留下了深刻印象。英厄姆船长说，他玩这个游戏是为了“让头脑得到休息”。

英厄姆船长的儿子哈维是一名积极热情的报纸编辑，也是一个详尽记录家族史的人。图迪特别喜欢她的这位哈维舅舅，在家族史中对英厄姆家族的一项描述是：“在那座古老的房子里，这个家族生活朴素，志存高远。”

尼莉是英厄姆船长的其中一个女儿，她就是芒格的外祖母，她嫁给了查理·罗素。

罗素家族的经济条件比芒格家好很多，相比之下，他们的政治立场也更加左倾，他们自称是“威尔逊民主党人”。英厄姆家族最初来自纽约州的塞尼卡福尔斯，该地区以早期反对奴隶制和支持妇女选举权的倾向而闻名，而英厄姆家族在艾奥瓦州推动了类似的思想。尽管芒格家族更加保守，但他们尊重罗素家族。

芒格的女儿莫莉说："我奶奶图迪是一个非常好的人，大家都认为她是一个来自良好家庭的优雅女孩。她美丽大方，幽默机智，是一个笑声不断、欢乐多多的人。她在史密斯学院接受过教育，在南北战争期间，她的祖父一辈就接受过大学教育。她的祖母是卡罗琳·赖斯，住在纽约北部，生活优越。她的背景很显赫，在豪宅中长大，经常穿着华丽的长裙，出入有马车接送。总之，她家的生活模式与芒格家族有着很大的不同。"

虽然两个家族的生活模式相差很大，图迪的家人对她选择的丈夫表示支持。芒格的父亲身高 5 英尺 5.5 英寸，戴着厚厚的眼镜。当漂亮迷人的图迪宣布要嫁给阿尔弗雷德时，她的祖母惊讶地说："真没想到她会这么有眼光！"

在父亲离世之后的很多年，芒格一直带着父亲的公文包去上班。公文包上刻着父亲的名字"阿尔弗雷德·芒格 1891—1959"以及他自己的名字"查理·芒格 1924—"。毫无疑问，芒格非常喜欢这个公文包，当然，这也是对父亲的敬意，父亲是他人生中一直以来的坚强后盾。从各个方面来看，父亲都是一位成功且受人尊敬的律师。但是，芒格的女儿莫莉说："我认为可以这么说，爷爷的成就没有父亲的高，爷爷最大的成就是有了我父亲这样一个儿子。父亲是一个天才，他生气勃勃、充满活力、具有幽默感。爷爷全身心地投入到孩子们身上，他非常爱孩子们，他们的关系非常亲近。我父亲在某种程度上继承了爷爷的特质，我父亲非常渴望爷爷为他感到自豪。"

芒格这样评价自己的父亲："他是有史以来最幸福的人之

一，他精准地实现了自己的目标，不多也不少。他面对困难和麻烦时，无论是相较于他的父亲还是相较于他的儿子，都要镇定很多，无论是早一辈的人还是晚一辈的人都过于杞人忧天。他拥有自己最希望得到的婚姻和家庭生活，他拥有他爱的朋友，也拥有爱他的朋友，其中包括像埃德·戴维斯和格兰特·麦克法登这样万里挑一的人物。他还拥有内布拉斯加州最好的猎犬，这对他来说意义重大。在我看来，我并不认为我父亲的成就比我的小，他只是有着不同的目标，并生活在律师赚钱较少的时代而已。”

多年老友巴菲特表示，芒格与父亲之间的关系没有那种常见的紧张和嫉妒，“芒格曾经开玩笑说，即便他半夜回家并说‘老爸，我惹上大麻烦了，你得帮我把证据埋在地下室里’，他的父亲也会起床帮他。直到第二天早上，他才会问儿子到底犯了什么事儿”。

父亲总是对芒格的爱好很好奇，当芒格渐渐长大，已不再对这些爱好感兴趣或者丧失兴趣后，父亲仍会继续追随这些爱好。例如，父亲一直订阅《美国来福枪手》杂志直到去世，原因是芒格曾经在高中步枪队担任队长时首次订阅了该杂志。芒格之所以加入步枪队，是因为他觉得这似乎是他唯一有机会获得运动员奖章的途径。芒格回忆说：“我希望在毛衣上醒目的地方佩戴运动员奖章，这样可以赢得女生的青睐。后来，我的确成功引起了她们的注意，但她们好奇的不是我，而是像我这样瘦弱的家伙是如何获得运动员奖章的。”

在芒格开始学习射击之前，父亲就是一名钓鱼爱好者和猎鸭者。芒格回忆说："他热爱大自然的一切。对他来说，发现一片农田就是找到了天堂。"

父亲喜欢鲶鱼，他经常开车到奥马哈的黑人社区，那里的人在地下室用混凝土修建了养鱼池，里面满是人工养殖的鲶鱼。

芒格回忆说："你可以在那里挑选自己喜欢的鲶鱼。我父亲也喜欢具有民族特色的商店、面包店，他甚至有一个特别喜欢光顾的肉店。"

尽管父亲算不上是奢侈的消费者，但他的确喜欢完美的东西，无论他需要什么。他从上一代那里学会了精致生活的乐趣，会购买最好的咖啡豆，然后每天早上都会享受研磨新鲜咖啡的乐趣，这像是一种中西部风格的道家哲学。在《道德经》一书中，老子敦促求道之人见微知著，重视细节。芒格将其称为"小小的执念"。

少年时的奥马哈

奥马哈有一条又长又宽的大道叫道奇大道，它将整个奥马哈一分为二。芒格的父母刚结婚时住在道奇大道北侧第 41 街 420 号。这栋房屋不大，是芒格的父亲于 1925 年建造的，与女方父母家只有一个街区的距离。几年后，在家中的老人陆续去世之后，芒格一家搬到了道奇大道南侧。如今，这条大道的两侧延绵数英里都是购物中心。他们再接下来的一个住所，是位于第 55 街南 105 号的一栋双尖顶砖房，位于幸福峡谷（Happy Hollow），在内布拉斯加大学附近，离巴菲特现在居住的地方不远。这是一个以成熟的树木和老式房屋而闻名的社区，春天到来的时候，紫罗兰、郁金香和水仙花点缀着人行道和马路，给刚刚从冬季休眠中苏醒过来的草坪增添了鲜艳夺目的紫色、黄色和红色。

第55街南的这栋房屋是他们家从奥马哈的开拓者彼得·基威特手中买下的，位于城西。那时，奥马哈的城市规模并不大，尽管城市在不断扩张，文化和民族渐渐融合，但大多数人仍然觉得自己只是某个社区的一分子。

芒格回忆说："在我小的时候，我们家周围住的都是德裔，那里还有几家德语报纸。奥马哈这个城市非常具有民族特色，那个时候不像现在的拉丁裔社区都融为一体。当时，有一个很大的意大利社区，还有爱尔兰社区以及波西米亚社区，另有一个肉食品加工区，都具有非常鲜明的民族特色。那是一个美好的时代，奥马哈也是一个非常好的有利于成长的城市，学校以及其他地方也都有很好的行为标准。"

芒格的妹妹卡罗尔在某种程度上也同意这一点，她说："在早期的奥马哈，有一种稳定的归属感，你会感到舒适，但也非常封闭。我们对世界的关注并不多，因为这里就是我们的宇宙中心。"

尽管芒格家族的孩子与一些事情保持距离，但美国却出现了种族主义的复苏。1925 年，三 K 党在华盛顿特区的宾夕法尼亚大街举行了一场规模为 4 万人的大游行。就在芒格出生前不久，奥马哈还发生过一起暴民滥用私刑事件。此时，工人运动渐渐崛起，试图组织工会，罢工有时会变得充满暴力。然而，这些危险的事情并没有波及芒格家族的孩子。

妹妹卡罗尔继续说："在那个时代，几乎没有犯罪，也没有毒品。我们晚上可以在外面玩，比如玩抢旗子、踢罐子之类的游戏。我们的邻居还在院子里铺建了一个溜冰场。周六的时候，我们会去看电影。"

到了 20 世纪 30 年代，奥马哈精美的奥菲姆剧院从一个歌舞表演场所转变为一家放映有声电影的剧院。芒格回忆说："你得付 25 美分的门票才能在那里看一部首映的电影。我喜欢所有冒险题材的电影，无论是吉卜林类型的电影、恐怖电影，还是弗兰肯斯坦和德古拉类型的电影，我都喜欢。我记得最清楚的一部电影是第一版的《金刚》，我是一个人去看的。那时我可能还不到八岁。我想我们那代人只要负担得起都会去看电影，我也喜欢看喜剧片，喜欢大笑。我的朋友约翰·安德森的笑声很大，有一次在奥菲姆剧院，我们笑得太厉害，以至剧院里其他观众也开始跟着我们笑，只因为我们的笑声实在太具有感染力了。"

1977 年，伯克希尔 - 哈撒韦将年度股东大会开到一个新的场所，那对芒格来说是一个他曾经非常熟悉的地方。他说："我小时候常来这里看马戏团表演，现在我们有了自己的演出。"

******

芒格的妹妹以及子女都上过当地的邓迪小学，接着升入当地的中央高中，该校的建筑非常庄严，因为之前是当地的行政大楼。中央高中被认为是全美排名前 25 的大学预科学校之一。巴菲特家的孩子也在同一所学校就读，但巴菲特本人并没有在这里上过学。这是因为当巴菲特的父亲成为国会议员时，巴菲特在华盛顿特区完成了小学学业，并在那里上了高中。

少年芒格穿着中裤在奥马哈

巴菲特说他常常会收到一些当年和芒格一起上学的人的来信。“基维特小姐是他的小学老师之一。”她是奥马哈著名承包商彼得·基维特的妹妹，后来成为内布拉斯加州的第一位市民。基维特小姐在第一长老会教堂演奏管风琴，也是东方之星组织的成员。她在1970年从奥马哈教育系统退休时已经教了42年的书。巴菲特说：“当时的老师素质都很高，部分原因是其他职业对女性存在偏见。”再后来，随着社会渐渐开放，这些才华横溢的女性不再局限于教育行业，选择了其他职业。

奥马哈的教师，尤其是基维特小姐，注重培养思考问题的能力，而芒格在这方面总是表现出色。他们还要求学生担任街道指挥员和做其他杂务。“老师们都是非常有纪律的人，”芒格说道，“他们是传统意义上的道德楷模。有纪律、有德行。”

芒格是一名出色的学生，但他也是最具挑战性的学生之一，或者可以说是个刺头，很难对付。

芒格的妹妹卡罗尔说：“他小时候实在太活跃，以至你几乎无法忽视他。他会一直专注于某些事，偶尔会与老师发生冲突。他过于独立思考，不会屈从于某些老师的期望。我们的孩子也是这样，我们认为这些也谈不上是什么缺点。”

除此之外，学生时代的芒格还喜欢恶作剧和开玩笑。

芒格一家和戴维斯一家在一起度过了很多美好的时光。戴维斯家有兄弟二人埃迪和尼尔，芒格的年龄介于他们两人之间，芒格的妹妹玛丽是薇拉最要好的闺蜜。

薇拉说：“妈妈过去常说‘小时候的芒格既聪明又自作聪

明’。”戴维斯太太想方设法调教芒格。如果他去做客时捅了篓子，芒格和戴维斯的孩子们一样会挨揍。

芒格表示，教室里的教育只是他早期教育的一部分。“我是在书里遇见了那些伟大的智者，而不是在教室里，这很正常。我不记得我具体是在什么时候第一次读到本杰明·富兰克林的故事了。在七八岁时，我就已经躺在床上看有关托马斯·杰斐逊的书。我的家人都热爱读书，通过知识和自律取得成功。”

芒格家族的孩子每年都会收到一些书作为圣诞礼物。卡罗尔说：“我们会在圣诞夜读完它们，我们都非常喜欢读书。爸爸喜欢读侦探小说、狄更斯和莎士比亚的作品，以及人物传记。妈妈还参加了一个读书俱乐部，阅读所有流行的书。我记得去邻居戴维斯医生家玩的时候，我们还读过一些关于医学的书，他家里有的书我们都读过了。”

尽管全家人都喜欢阅读，芒格在学习阅读方面还是遇到了一些障碍，直到他的母亲决定亲自教他拼写。在想方设法之后，所有障碍很快消失，他在学校取得了突飞猛进的进步。

“我的父母过去常说，芒格一家没有笨人。”他们的童年伙伴薇拉回忆道。

在整个高中时期，芒格身材瘦弱，个子偏小，直到后来才长到将近 6 英尺的身高。他不擅长运动，但是花了很多时间来阅读、培养兴趣爱好，他总是和喜欢的人在一起。

卡罗尔说：“芒格是一个非常友善的人，喜欢社交。他对科学和几乎一切事物都感兴趣，他有一颗好奇心。上一辈在不同的方面对他产生了很大的影响，不过表现的方式不同。我认为他在商业和法律方面所受的影响更多地与父亲有关，母亲则很善于社交。戴维斯和芒格两家相隔很近，两家的房子也就相隔着两三个街区。”

根据薇拉的回忆：“每当芒格家里发生了什么事情，他们就会来找我妈妈帮忙。有一次，芒格的妈妈从门窗上摔了下来，当时没有担架，所以大家拆了一扇门把她抬出去。我妈妈是个一紧张就必须吃东西的人，所以她去厨房拿了一根香肠和一个苹果，边走边吃陪着去了医院。”

和他的父母一样，芒格也喜欢戴维斯一家。芒格说：“爸爸的最好朋友是埃德·戴维斯医生，而我做了一件对同龄人来说不同寻常的事情，5 岁、8 岁、12 岁、14 岁，我成了我父亲朋友的朋友。我和埃德·戴维斯医生相处得非常好，我们彼此欣赏。”

芒格对埃德·戴维斯医生以及他的工作非常感兴趣，以至他说：“我看了他重要手术的录像，并对他的专业领域很熟悉。”

******

20 世纪 20 年代，许多美国家庭的日子都在繁荣中度过，但到了 30 年代，这种繁荣突然终结。在芒格 6 岁时，整个世界陷入了一场持续的大萧条，直到他高中毕业后才完全结束。

这场可怕的萧条始于 1929 年 10 月 29 日的黑色星期五。在那一年的 10 月到 11 月中旬，股市损失了 40% 的总市值，全体投资者的账面损失高达 300 亿美元，超过 150 万美国人遭到了毁灭性打击，因为他们投在股市上的钱通常是借来的。当一位投资者从证券经纪人那里收到保证金通知单时号啕大哭："我怎么可能亏掉 10 万美元呢？我从来就没有过 10 万美元啊！"

在黑色星期五之后，股市曾多次反弹，但最终依然陷入困境。之后的情况变得更糟，一系列自然灾害袭击了美国，包括洪水、干旱、瘟疫和沙尘暴。超过 4 000 万美国人陷入了极度贫困。

尽管芒格当时因为年纪小并不知道这些，但在 1929 年，奥马哈发生了一件会影响他一生的事。多年之后，巴菲特这样描述这个故事：

> "我对 1929 年这个年头情有独钟，因为那是我一切的开始。当时，我父亲是一名股票推销员。在股市崩盘的那个秋天，他不敢给任何人打电话，因为大家都太惨了。于是，他就待在家里，整个下午哪儿都不去。那时还没有电视，所以……你懂的。大概是在 1929 年 11 月 30 日，我母亲就是在那个时候怀上了我。所以，对于股市崩盘，我一直有一种温暖的感觉。

巴菲特出生于 1930 年 8 月 30 日，就是股市大崩盘的 9 个月之后。

在大萧条时期，社会状况非常糟糕，以至每天都有流浪汉在奥马哈那些相对富裕的社区的后门等候着，他们提供扫地服务或做其他一些家务以换取一份三明治勉强度日。芒格说："回顾 30 年代，那时人们的贫困程度令人吃惊，大家都没什么钱，所以东西看起来也很便宜。有一年夏天，我找到一份每小时 0.40 美元的暑期工作，那还是全家人努力的结果。在整个大萧条期间，你可以在亨肖咖啡店吃一顿大餐，包括肉和甜点，只要 0.25 美元。"

芒格说在那段困难的时光里他学到了一些人生中最重要的经验："在早年的生活中，我的家人在压力下都表现得非常出色，祖父就是一个很好的榜样。当时家庭财务状况很困难，如果其他家庭成员都能像他一样坚韧，或许就能避免那些不必要的困境。最终，祖父还是成功地渡过了难关。"

总之，两边家庭的祖父母一辈都在尽力帮助他们的子女度过艰难的岁月。

芒格回忆说："当 30 年代来临时，我的外祖父罗素一家的境况已经变得非常困难，他的干货批发生意破产了。而我的舅舅艾德投资房地产，结果陷入巨额债务。于是，外祖父把自己的房子分成两半，让女儿和儿子艾德一起住进来。大儿子患上脑膜炎后因医治无效去世，留下了多年才能偿清的医疗费和住院费。"

在芒格家族这一边，他有个叔叔在内布拉斯加州的斯特罗姆斯堡开了一家规模不大的银行。后来，借款的农民违约，致使该银行的经营稳健性受到影响。1933 年，在罗斯福总统下令整顿银行业后，该银行由于资产质量问题无法继续经营。芒格说："汤姆叔叔需要约 3.5 万美元的优良资产来置换 3.5 万美元的不良资产。爷爷用手里的 3.5 万美元帮他置换了不良资产。这是一次巨大的冒险，因为这几乎是爷爷身家的一半，而且按照当时的法规法官去世后他的遗孀没有抚恤金。银行业整顿结束后，汤姆叔叔的银行重新开业，并且随着时间的推移，当年的投资基本收回，因为银行的资产质量渐渐恢复到正常水平。"

芒格的一位姑姑不顾父亲的反对嫁给了一个音乐家，但父亲还是给这位音乐家出资去药剂学院学习，然后又借给他钱买了一个位置不错但已破产的药房，结果药房生意大获成功。无论如何，芒格家族和罗素家族团结一致，渡过了难关。尽管都遭遇了经济困难，但芒格家族相对还不错。

芒格回忆说："1936 年我父亲的实际收入创下最高纪录，之后再也没有达到那么高的水平，那是他作为律师的巅峰时期。我们没有住在大房子里，也没有家庭司机，但按当时的生活标准来说，我们过得相当舒服了。"

芒格的父亲阿尔弗雷德在 20 世纪 30 年代中期业务发展得相当不错，他将业务兴隆部分归功于他代理的一起法律案件，在这起案件中他代表一家小型肥皂公司。他认为政府新颁布的税法违宪，这起案件不知何故被美国最高法院受理，结果是高露洁公司获得了巨额赔偿，而他的客户只获得了少许赔偿。由于阿尔弗雷德允许高露洁公司来自纽约的著名律师进行辩护，高露洁公司慷慨地支付给阿尔弗雷德一笔费用，然而这位纽约律师最终败诉了。阿尔弗雷德后来评价说："如果是我输掉这场官司，不可能花这么多钱。"

尽管芒格家在20世纪30年代相对富裕，但芒格一有机会还是出去找工作。他回忆说："我第一次遇见巴菲特的家人，是在他家开的杂货店找到了一份工作。在那里，工作时间长，报酬低，规章严明，对一切愚蠢的行为零容忍。"

巴菲特家的杂货店成立于1869年，由巴菲特的曾祖父西德尼·巴菲特创立。当芒格在那里工作时，这个店已经传到了巴菲特的祖父欧内斯特手里。巴菲特家族的幽默感显然是遗传的。欧内斯特有个兄弟名叫弗兰克。

最初，杂货店位于第13街，后来搬到奥马哈西边的安德伍德大街5015号，与芒格家大约有六七个街区的距离。

巴菲特说："那是一个负责收货、送货的商店，店里的上下楼层之间有一个夹层，爷爷经常会坐在那里。他是老板，他就坐在那里发号施令，基本上所有的活儿都由叔叔弗雷德负责。"

在这家店，有发出咯吱咯吱声的木地板，有旋转的风扇，还有从地板到天花板的高高的木质货架。每当顾客想要取较高货架上的罐头时，年轻店员会将一个可移动的梯子推到合适的位置，拿下货物。在杂货店里干活的男孩每天要做的事情包括分拆包装、摆放货物、清理储物箱、将货物分送到奥马哈的各个订货家庭，此外还要打扫地板。小小年纪的芒格每周六都在这家店里辛勤劳动。后来芒格回忆道："从早到晚，你简直忙得不可开交，根本没工夫喘口气。"

如果巴菲特的堂兄比尔迟到了，他会受到身材魁梧、白发苍苍的爷爷热情迎接。爷爷会站在夹层，手里握着表大声问："看看现在都几点了？"

巴菲特的爷爷是一位严格的雇主，并持有强烈的政治观点。芒格说："他开出 2 美元的报酬，要求连续工作 12 小时。那时社会保障法规刚刚实施，他曾要求每个男孩带 2 美分到店里来支付自己的社保费用。"

当一天的工作结束时，芒格会将他带来的 2 美分交给巴菲特的爷爷，然后获得两张 1 美元的钞票，以及一场关于社会的长篇大论的牢骚。

对于这段经历，芒格说："我在巴菲特家杂货店的工作经历是一堂非常理想的商业入门课，它要求长时间进行辛勤、精确的工作，这导致许多年轻的员工，包括我自己（以及后来我的搭档巴菲特）努力去寻求更轻松的职业，并且对在人生中遇到的不利条件能欣然接受。"

巴菲特的叔叔弗雷德曾经被选为奥马哈最受欢迎的人，他在 1946 年巴菲特的爷爷去世后接手了杂货店继续经营。直到 20 世纪 60 年代，巴菲特家的杂货店仍然接受电话订货，并提供送货上门服务。到弗雷德叔叔最终在 1969 年关闭这家店时，这家三代人经营的杂货店已经有了 100 年的历史。当年杂货店的建筑物位于邓迪区，现在依然可以看到，那里周围有很多古董店。

******

当芒格九岁时，富兰克林·罗斯福当选总统，新政出台，禁酒令被废除。当芒格十四岁时，奥逊·威尔斯通过他那过于逼真的广播剧《世界大战》使整个美国感到恐慌。当希特勒的纳粹军队入侵波兰时，芒格已经十五岁，整个世界正在经历剧变，历史的洪流将把芒格带离家乡，将他带入一个全新的世界。

第 4 章

在战争中幸存

Charlie Munger

我父亲喜欢打桥牌，也擅长保守秘密。在我们小的时候，如果有人让他发表看法，他说“看看再说吧”的次数比其他任何评论都要多。如果你问一个他不想回答的问题，他会假装没听到。

——芒格的女儿莫莉·芒格

子孙绕膝的幸福时光

这是一个夏日，是芒格一家含饴弄孙温馨又热闹的场景。在阳光明媚、悠闲舒适的8月，在位于卡斯湖的芒格家里，一群小朋友正玩得开心，芒格的两个孙子查尔斯·洛厄尔和纳撒尼尔（年龄大约在七岁到十岁之间），以及附近邻居的孩子一起，他们不停地在室内的楼梯爬上爬下，在三楼阁楼盖了一座堡垒，还建立了一个神秘俱乐部。

孩子们玩着几百年来一直在玩的游戏，制定复杂的规则，筹划着对想象中的敌人发起攻击，争夺阵地。在他们此起彼伏的热闹声中时不时又会出现一个主题，例如一个小孩会突然大喊“我有一个主意”，那么一群孩子会立刻围拢并认同。这时如果年幼的小孙子纳撒尼尔说“我有一个更好的主意”，大家就会再来一遍刚才的程序。在这样的玩耍中，孩子们总会有更好的主意。

在游戏中，为了加强防御和阻止入侵者，孩子们在楼梯最上面三级把椅子和几个手提箱堆放在一起。一切进展得都很顺利，直到纳撒尼尔决定进行一次侦察行动，当他下到一楼时，那些堆在一起的椅子、手提箱突然塌了下来，纳撒尼尔大叫一声，摔了下来。

听到小孙子大叫，芒格这才从书本中抬起头。听到哭喊声和孩子们忙乱的脚步声，这时大人们也急忙赶来查看损坏情况。万幸的是，纳撒尼尔没有骨折，甚至没有任何明显的瘀伤。这时，他成为大家关注的焦点，哭声也停了。听说小孙子没什么大碍，芒格继续埋头到书里。“我早知道会是这样。”他喃喃自语道。到了这天天黑的时候，人们看见一群小朋友围着纳撒尼尔，听他叙说自己如何从楼梯上摔了下来却一点也没有受伤的奇迹。

大学、二战、梦想

20 世纪 40 年代，美国发生了一系列动荡，芒格家也发生了一系列变化。这种变化是意料之中的，因为芒格家的孩子在成长。随着战争的轰鸣声从大洋彼岸传来，首先是芒格，然后是妹妹玛丽和卡罗尔，他们陆续离开了家乡到外面求学。在这个自然推进的过程中，可怕的、不可避免的事情还是发生了——美国卷入了二战。

芒格离开家乡奥马哈的时候，是 17 岁。1941 年，他进入密歇根大学学习数学专业。在那之后，除了回家探亲之外，他再也没回过奥马哈。芒格的妹妹玛丽选择了位于帕萨迪纳的斯克利普斯学院，芒格的另一个妹妹卡罗尔追随父亲的脚步，往东去了拉德克利夫学院，当时这所学院名义上是哈佛大学的女子学院。

在学校里，芒格和他的室友、同样来自内布拉斯加的约翰·安格，以及其他同学一起听宾·克罗斯比的唱片，观看贝特·戴维斯年轻时演的电影，并一同探讨未来的学术前景。在这里，芒格开始接触到物理学。他后来说："对当时的我而言，这些都令我大开眼界。"尽管芒格只参加了初级的入门课程，但物理学家解决问题的方法给他留下了终生难忘的印象。

芒格说："用最基本的方法寻求答案，这是一个伟大的方法，可以为这个世界节省很多时间。当然，有些问题不容易解决，以至你必须具备人们所说的勤奋品质。我一直都很喜欢'勤奋'这个词，因为对我而言，这意味着你必须尽心尽力，直到解决问题。"

芒格说，如果让他来管理这个世界，那么他会要求所有人具备条件的话都学物理，因为它能教会人如何思考。

芒格承认："从任何角度来讲，我都谈不上是一名称职的科学家，甚至业余科学家也谈不上，但我对科学情有独钟，并怀有深深的敬意，同时我发现科学的方法在其他领域也有用武之地。"

话虽如此，但芒格在密歇根大学平静的学习生活并没有持续多久，因为战争的阴云越来越近。在芒格还是大一新生的时候，欧洲战事的紧张局势不断升温。1941 年 12 月 7 日，美国海军位于珍珠港的舰队遭到日本的突然袭击。迫在眉睫的二战迫使很多年轻人离开大学进入军队服役，芒格也不例外。确切地说，他在大学里待到 1942 年底，而后刚过 19 岁生日没几天的芒格就离开学校参军入伍。

当芒格入伍的时候，欧洲、非洲以及太平洋地区的战事进展顺利。由于他在高中和大学期间曾经参加过预备役军官训练团（ROTC），前前后后一共有六年的时间，芒格对行军这件事情颇感头疼，于是他没有加入步兵，而是决定加入陆军航空兵，以图好运。

母亲总是牵挂儿子的，芒格的母亲也担心自己独子的安全，尽管她试图掩饰自己的不安。芒格的父亲怀有同样的焦虑，为了平衡心中的焦虑，他在家乡也投入了为战争出力的工作。因此可以说，是二战点燃了芒格父亲的激情。他开拓出了一个巨大的花园，取名为胜利花园，还找来一个侄子和他一起在花园里工作。然后，他还找到当地耶稣会的一位牧师教授作为合伙人，对方在乡下有一块地。他们甚至养了一些猪，这样，他们就可以吃到培根和其他肉制品了。当时，肉制品很稀缺，因为大量的肉制品被运往海外提供给部队。但是计划赶不上变化，等到他们养的猪可以出栏的时候，猪肉产品的供给已经恢复正常，价格也降到了合理的水平。

每当回忆起这些，芒格总是微笑着说："那培根可真是代价不菲，在我看来，我父亲这么做主要是因为他喜欢养猪。"

最初到部队时，芒格仅仅是一名普通士兵，他在受训期间有时间思考自己的未来。他回忆当年时说："那时，作为一名普通士兵，住在犹他州的帐篷里，周围满是泥泞和积雪，条件非常艰苦。我记得曾与一个身边的人谈起未来的梦想，我说我

想要一堆孩子、一所房子，房子里有很多书，有足够的财富可以过上自由自在的生活。”

后来，芒格参加了部队统一分级测试。他发现条例中有这么一项规定：得 120 分的士兵有资格升任军官。芒格的得分是 149 分，远高于标准。很快，他被提升为少尉。

接下来，芒格被派去学习。他先去了位于阿尔伯克基的新墨西哥大学，之后又转学去了位于帕萨迪纳的著名大学——加州理工学院（CIT），在那里他接受了成为一名气象学家的培训。用通俗的话来说就是芒格将成为一名气象预报员。当芒格到达帕萨迪纳，第一眼看到那里的景色时，他就知道自己喜欢上了那里。

帕萨迪纳是一个古老的城镇，这里满是西班牙风格的建筑，街道两旁则是满眼的紫色蓝花楹与气味芬芳的桉树和胡椒树，美不胜收。早在一百年前，来自美国中西部的人就在这里建造了令人印象深刻的各种教堂和建筑，就像他们在家乡时充满文化气息那种常见的样子。那时的空气污染还不像后来那么严重，所以在大多数日子里，城市边上的圣盖博山（San Gabriel Mountains）清晰可见，似乎近在咫尺、触手可及。山脉延绵向西就是活力四射、生机勃勃、充满异国情调的大都市——洛杉矶。

芒格说：“与家乡奥马哈相比，南加州很不一样，它更大、更有趣，我喜欢这样的城市。”

芒格在加州理工学院的三位室友也给他留下了非常好的印

象。一位室友叫亨利·马格宁，他的父亲是一位颇具影响力的犹太教改革派的拉比。另一位室友的父亲是一位音乐教授，以培养神童而出名。还有一位室友来自一个著名科学家和发明家的家庭。芒格回忆道："他们都是加州本地人，每个人都很有趣，他们的家庭也很有趣。"

在完成了气象预报员的培训之后，芒格被派驻阿拉斯加，那里又阴又冷。不过，按照芒格自己的说法，那里倒是不危险。他说自己的经历与那些亲历二战前线的惨重伤亡人员相比简直算不了什么。根据统计，美国在二战中有 292 000 人阵亡，有 672 000 人受伤，还有 140 000 人被俘或宣告失踪。

战争虽然打断了芒格的大学教育，但他说这对他的影响并不像其他人那样大。他说："在我认识的熟人中，死于二战的不超过 15 个，相比之下，受一战影响的欧洲或南北战争中的美国就很惨，几乎整整一代年轻人都战死了。我一直驻扎在阿拉斯加的诺姆，一直没有机会参加军事行动，因为那里离战事前线太远了。"

正如当年芒格逃过了大萧条时期的贫困和艰难一样，他由于担任重要的非战斗任务而得以远离一线战场。尽管如此，芒格在部队的岁月里还是练就了一项日后很重要的技能——打牌。

芒格说："无论是在部队里当兵，还是作为一名年轻的律师，我通过打牌都练就了自己的经商本领。你必须学会的是在形势不利的情况下尽早放弃，或者反过来，在你具有巨大优势的时候加码下重注。**机遇总会有，但不会经常有，所以，一旦**

机遇降临，就要牢牢抓住。”

初遇爱情

当芒格在加州理工学院学习时，恰好他妹妹玛丽在附近的斯克利普斯学院上学，她将芒格介绍给了自己的一位女同学——南希·哈金斯（Nancy Huggins）。南希家开了一家鞋店，专门为帕萨迪纳的富裕人群提供服务。当时，整个国家都还处在战争造成的恐惧和伤痛当中，那些年轻的恋人随时都可能面临上战场，继而是长期甚至永远的分离。在这样的社会氛围中，青春、战争、浪漫等这些要素混合在一起会导致什么样的结果可想而知。

芒格的女儿莫莉后来回忆道：“第一个南希就读于斯克利普斯学院，她是一个活泼、漂亮的女孩，来自同样活泼、迷人的哈金斯家族，也有些任性。她有个室友是来自奥马哈的安静、稳重、书生气十足的女孩，那就是玛丽。玛丽的哥哥芒格起初就读于密歇根大学，后来被派到加州理工学院。他们就这样相遇了，就像干柴遇见了烈火，二人不顾一切地结了婚。那一年，芒格 21 岁，南希 19 岁，二人都头脑发热，并不清楚自己在干什么。战争年代的年轻人，就这样犯下了严重的错误。”

几年之后，他们意识到这场婚姻显然对双方而言都是误判。与此同时，年轻的芒格夫妇做了与很多战后年轻夫妇一样的事情。根据当时颁布的《退伍军人法案》他们获得了额外的教育机会，并过着与大多数人一样的正常生活。

尽管芒格现在已经上过几所大学，并进修了一些高级课程，但他依然没有获得大学文凭，但这并不能阻挡这名 22 岁的年轻人实现他的雄心壮志。1946 年从部队退役之前，芒格像他父亲一样，申请了美国历史最悠久、或许也是最著名的法学院 —— 哈佛大学法学院。芒格继承了家族的传统，考虑到他某些技能的欠缺或在某些领域的不擅长，法律专业似乎应该是他最佳的职业选择。

芒格解释说："部队进行了两项测试，分别是智商测试和动手能力测试。前一项，我的得分非常高，但后一项得分很低。这也印证了我一直以来都知道的一个事实，那就是我的空间分析能力相比于我的其他能力差很多。如果我年轻时选择从事外科手术，我绝对不会成为一名出色的外科医生。我父亲最好的朋友戴维斯医生是一个著名的外科医生，我会告诉他自己非常缺乏他那种杰出的动手能力。"

至于他原来在大学里主修的数学专业，芒格在课堂上表现得不错，但相比于他最好的老师，他知道自己不具有那样的天赋。据他回忆，当年在加州理工学院上课时，热动力学教授霍默·乔·斯图尔特会大步流星地走进教室，在之后的数小时里，教授会在黑板上快速移动着手指，以飞快的速度写出极其复杂的方程式，一边踱步一边滔滔不绝地讲解。此情此景让芒格意识到自己永远不可能像他那样厉害，而如果想在知名大学里任教，必须达到这位教授的水平才行，芒格不想待在一个自己无法出类拔萃的行业里。

尽管父亲也毕业于哈佛大学法学院，芒格打算到哈佛大学求学的想法并未得到想象中的热烈欢迎。芒格说："法学院的院长沃伦·阿布纳·西维（Warren Abner Seavy）反对录取我，但通过朋友罗斯科·庞德（Roscoe Pound）的帮忙，我最终还是被录取了。"

庞德是哈佛大学法学院的前任院长，也是内布拉斯加人，已经退休。芒格从家人的口中得知他是一个知识渊博的人，当年作为院长时他很少召开冗长的教职工会议，因为他认为每个人都可以做出更好的决策。当芒格遭遇录取难题想找庞德征求意见时，西维院长提醒他，庞德院长也会同意在上法学院之前必须完成大学课程。对此，芒格回答说："走着瞧吧。"

因为在此期间这位前院长庞德查看了芒格之前已经完成的那些大学课程，发现成绩非常不错，对申请很有利，于是他联系了现任院长进行沟通，最终芒格被哈佛大学法学院录取了。

事后证明，哈佛大学的灵活性是有道理的。当第一学年结束时，芒格的成绩在班上名列第二，并因此赢得了 400 美元的西尔斯奖学金（Sears Prize）。在回顾过往的时候，芒格认为自己当时已经为在法学院的学习生活做好了准备，但对于独立生活却准备不足。

他说："在我到哈佛大学之前，受过的教育有限，工作习惯也很散漫，也没有大学文凭。"

后来，在喜诗糖果成立 75 周年的时候，芒格和巴菲特花了将近一个小时的时间来回答观众的问题，其中一位员工问两人在学校最重要的经历是什么。

芒格说："我匆匆忙忙完成了学业，我不认为自己是一个很好的学习榜样，我认为巴菲特也不是这样的榜样。**我通过自学学到了很多东西**，我在一生中自学的情况很多。相比于这些在世的老师，我更喜欢那些离世的老师。"

巴菲特承认自己在上大学时的主要目标是"走出去"，看看外面的精彩世界。巴菲特说自己迫不及待地融入社会生活，开始投资生涯，但他承认攻读哥伦比亚大学研究生、跟随本杰明·格雷厄姆这位传奇投资人物学习，是他一生中所做过的最重要的事情之一。

芒格曾形容自己在敢作敢为方面可以称得上黑带水平，也正是因为这个特质他能够应对各种新挑战。他生长在一个法官和律师的家庭环境中，一生都受到了律师思维的影响。他很有主见，甚至到了固执己见、恃才傲物的地步。如果有一位教授要求芒格回答一个他没有准备好的问题，这时芒格会回答说："我还没有看过这个案子，但如果你能提供给我相关的背景信息，我会告诉你相关的法律条文。"

后来，芒格意识到这种说话风格是愚蠢的，会妨碍自己进步。芒格回忆起这件事时说他不知道自己为什么会表现得如此糟糕，但他认为这可能部分是由家族的遗传因素造成的，虽然他已经大为改善，但却未能完全克服。他承认，**真正的谦逊应**

该是深藏不露的。

芒格在哈佛大学法学院的同班同学亨利·格罗斯（Henry Gross）后来成为洛杉矶著名的投资顾问。有一次当听到一个熟人评价芒格，说芒格有了钱变得骄傲自大时，格罗斯立刻回复道："胡说八道，自打芒格年轻没钱的时候我就认识他，他一直就是这样骄傲自大。"

芒格具有高度的自信，有时也会冲动，不过，幸运的是，他并不是一个顽固不化的人。他的多年好友开市客的总裁兼CEO辛尼格表示，芒格"并不是一个刻板的人，如果你不认同他的观点，他也不会不高兴，而是会继续下一个话题"。

在芒格于哈佛大学求学期间，妹妹卡罗尔来到了附近的拉德克利夫学院上学。妹妹卡罗尔后来回忆道："我顺便帮着照看哥哥的第一个孩子泰迪（Teddy），喂他婴儿食品，我没有这方面的经验，还好一切顺利。"

芒格的长女莫莉出生于马萨诸塞州，刚刚出生就从医院被带回家，一起待在拥挤的学生宿舍里。芒格说："那时，我每晚都会把她的小婴儿床放在浴缸里，她的婴儿床不大，放在那里正合适。"

定居西海岸

在哈佛大学期间，芒格就像他在奥马哈上小学和中学时一样爱交朋友。他的交往对象很广泛，并且在不同的圈子里人缘都不错。其中有位同学叫沃尔特·奥伯勒（Walter Oberer），后来成为犹他大学的法学院院长，他曾与芒格在《哈佛法律评论》杂志上有过合作。有一次，他们俩一起在图书馆花了好些日子，去查阅一位欧洲学者在一篇晦涩难懂的论文中引用的内容。芒格后来回忆说："大约过了四天，奥伯勒跟我说这情景让他想起了有一段时间他在 120 华氏度的高温下在大货车上打临工，一起干活的还有一个需要挣钱买食物的流浪汉。最后，那个流浪汉扔下东西走了，临走时还骂骂咧咧地说：'真见鬼，我又没做什么伤天害理的事，为什么要干这么累的活。'我们在《哈佛法律评论》干的活也真是太累人了，但奥伯勒坚持到了最后，而我只干了一段时间，我似乎有点像那个流浪汉。"

1948 年，芒格完成了在哈佛大学法学院的学业，同期毕业的一共有 335 人，其中名列前茅的优异学生有 12 位，芒格也在其中。同时毕业的知名同学有后来成为耶鲁大学校长的金曼·布鲁斯特（Kingman Brewster）、在芝加哥成立了罗斯柴尔德律师事务所的艾德·罗斯柴尔德（Ed Rothschild）以及成为纽约著名律师的约瑟夫·富勒姆（Joseph Flom）。

芒格与父亲商量了回到奥马哈从事法律工作的可能性，尽管芒格本人有兴趣回到家乡工作，但父亲却坚决反对。显然，父亲觉得奥马哈对芒格来说太小了。尽管奥马哈相对富裕，还是太平洋铁路公司总部的所在地，有一些农业公司和不少保险公司，但芒格如果回到这里工作，在事业上不会有什么挑战性。

除此之外，芒格自己非常喜欢加州、喜欢洛杉矶和帕萨迪纳。于是，芒格和南希夫妇带着日益壮大的小家庭重返西海岸。

父亲对儿子、儿媳一家重返加州的计划表示支持，尽管当年他自己在加州的个人经历令人沮丧。一战刚结束，芒格的父亲就去了洛杉矶，当时他在考虑是不是举家搬迁。不过，他对当地缺水和绿化糟糕的情况实在感到震惊，于是断言："洛杉矶这个城市不会有前景。"然后，他回到了内布拉斯加，如今儿子长大了，他做出了相反的决定。

实际上，芒格自己的孩子也觉得，从某种意义上讲，芒格最终会选择定居在这样一个没有深厚传统文化积淀的城市是一件相当奇怪的事。

芒格喜欢马克·吐温和本杰明·富兰克林，他是中西部人。芒格的儿子巴里说："他绝对不是一个适合生活在海边的人，他并不是因为喜欢冲浪才搬到洛杉矶，他真正喜欢的是爬山。但洛杉矶是一个成长中的大都市，他的商业生活与之交织在一起。"

毫无疑问，芒格喜欢在家人、朋友面前冒险，对他而言，洛杉矶是一个理性的选择。

芒格自己的说法是："我并不是在一个地方住久了就会厌倦的人，实际上，很多地方我都喜欢，我喜欢阿尔伯克基，我喜欢田纳西州的纳什维尔，在二战期间我在这些地方待过几个月。我喜欢波士顿，并考虑过留在那里，但是1948年当地裙带关系情况愈发严重，要在那里发展比较困难。在洛杉矶，我会得到更快的发展。”

芒格说得对，洛杉矶的确在以惊人的速度发展，城市面积不断扩大，到 20 世纪末超过 467 平方英里，常住人口达到 350 万人，这还仅仅是指洛杉矶市区。如果统计整个大洛杉矶地区，大约有 80 个城镇，一共 1 000 万人。

尽管芒格有着中西部人的保守，但他的老朋友奥迪斯·布斯（Otis Booth）说：“在洛杉矶，像芒格这样的性格似乎并不突出，因为那里到处都是来自各地的人，尤其是在早年，洛杉矶有很多来自中西部的人。”

实际上，南加州是芒格第一任太太的家乡，但这并不是搬去那里的考虑因素。芒格回忆说：“我不记得我们讨论过这一点。”

另外，女儿莫莉说父亲对母亲那边做生意的亲戚很感兴趣，并不介意住得离他们近些。她说：“我父亲一直都喜欢母亲家的亲戚，他很尊重他们，也很欣赏他们在鞋业上取得的成功，喜欢他们的生活方式，喜欢他们积极奋斗的精神。他经常夸赞他们的事业有多成功、他们干得有多漂亮。”

芒格的第一任太太南希·哈金斯和芒格一样，都来自历史悠久的新英格兰家庭，但哈金斯家族和芒格家族并不同。芒格的女儿莫莉说外祖母“非常聪明、非常勤奋”，是当年高中里第一个学习代数的女孩子。1890 年，她在加州的帕萨迪纳与外祖父弗雷德·哈金斯结婚，当时哈金斯是皮鞋推销员。那个时候，帕萨迪纳是很多中西部百万富翁的度假胜地，这些人当中包括箭牌口香糖家族的后人。哈金斯夫妇开设了自己的商店，妻子负责记账，丈夫负责销售。后来，他们将业务扩展到圣巴巴拉和棕榈泉等地*。再后来，他们将最初在帕萨迪纳的总店出售，他们的独生女——也就是莫莉的妈妈——南希继承了一些股票。据芒格的女儿莫莉说："我们一直将这些股票拿在手里，它们价值不菲。"

除了具有商业头脑之外，哈金斯家族在生活方面也很有天赋。芒格的女儿莫莉说："他们总是一起聚会，喜欢喝酒狂欢，婚姻生活非常美满。他们结婚的时候，父母给儿子们买了一套燕尾服，他们会轮流穿着这套燕尾服去参加狂欢派对。"

芒格又回到了这个充满活力的环境里，他于1949年获得了加州律师执照，加入了洛杉矶莱特 & 加勒特律师事务所（Wright & Garrett），该律所后来更名为穆希克、皮勒 & 加勒特律师事务所（Musick，Peeler & Garrett）。这家律所在当地法律界颇有声誉，但与同行相比规模依然较小。芒格的起薪是每个月275美元，他很快便积攒了1 500美元，当时的芒格已经觉得自己相当富裕。

芒格在加州稳定下来之后，就开始像当年在奥马哈一样，四处结交聊得来的朋友，以建立广泛的人脉。

在很大程度上，他与法律界联系密切，结识了一些在加州

---

* 这些都是附近的城市。——译者注

有悠久历史的家族，也结识了一些想在这宜人的环境中复制其文化传统的中西部人。随着时间的推移，他逐渐加入一些社会团体，这些团体有助于他与当地社会建立联系，例如经典都市男士俱乐部、加州俱乐部、洛杉矶乡村俱乐部、沙滩俱乐部等。

一生中最黑暗的阶段

在芒格的成长过程中，有不少幸运的地方：小时候来自父母的呵护使他免遭大萧条的痛苦；在二战期间，他所处的岗位使他幸运地远离战事前线。但他也有运气不佳的时候，20 世纪 50 年代被普遍认为是美国最幸运的十年，但芒格却毫无疑问地经历了一生中最黑暗的阶段。

芒格的女儿温迪回忆说："父母离婚的时候，我还很小，我不记得他是否住在家里，我只记得他周末的时候会来接我们，离婚真是一件非常糟糕的事情。哥哥泰迪 9 岁的时候去世了，当时莫莉 7 岁，我才 5 岁。"

由于年龄稍长，姐姐莫莉对 1953 年父母离婚时发生的事情还记得不少。芒格与第一任妻子南希结婚时双方都很年轻，没过多久"他们就开始吵架，互不相让，很明显，他们并不快乐"。莫莉解释说，当他们实在无法一起生活时，"他们以一种堪称典范的方式处理了所遇到的情况，他们都说对方没有错，彼此也很爱对方，只是待在一起不幸福，需要分开，但这不会影响大家之间的关系”。

虽然父母婚姻破裂时温迪还仅仅是个学龄前儿童，但是有一件事她非常确定，她说：“离婚这种事绝对不是父亲的行事风格，但地球上实在是找不出比他们俩更不合适的了，当年结婚时他们实在都太年轻了。”

正如许多家庭的情况一样，孩子们无法理解到底是什么造成了父母之间的分歧，一个是认真的年轻律师，另一个是追求自由的灵魂。但是，他们很快就领略到了婚姻终结的后果。

莫莉继续说道：“离婚后，父亲失去了一切。”子女和前妻还继续住在南帕萨迪纳的房子里。尽管如此，芒格还是竭尽全力让孩子们意识到自己是他们的父亲，对他们的幸福成长负有责任。

莫莉回忆道：“父母离婚时，哥哥泰迪说想和爸爸住一起，但这个愿望没能实现。”

尽管当时芒格人在加州，远离家乡奥马哈，但他还是依靠根植当地的关系和来自家乡的智慧度过了人生这个艰难的阶段。莫莉说：“他住在大学俱乐部的单身宿舍里，但他从不沮丧，更不颓废。每个周六我们都兴高采烈地等他来接我们，带我们去动物园、骑小马，带我们去看他的朋友。在50年代，离婚并不是一件常见的事情，与其他事情相比，我们非常明显地感觉到他在心理上受到的创伤。他开着一辆糟糕的车——黄色的庞蒂亚克（Pontiac）。他的穿衣风格很棒，但他的车况非常拉胯，都不好意思跟人打招呼。这辆黄色的庞蒂亚克还重新喷了一遍廉价的漆。有一次我记得在大学俱乐部的车库上车，我问：‘爸爸，这车太糟糕了，你为什么还要开它？’他回答说：‘为了防小偷。’”

这对年轻的夫妇分开后不久就传来噩耗，儿子泰迪患上了严重的白血病，这种疾病曾经夺去了泰迪外祖父的生命。芒格被这个消息震惊了，这与他的经历及设想背道而驰。莫莉说：“他知道如何培养一个男孩，如何成为一名好父亲，他希望一切能够从头再来。”但是这一切对于泰迪而言都已经不再可能。

泰迪生病后，芒格和南希竭尽所能为儿子寻找最好的医疗资源。但在当时的情况下，患有血液病的孩子几乎没有康复的希望，不像今天白血病患儿有极大的机会完全康复。

芒格的继子哈尔说：“那件事发生在 20 世纪 50 年代中期，当时的人对白血病无能为力，没有骨髓移植的治疗方法，什么都没有。即便是放到现在，虽然治愈也不是一件容易的事情，但人们还是有了更多的选择。在当年，你只能坐在那里眼睁睁地看着你的孩子慢慢离世。”

先是离婚，接着是儿子病故，这些都严重影响了芒格的生活。芒格说：“那时没有医疗保险，我需要支付所有的费用。无论是父母还是祖父母，在白血病病房里都心如刀绞。他们迟早会面临这一天，失去亲人，这是百分之百确定的。我常常在想，面对这样确定的死亡，那些职业的医务人员需要具备多么强大的心理，才能顽强地面对这些患病的孩子。”

芒格当年才 29 岁，他非常悲伤，他的朋友古瑞恩后来回忆说："他说，当看到儿子躺在床上慢慢死去时，他进去抱了他一会儿，然后独自走在帕萨迪纳的街头失声痛哭。"

但即便如此，芒格依然试图过着正常的生活。离婚后，一位律师朋友给他介绍了一名年轻的离异女士——南希·巴里，她离婚后带着两个孩子生活。有时候，芒格和南希带着彼此的孩子一起出去郊游，第一次出去时他的大儿子泰迪也一起去了。

芒格的继子哈尔后来回忆说："我知道泰迪病得很重，快不行了。"哈尔和泰迪的年纪差不多，他们俩第一次见面是在一家私人沙滩俱乐部，那是芒格和第一任妻子南希带孩子们一起出去玩的地方，位于太平洋沿岸高速公路边上。这家俱乐部被竞争对手嫉妒地称为"不堪的五十"，因为这家俱乐部的会员始终保持在这个数量。芒格的第二任妻子南希一家就是这家俱乐部的会员。

哈尔回忆当年道："我记得有一天，我和泰迪一起，距离沙滩并不远，我问他想不想去，他说：'我实在没力气去。'你要明白，一个 9 岁的小男孩哪有不想去沙滩玩的，只是他实在太虚弱了。"

1955 年，在确诊白血病一年之后，9 岁的泰迪去世了。芒格后来说："我无法想象在生活中还有什么比看着自己的孩子慢慢离世更糟糕的经历了。他去世的时候，我的体重比正常时少了 10～15 磅。"

哈尔说，对于其他孩子而言，这样的结局有一种超现实的感觉。他说："我不记得参加过葬礼或类似的事情，我也不清楚泰迪的两个妹妹莫莉和温迪有没有参加过葬礼。实际上，我甚至不确定是否举办过葬礼，泰迪就这样从我们的生活中消失了。"真实的情况是，当时家人为泰迪举办了一个小型的宗教仪式的葬礼，但因为第二个南希及其孩子还不是家庭成员，所以没去参加。

尽管大人们对此有心理准备，但两个妹妹还是对泰迪的离世感到震惊。"我们根本没想到他会死。"温迪说，"在那之后，我们俩在临近9岁的时候都异常小心，直到10岁时才松了一口气。这的确是一种愚蠢的想法，我并不喜欢这种感觉，但当我的孩子后来长到9岁的时候，我还是忍不住有这种紧张的感觉。"

他们曾经居住的房子位于南帕萨迪纳埃奇伍德大道上，但随着芒格搬到俱乐部去住和泰迪离世，他们那栋三居两卫的房子开始变得空空荡荡的，倍显孤独。那条大道很安静，周围是优雅的建筑和高大的树木，与芒格的女儿温迪现在居住的地方仅有一街之隔。时隔多年，每当莫莉和温迪姐妹俩开车经过那里，看到她们曾经住过的那栋房子，依然会感到悲伤。

温迪说："莫莉和我一直住在那栋房子里，直到1957年。后来，母亲再婚了。"

芒格的第一任妻子南希后来嫁给了一位放射科医生罗伯特·费里曼，他也是泰迪生病期间给泰迪看病的医生之一。莫莉和温迪姐妹俩觉得母亲再婚的确改善了她们的生活状况，一家人从原来的房子搬到了更加宽敞的位于玛德琳大街的房子里。隔壁不远就是西里奇女子学校，姐妹俩很快就在那里注册入学了。莫莉后来回忆说，她们住在“大房子里，有阁楼，有地下室，房间很多。这对于一个 9 岁的孩子来说是一件多么美妙的事情。父亲也再婚了，有一个孩子即将诞生。我们的继兄哈尔是一个非常特别的人，我们年纪相仿，他闲不住，反应敏捷，很有潜力，属于每分钟都会有新主意的那种人。我的继父更像是一个爷爷辈的人，他有一家医疗诊所，有自己的孩子，都比我们大，他很宠爱我们。父亲也会经常来接我，我很快就意识到这是坏事变好事，这样的结局也不错”。

芒格前妻再嫁的这位费里曼医生是当地一位长老会牧师的儿子，他每周都会在基瓦尼斯俱乐部演奏手风琴，并在当地学校董事会任职。随着生活渐渐步入正轨，温迪并不太记得从一个家庭到另一个家庭有什么过渡期，她很快就喜欢上了新的生活环境。

温迪说：“从一个家庭到另一个家庭，我总是说自己在两边都得到了最好的。我很快就有了继父、继母以及数不清的亲戚，这对我来说似乎是一件顺理成章的事。妈妈和爸爸都对对方和和气气，非常认同。作为大家庭的一员，我很喜欢这样的氛围。”

******

在 76 岁时，芒格回顾当年时说时间会治愈一切，也可以减轻失去孩子的痛苦，因为如果不是这样的话，他简直不知道如何继续活下去。芒格说，对于当年儿子泰迪的离世，自己**唯一能做的事就是尽可能理性地面对**。“当你面对一些难以置信的悲剧时，**绝不应该让一个悲剧因为意志的崩溃演变成两个或三个**。”对于第一段婚姻的失败，这么多年过去后，芒格也有了更加成熟的看法：

> 一旦我吸取教训，我就不会再花太多的时间去后悔过去，**我不会与过去纠缠不休**。当然，我在32岁时比22岁更理智，但我没有任何可怕的后悔的感觉，毕竟最终我们的孩子都成长得不错，我认为我的前妻在另一个环境中过得也很好。

多年以后，芒格将婚姻的过程与投资的过程进行了一番比较，尽管他没有特指自己的经历。他说：“生活是一系列的机会成本，你应该与自己可以遇见的、最好的那个人结婚，投资的过程大体也是这样。”

这种实用主义的表述实际上无法描述芒格对第二任妻子南希的深沉情感，当然也为他在最终找到幸福所在之前所经历的艰苦和伤痛提供了一个挡箭牌。南希始终认为芒格是非常感性的人，只不过他对情感的表达略显“拘谨”。芒格和南希结婚后生的第一个孩子是个男孩，名叫小芒格。按照小芒格的说法，父亲的强项在于告别过去奋力前行，但这同时也是他的致命弱点，是他的阿喀琉斯之踵（Achilles Heel）。

他说："你想想，一个人的儿子死了、婚姻也完了，损失了很多钱，他所能做的就是远离这些负面情绪。父亲对自己说顾影自怜没有用，不要回过头理会这些。话虽如此，但有些事情如果父亲花的功夫多一些，可能会处理得更好。例如在一个城市或一个餐馆，父亲如果有了不愉快的经历，他就再也不会去那里，而我不一样，我会再试一下。"

当然，芒格还是尝试了第二段婚姻，对此，小芒格说："妈妈和爸爸都找到了在第一段婚姻中所没有的东西。"

芒格在年轻的时候就设想拥有一个大家庭，这个梦想即将实现，他决心让孩子们得到良好的成长环境和教育环境。他知道为了完成这项任务，他必须赚足够多的钱，必须将自己的聪明才智发挥到极致。此时的芒格已经是一名收入不菲的律师，但如何赚更多的钱这种对额外收入的渴望推动着他涉足商界。

女儿莫莉回忆说："他总是对钱感兴趣，理财一直都是他的强项。他投资股市，对商业的谈论生动而有趣。现在想来，他当时已经处于破产边缘，经常开着一辆很糟糕的车。但是，我从未怀疑过迟早会有这么一天，他会取得巨大的成功。我为什么会这样想呢？因为他有一种精气神，他所做的一切都是一流的，都非常棒。他会尝试很多不同的事，会给房子建一个露台，会打算买一艘船去岛上，会盖一栋房子或建公寓。他对自己所做的事情、对未来始终充满热情，这并不是说为了未来你必须否定现在，重点在于你眼看着这些梦想一点点在实现，这多么有趣。**能眼看着蓝图变为现实，这真是太棒了**，他总是这么说。"

第5章 创造新生活

Charlie Munger

我喜欢作为资本家所具有的特立独行，我的性格多少存在一些赌性，一直如此。我喜欢把情况搞清楚，然后再下注。所以，其实我就是这样顺其自然地简单行事。

——查理·芒格

贤内助

芒格的第二任妻子南希说："我们在1955年相遇，1956年1月结婚。如今，我们结婚已经有43年了。"

这句看似简单的话涵盖了一切，但生活并不简单。两人结婚后，芒格仿佛从暗夜走向了光明，一切都充满了崭新的可能。第二任妻子南希的性格，既拉近了两人之间的距离，又弥补了芒格的缺点。

女儿莫莉说："父亲并不是一个优秀的经理人，他有时就像是一个心不在焉的教授，他也会冲动性购物，如果他有什么奢侈的爱好，那麻烦可就大了。但幸运的是，继母出现了，她沉着、稳重，工作努力，极其节俭，对实现目标的细节很重视。她是家里的CFO——首席财务官，就像罗伯特·杜瓦尔（Robert Duval）那样。继母和父亲相亲相爱，她集各种优点于一身，而他魅力四射。她爱慕他，认为他是世界上最可爱的人。"

南希年轻、健康、精力充沛，作为一名技术娴熟的网球运动员，她到60多岁时还滑雪。尽管后来做了髋关节置换手术不再滑雪，但她仍然会去打高尔夫球。

女儿莫莉说："她是一个了不起的自我投资者，你可以从她身上学到的是，永远不要放弃自己，要坚持做自己喜欢的事。她画的水彩画非常漂亮，那是她 50 多岁时才开始学的，她做法国菜的水平也很高。”

芒格与南希的结婚照

南希一家多年居住在加州，那里的风格与芒格成长的奥马哈有着很大的不同。南希父亲一系在 1902 年举家从得州的博蒙特搬到加州的洛杉矶，在大萧条之前，他们家从事房地产开发，但是大萧条极大地摧毁了他们家的财富。南希的父亲小大卫·巴里（David Barry，Jr.）从事保险业务，还参与了各种房地产投资。此外，他对植物学感兴趣，并建造了温室，尝试着将稀有植物进行杂交，尤其是棕榈和凤梨的杂交。南希的母亲是加州当地人，是一名教师。

南希的父母相遇的地方是所有大学中最具加州特色的一所——斯坦福大学。斯坦福大学位于帕洛阿尔托，1918 年由铁路大亨利兰·斯坦福（Leland Stanford）为了纪念自己十几岁因为伤寒高烧去世的儿子而创办。当儿子去世时，斯坦福告诉妻子，现在全加州的孩子都是他们的孩子。不久之后，这对夫妇就创建了这所西部最著名的大学。

南希说："我出生在洛杉矶的慈善撒玛利亚医院，现在芒格就是那所医院的董事长。我一直住在洛杉矶，在公立学校念到 10 年级，然后去了马尔伯勒学校。"

南希的母亲是家中的独生女，却因身处一个大家族受益不少。她母亲的祖父魏顿布鲁克一家（The Wittenbrocks）在淘金热期间定居于萨克拉门托，并在那里发展。

芒格的儿子巴里说，他的外祖母有一个叔叔和六个姑姑，"每个人在结婚的时候都会得到萨克拉门托同一个社区的一栋房子。小时候，母亲去玩的时候会从一栋房子跑到另一栋房子。这些房子目前还在，位于 J 大街，靠近州议会大厦，家族最早的房子已经被列入历史地标保护名单"。

南希说："姑姑们对各种游戏都兴趣盎然，下跳棋、挑圆片、挑竹签等。每天下午，她们都会选一家的花园聚会来谈天说地。她们还种果树，甚至会将树上结的桃子、樱桃做成罐头。"

跟随父母的脚步，南希后来也去了斯坦福大学。再后来，南希和芒格的八个孩子中有五个和南希一样，也上了斯坦福大学。安娜是芒格的外孙女、温迪的女儿。如果安娜在 2000 年被斯坦福大学录取的话，她将成为这个家族第四代上斯坦福大学的人。

南希说："我主修的是经济学，但我很喜欢商法，不过没人鼓励我去上法学院。相反，毕业之后我很快就结婚成家了。"

毕业后，南希的第一任丈夫继续在斯坦福大学法学院学习，南希则在山景城附近的一个科学实验室工作，她所在的部门从事的风洞理论以及相关研究都是早期超音速飞机研究的基础。

关于找工作，南希回忆道："他们问我：'你愿意做文秘工作还是技术工作？'我说要做技术工作。我们在工作时使用弗莱登计算器，我负责计算飞机的机翼和机身的形状。"

南希原本计划去攻读美国历史专业的硕士，但是在这个计划完成之前她和第一任丈夫就返回了洛杉矶。

八个孩子的热闹生活

南希在与第一任丈夫离婚后和两个年幼的孩子一起住在位于老贝尔艾尔上方峡谷的房子里，她和芒格是通过相亲认识的。

南希说："我的好朋友住在同一条街上，他们与芒格的一些朋友相互认识。在了解到芒格有再交友的意向后，他们就安排我们两人见了面。"其中中间人是玛莎和罗伊·托尔斯。玛莎是一位儿童故事作家，罗伊是芒格所在律师事务所的合伙人之一。在二人第一次晚上出去约会之后，罗伊问芒格感觉如何。芒格很肯定地说一切都很顺利，但随后就责怪罗伊怎么没有告诉他南希是全美大学生组织荣誉优秀生，这么重要的信息竟然给漏掉了。

南希的长子也就是芒格的继子哈尔说：“我母亲和芒格都是非常聪明、非常能干的人，他们既不喜欢被人愚弄，也不希望浪费时间。他们俩都曾经有过不愉快的离婚经历，有着相似的不幸所造成的情感冲击……我想他们对一个人是否值得继续交往一定是看一眼就能做出决定。”

很明显，两人都对前景看好。

芒格的儿子小芒格后来说：“恐怕小说家也不会想到这样的情节，一个人的前后两任妻子都叫南希。”

与南希再婚后，芒格搬进了她在罗斯科马尔路的房子里，位于加州大学洛杉矶分校北边。芒格的继子哈尔当时大约七岁，他说：“父母带着我和弟弟大卫住在这里，泰迪在他们结婚前就去世了，两个女孩和她们的母亲一起住在帕萨迪纳。”这里提到的情况是在二人再婚之前，南希带着两个儿子哈尔和大卫；芒格已有一儿两女三个孩子，但儿子泰迪此时已经因病离世，女儿莫莉和温迪与生母一同居住在帕萨迪纳。

芒格再婚之后的九个半月到十个月左右，小芒格出生了。现在变得热闹了，这是个有他的孩子、她的孩子、他们共同的孩子的大家庭，芒格在第一段婚姻中有两个女儿，南希在第一段婚姻中有两个儿子，现在又多了一个小芒格。此后，每隔三年左右，这个家庭就会迎来一个新宝贝。最终，芒格和第二任妻子南希一共生了三个儿子和一个女儿。如此，芒格一家便有了八个孩子。

小芒格说："据说我小时候就是一个胖乎乎的快乐小宝贝，一直在笑。父亲说那个时候就希望有一个像我这样的孩子。"

小芒格出生的时候，两个家庭都渐渐适应了新的环境。莫莉和温迪两姐妹与他们相处融洽，哈尔和大卫的生父也不再出现。哈尔谈起自己的生父时说，他在离婚后还在家里待了一段时间，但不长。"他去了夏威夷，在那里经营殡葬业以及其他一些生意。后来又去了菲律宾很多年，做了很多不同的生意，包括一些经营纪念公园之类的业务。"

哈尔和大卫的生父多年之后才回到美国，那时这两个孩子已经很好地融入了芒格的家庭。但是，对于哈尔而言，这种融合开始得很快，但过程并不顺利。

哈尔说："虽然我当时很小，但我觉得自己已经是家里的男子汉，应该关心家里的事。每当芒格带妈妈出去，我都会在家等她回来，无论多晚，无论是不是到了我应该上床睡觉的时间。"

在家里多了另一个男人后，哈尔的这种情感更加强烈。他说："我的性格很要强，就是要将力所能及范围内的东西都占为己有，这种感觉就像生怕失去已有的领地一样，简单地说就是这种感觉。比如，我之前总是会管教弟弟大卫，但现在继父芒格很快接手了这项工作。适应一个离婚的环境是不容易的，我那时已经较大，即使是作为孩子，我也记得父母离婚时所发生的事，争吵打架之类的事我都记得。弟弟大卫还小，他不记得这些，但我的确还是受到了伤害。”

提起继父芒格，哈尔说他可不怕打小孩屁股，尽管他实在是气急了才会这么做，不过不会下手太重。哈尔是那种必须严加管教才能好好成长的孩子，他自己说：“我还真不知道有哪个孩子像我一样，挨了这么多揍，弟弟大卫和我就不一样。我相信芒格也不喜欢揍我，但最终还是没有其他更好的办法。”

由于哈尔是一个特别爱争强斗胜的孩子，这种“领地之争”的问题还是花了好几年时间才慢慢得以解决。在此期间，哈尔常会感到愤怒。他说：

“我很不情愿地做出让步，最终我接受了他，因为他除了不是我生父之外，在其他所有方面都做得很好。你要知道，我成为今天的样子，他的贡献最大，从生活观到价值观，以及我该做什么、不该做什么，都深受他的影响。”

在此期间，弟弟、妹妹一个接一个来到这个家里。

小芒格解释说：“我们家的孩子，最大的和最小的相差20岁。常常是莫莉和哈尔一起玩，大卫和温迪一起玩。后来，年龄的差距不再是问题，在大多数时候家里经常是大家打成一片，热闹得很。”

芒格的妹妹卡罗尔认为家里这种喧闹的气氛很适合她哥哥：“我认为他甚至想要40个孩子，这并不是因为他童年孤独，而是因为他喜欢热闹，他喜欢交朋友，各行各业都有很多朋友。”

也许是想起了祖父在艾奥瓦州的大家庭中那种轻松气氛，也许是想起了夏天明星岛上的一大群孩子，芒格说：“我并不认为生活是一场生育比赛，但我很高兴有这么多孩子，虽然我不想夸他们是超级明星、样样都好，但我们在一起很开心。”

无论芒格想要这么多孩子的动机是什么，养育八个孩子怎么看都是一项艰巨的财务重担。芒格一大家子之所以每年都去明星岛度假，部分原因是对于有这么多成员的大家庭来说去那里比较省钱。妻子南希也感到压力巨大，意识到需要稳定的日常经济生活。

他们俩再婚后的第一个儿子小芒格说：“我们家早期的生活过得很艰难，父母两人都在生活触礁之后试图重建自己。母亲努力这样做，尽管她在很长的时间里要面对这么多孩子。我的外祖母在母亲小时候照顾过她，也曾过来帮忙照顾我们。我们的外祖父在夏威夷火奴鲁鲁（即檀香山）的钻石头大街上建了一栋房子，我父母都曾住过。当一周的假期要结束时，母亲一想到要回去就忍不住哭了起来，因为家里的活儿实在是太多了。”

考虑到南希所承担的责任很多，她的这种反应并不令人惊讶，但这似乎不符合她的性格。

儿子巴里说：“母亲的情绪始终很稳定，她没有太多的自我怀疑、自责之类的情绪，她具有忠诚精神，家庭对她而言是个神圣的地方。”

芒格并不是那种晚上回到家还能帮忙洗衣服的人，在做家务这方面南希从来没指望过他。

他们的女儿艾米莉说："我认为母亲给了父亲极大的自由，她承担了一切家务，让他可以集中精力处理自己的工作和事业。说到我自己，我也希望我的丈夫能帮着带孩子，周末全家出游。"

言传身教

芒格的孩子对他在家里的表现持不同看法，这取决于被问到的孩子当时的年龄大小。对于年龄较大的孩子而言，芒格似乎总是在忙工作；对于年龄小一些的孩子而言，当他们出生的时候，家里的财务状况已经好多了，芒格似乎没有那么忙了。

家里年龄最大的孩子哈尔说："我并不想描述一种沙漠般毫无生气的场景，但平时我们父子之间完全没有互动，即便家里有一些出去旅行的活动，例如回明尼苏达钓鱼等，情况也是如此。总之，那个时候，他是一个非常忙碌的人。"

但在家里年龄较小的孩子巴里的记忆里，情况却有所不同。他说："父亲总是在身边，他不是那种动不动就取消滑雪活动的父亲，也不是那种总是出差在外的人。他一直在那里，但的确有很多的商务社交活动，他有很多事情要做。"

艾米莉是所有孩子中年龄第三小的孩子，她说："父亲似乎很传统，就像每个父亲一样，离家去上班，回家吃晚饭。我们就是这样，大家坐在一起吃晚饭，我并没有感觉到他经常不在家。他每周六会去打高尔夫球，也可能是周日早上去打。他不太参与日常的事务，但他是一个严厉的人，所以你要知道，如果你违反了什么基本的规则，你会有麻烦的。”

儿子巴里形容父亲“精力充沛”，一大早就出门，到饭点才回家。他把工作带回家，并在晚饭后继续处理工作。“即便是在家庭成员一起出行的航班上、旅行中，他也会处于长时间的紧张工作状态。他也会搭乘早上 6 点的飞机出行。我的母亲不太一样，她也起得很早，但是在家整理家务，而不是冲出家门去。”

芒格一般会同时做好几件事，你可以想象这样的场景：晚上他坐在椅子上看书，同时听着家人聊天，时不时插上几句话。

儿子巴里说：“父母都属于坚定沉着的那类人，他们是一个团队，你永远都别想钻父母的空子，永远都别想。他们对孩子的要求是一致的，什么能做、什么不能做，他们的观点一致。在我们小的时候，为了防止我们将车刮花，他们做了很多防范工作。父亲很严格，但也并非不近人情。我不用拍马屁，他们都不吃那一套，我也不需要这么做。在我的青春叛逆高峰期，我有时会一言不发、闷闷不乐，我的表现最接近典型的叛逆期表现，但必须说，就同龄人而言，我还算是温和的：我没有离家出走，我们也没有将家里折腾得天翻地覆。”

无论是去学校开会、去看牙医，还是去其他任何地方，这个大家庭都要带一大堆东西，但正是这些早期的经历，恰恰使三个家庭渐渐融合为一体。

小芒格回忆道：“母亲对待莫莉和温迪就像对待自己的孩子一样，父亲对待她的孩子也视如己出，总之，他们建立了一个真正的家庭。”

女儿温迪说：“父亲从来不提儿子、女儿或继子、继女这样的字眼，他只是说我们有八个孩子。他一视同仁，从不厚此薄彼，对孙辈更是如此。至于他们最初的出处，他根本不在意。”

例如，与他们生活在一起、说话温和但性格有些叛逆的大卫也深受芒格的影响。莫莉虽然住在 15 英里以外的帕萨迪纳城郊，与另一对父母住在一起，但她也觉得自己是父亲生活的一部分。

女儿莫莉说：“在我上高中的时候，父亲给我买了辆车。当时，他手头并不宽裕，但还是买了带白色天窗的野马。此外，我还有买衣服的补贴，父亲一直都在我的身边，我感觉自己被他照顾得很好，而不仅仅是财务方面。他总是很好，不是在这个方面，就是在那个方面。”

女儿艾米莉现在也有了三个孩子，她说做了母亲之后促使自己回想过去，比如父母如何成功地培养了八个子女，并且让他们拥有共同的价值观，相处融洽。

艾米莉说：“作为父母，他们成功之处就在于，将价值观、道德伦理等观念传递给孩子。但这些并不是通过有组织的宗教活动来实现的，虽然周日的时候我们会去圣公会教堂，在那里我们学到了黄金法则、基本教义。我们学到的东西几乎都是通过他们的言传身教，父亲经常讲述自己钦佩的人的故事或那些相反的案例，通过这些让我们从中得到教益。他不会高高在上，对我们指指点点，所以，兄弟姐妹都很享受彼此的相伴。在家里，无论是父母与孩子之间，还是兄弟姐妹之间，都没有发生过什么奇葩的事，部分原因应该是我们在道德与诚实方面都没有大问题。”

芒格是一个有着明确是非观的人，孩子们会经常回忆起在这样的父亲身边成长过程中所学到的东西。哈尔说，芒格认为一个人应该永远“尽自己所能做到最好；永远不要说谎；如果你说要去做一件事，那就将它做好；不要找借口，人们对借口毫不在意；如果要去开会，那就早点到，不要迟到；如果万一真的迟到了，也不要找理由，选择直接道歉的方式就好，因为别人对你的理由根本不感兴趣。这些都是非常实用的东西，尤其是对那些打算进军服务行业的人而言，因为人们是为你的服务付费。为人处世的另一个原则是尽快回复，运用五秒钟法则，应当尽快反馈，不要将人家晾在一边让别人久等”。

“他告诉我们做事要当机立断，”女儿艾米莉回忆说，“如果我们回到家说出于某种原因没有完成某件事情，他会让我们去解决问题，并信守诺言，调整判断。”

妻子南希说，芒格在家务活方面的作用实在有限，她对此持理解的态度，在他们那一代人这种情况也较为典型。“他并不是家里的好帮手，我总是说他就像住在一个有人天天维护的酒店里，他从来不参与其中。”

南希在努力工作，芒格也在非常努力地工作，以便让全家过上更好的生活。当年芒格 35 岁左右，同时干着几项事业。南希曾经这样告诉他们的朋友，芒格“就像一个上了发条的年轻人”，他拼命地干活，拼命地赚钱。

南希解释说，他对待家庭生活的态度往往很像一位高管在处理商业问题，“他总是乐于为孩子们提供指导和帮助，这样的机会也会经常出现。然而，在他们长大之后，我们尝试着将建议仅仅局限在一两个重要的问题上”。

尽管芒格对通过口头表达自己的感受保持沉默，但女儿莫莉表示，毫无疑问，他一直对家人有很深的感情。或许在他的意识里，仅仅表达情感就很危险。

“他可能觉得，一旦开始表达情感，他就会被自己的情绪所淹没，”莫莉说，“但表达情感是非常重要的，我们都希望他表达得多一些。他们老两口都是那种老一辈的风格，继母一直对此非常理解，并一直在努力。”

除了家庭生活之外，南希在智力上与芒格也堪称棋逢对手，完全能够对等交流，他们俩可以就一个话题你来我往，其乐融融。

巴菲特说：“在南希 70 岁生日那天，他们举办了一个盛大的派对。我想来想去，决定送她一枚紫心勋章。”于是，巴菲特在整个奥马哈四处寻找，直到在一家当铺里找到了一枚老兵勋章。

******

芒格一家住在汉考克公园附近，他的邻居似乎都过得不错。谈到这些邻居是做什么的，儿子小芒格说："克雷格·霍夫曼的爸爸开了一家糖果公司，我们还去参观过。"但有意思的是，对于自己的父亲是做什么的，小芒格却似乎并不清楚。

他说："我从来没有想过父亲是做什么的，他早上 6：30 到 7：00 之间起床之后离开家，然后在下午 5：30 到 6：00 之间回到家，晚饭时间是 6：30，这就是一天的常规流程。他的工作对我们而言有些神秘莫测，他有一间办公室在一栋蓝色的大楼里，有一张大大的办公桌，我也搞不清楚那上面都有什么。对于我父母的事情，我从来都没什么兴趣，也没怎么关注过。"

观察思考涉足商界

芒格家的孩子之所以不太清楚自己的父亲是做什么的，其中一个原因是芒格在家里很少谈论自己的工作。而他一旦开始谈论自己的工作，就会滔滔不绝，以至信息量太大令孩子们难以消化。

芒格早期是在穆希克、皮勒 & 加勒特律师事务所工作，运用掌握的一切知识不停地工作。根据喜诗糖果的前总裁查克·哈金斯的回忆，虽然他的姓和第一个南希家的姓一样，但两者没有任何关系。查克眼中的芒格就是一名律师，一名行事果断的律师。

在一个早期的案子中，芒格当时还仅仅是律所的初级合伙人，他知道客户会有一天来讨论一个案子的方案。他认真做了很多的准备工作，理出了三个合理的方案，并反复推敲其中的每一个。第二天，客户来了，经过一番深入讨论，客户决定沿着芒格预想的一个思路向前推进。律所的高级合伙人让芒格去起草文件，芒格当即表示如果有速记员，他可以即刻完成，这样可以免去客户第二天再跑一趟的麻烦。当芒格在短短几分钟内口述完这份文件时，客户惊呆了。自此，每次客户与律所打交道时都指定芒格来帮忙。

芒格特别喜欢律所的一位高级合伙人乔·皮勒，他是亚拉巴马人，很喜欢打猎和钓鱼，语言丰富多样，他与芒格情同父子。芒格从他身上学到了一个他非常喜欢的新词——进取心。

芒格说："难怪我会喜欢他，因为有一点我们很像。对于一项工作，他倾向于要么完全授权，要么全部自己完成。我喜欢他的完全授权模式。"

芒格所在的律所有一位重要的客户，叫哈维·穆德。他是一位富有的工程师，在世界各地持有不少矿业公司的股权。这位穆德先生还资助了哈维·穆德学院，该学院是加州波莫纳一系列学院中的一个，是全美最好的科学和工程学院之一。虽然芒格不认识这位穆德先生，但与他的兄弟以及其中一个顾问卢瑟·安德森有联系。

芒格回忆说，穆德这样告诉过他的律师："我不仅想知道什么是法律以及在不违法的情况下我可以做什么，我更希望得到的帮助是在考虑周全的情况下做正确的事。"

作为一名年轻的律师，芒格也犯过错，其中有一次是起草一份法律文书帮一所大学就在建建筑物申请豁免财产税。在申请通过后，芒格尴尬地发现，他只提到了建筑物本身，并没有包括建筑物所在的土地。幸好，他的一位合伙人弥补了这种尴尬。

尽管如此，芒格的律师生涯整体发展得不错。但有时他也会由于直言不讳以及锋芒毕露而遭遇一些小挫折。朋友查克·里克绍尔告诉芒格，当他刚开始从事法律工作时，一位资深合伙人告诉他什么是正确的方法："你必须时刻记住，你的责任是让客户认为自己是最聪明的，我是第二聪明的，然后才是你。只有这样，才谈得上智慧。"

罗伊·加勒特（Roy Garrett）是芒格所在律所的主要合伙人，芒格非常钦佩他的法律才干以及他为律所招揽重大项目的能力，但芒格与他从未像与皮勒那样亲密。尽管加勒特将一些个人法律事务交给芒格处理，但芒格说他深知加勒特并不是非常喜欢自己。

芒格说："作为律所的合伙人，加勒特是个强势的家伙，我们俩天生就不对付。刚开始合作的时候，有一天他叫我过去，指责我在一些看似不起眼的地方花了 2 万美元，却没有收到相应的回款。我直接怼回去说：‘在我真正被证明失败之前，你没有权利这样对我说话。’我们的谈话就此打住。几周后，我就收到了 5 万美元的回款。这证明我没错，但这样的事实在他那里引发了复杂的反应。”

芒格用从他爷爷那里学到的原则来指导生活。**第一个原则是专注于手头的工作**，并全力以赴，相信这是成功建立业务的最有效方式。**第二个原则是量入为出**，在收入的范围内节俭地生活，并储备一笔可投资的现金，以便未来创造更多的财富。

巴菲特后来评价道：“作为一名律师，芒格从中学到了很多关于商业的知识，他参与了国际收割机公司的经销商业务，还参与了 20 世纪福克斯公司的业务。他总是能看清现实，会认真思考问题，而不只是围绕一个问题转圈。”

芒格涉足的领域，也包括一些近在身边的事务，包括加州莫哈韦沙漠的一处优质矿产。芒格说：“我想拥有那里的硼矿，硼是一种元素。这座矿在一个安全国家的露天矿坑中，这座矿的成本低廉，储量丰富，非常优质，但它已经被一个知情人所拥有。”

有些不幸的是，芒格的一些客户并不是他自己喜欢的类型。他想起有一次自己与父亲在讨论客户时他的反应，这个客户是奥马哈的汽车经销商格兰特·麦克法登。

芒格说：“我曾经建议我父亲应该多找一些像麦克法登这

样的优质客户，少找一些总是找麻烦的客户，我记得我这么说时我父亲面带惊讶地看着我。当说起麦克法登如何善待客户、供应商和员工时，我父亲说如果大家都能像麦克法登一样为人处世，律师这行恐怕只能去喝西北风了。多年以来，尽管我发现像其他行业一样，现在饿死律师比以前难多了，但父亲以他的亲身经历为我上的这一课一直留在我的心里，对我的职业生涯有着莫大的帮助。这让我更喜欢像麦克法登这样的客户，将其视为自己言行的榜样。”

随着工作经历的丰富，芒格渐渐有了自己的观点。在他看来，法律工作的问题在于，他最喜欢的人很少遇到法律问题，而那些最需要他帮助的人却经常有人格缺陷。此外，在 20 世纪 50—60 年代，从事法律工作的收入并不丰厚。

通过工作，芒格逐渐积累起一些资金，于是开始了股票投资。他常常会和朋友、客户一起去寻找商机，其中一些经历也很曲折，就像是学习研究生的课程一样。他为一家小型变压器公司提供过一些法律服务，该公司位于帕萨迪纳。由于与客户相处得不错，芒格希望有机会再次合作。一天早上，在开车去工作的路上经过该公司时，芒格觉得自己太过委婉，不应该总是等客户找上门来，而是应该亲自登门拜访。于是，他在路上掉头回去，找到公司老板聊了一会儿。后来，他果然得到了更多的业务。再后来，他还获得了这家公司的一些股权，用于投资的钱还是借来的。

在投资方面，这家变压器公司的老板就是芒格的第一个正式合伙人，名叫埃德·霍斯金斯，他现在已经90多岁，住在加州中部一个小城中带有高尔夫球场的社区。

“他是个很棒的人，创建了这家变压器公司。后来，他与公司的风险投资人产生了分歧，他们想要换掉他。于是他找到我，我们达成了一项协议，让他买断对方持有的股份，并为此大量借款。这是一项我们早期进行的杠杆收购，是一个用非法律的方案去解决看起来像是个法律问题的案例。”

该公司主要从事定制生产，专门为军用火箭等军工设计制造高度专业化的变压器。由于当时正值朝鲜战争，南加州有大量的军工制造厂。尽管战争带来了机遇，但该公司却饱受困扰。其中关键岗位的一名年轻高管患上了绝症，他的合作伙伴在他慢慢离世期间挑起了他的经济重担。

然而，该公司必须迅速扩大规模以偿还杠杆收购所带来的债务。与此同时，竞争对手也发现了战时机遇，也在迅速扩张。很快就出现了很多的厂家，同业竞争使得商业环境变得糟糕，这也是芒格在离婚时承受很大经济压力的原因之一。这个故事的好处是，共同的压力使霍斯金斯和芒格成为好朋友。

芒格回忆道：“霍斯金斯一周会工作90个小时，在早期，每一款变压器都是他设计的。我无法描述我们的关系有多好，他证明了自己是一个非常出色的人。我们遇到了让他头发掉光的麻烦，苦苦地挣扎。最严重的麻烦来自收购了威廉·米勒仪器公司，那是个糟糕的主意。那家公司生产复杂的阴极射线记录示波器，那项业务需要很长的时间才能见效。”

最终，等到产品终于可以销售了，两人卖掉了那家公司，一切来得正是时候。随着更先进的磁带技术的出现，原有技术很快就被淘汰了。

芒格说道："最后，我们留下的只有变压器业务，战争结束后这不是一门好生意，我们在财务上也感到紧张。在财务总监哈里·博特尔的帮助下，最终通过甩掉那些令我们赔钱的客户，并缩减公司规模来挽回局面。这是一场艰苦的斗争，存在很多压力，我们几乎一无所有。最终，公司起死回生，但谈不上出色。不过，我们最终还是获得了非常可观的投资回报。"

在参与这家变压器公司的那几年，芒格开始了自己的商业之旅，并于 1960 年和 1961 年渐渐退出这项投资。这段经历对他是有影响的，后来他再也没有回到所谓的技术行业中去，他说："我已经尝试过一次，发现它有很多的问题。就像马克·吐温笔下的猫一样，有了一次不愉快的经历后，我再也不会坐在滚烫的炉子上，哪怕炉子是冷的，我也不会坐上去。"

尽管芒格热爱科学、尊重科学，但他开始意识到购买优质企业具有某些优势。他说："如果你仅仅是图便宜而去购买一家注定会破产、只有在清算时才能赚点钱的公司，这好像也没什么太大的意思。"

他还学会了如何定义一家好的企业："好企业与坏企业之间的区别在于，好企业会一个又一个地做出容易做的决策，而坏企业则会一次又一次地带来令人痛苦的决策。"

第6章

芒格的第一桶金

Charlie
Munger

兔子比狐狸跑得更快，因为兔子在为活命而奔跑，狐狸是为了晚餐而奔跑。

——理查德·道金斯，《自私的基因》

故地重游的和蔼老头

11 月的深秋，是个令人倍感舒适的季节，南加州温和而凉爽，穿上夹克刚好。此刻，芒格驾驶着他那辆漂亮的黑色雷克萨斯 LS400 穿过车库，再次回到了他赚取第一桶金的房地产项目——帕萨迪纳公寓。

此时，75 岁的芒格左眼已经失明，右眼的视力也非常有限，所以操作这辆汽车并不像看上去的那么容易，但经过不断的适应，他已经掌握了一套技巧来判断交通状况。在行驶中需要并道或换道的时候，他会在有把握时当机立断，强大的汽车引擎使他能够快速地采取行动。

开车穿过街道，三十年来这里几乎没有改变，没花多长时间，芒格就找到了阿尔罕布拉绿地小区，这是他开发过的最大的房地产项目。虽然经过了三十年，这里的草坪依然修剪得整整齐齐，水疗区和游泳区打扫得干干净净，有几位上了年纪的女士正在蓝色的泳池来回游动，进行日常的锻炼。

芒格指着草坪说："你看那些橄榄树，那是我们当时花了不到 100 美元从一片被砍掉的橄榄园里买来的。"就像那些游泳的女士一样，这些橄榄树早已"退休"，但依然有着茂盛的生命力。

离开小区后，芒格左右展望，寻找吃午餐的地方。"通常购物中心都会有一些地方可以吃饭。”他一边说着，一边开车驶过街道到达一个商场。这是一个购物中心，经过多次调整和装修，虽然不如休斯敦的大商城，但也有大量的人流。他找到一家咖啡店，并告诉服务员：“请给我们安排座位，随便哪儿都可以。”然后他又改变主意，要了卡座。年轻开朗的西班牙籍服务生向他介绍了鸡肉沙拉、三明治配薯条和其他选项。“那是我的最爱。”服务生推荐说。芒格点了一份三明治，配上薯条和冰茶。“还是留点肚子吃派吧。”热情的服务生建议道。用餐完毕，虽然芒格没有提出要求，但服务员给了他老年人折扣。

看到自己享用老年人折扣，芒格笑着说道：“我还没有老到那个程度吧。”

芒格拿起账单，停在收银台前，服务生快速跟上来说：“我来帮您结账，先生。”

这位年轻的服务生并不知道他刚刚为一位亿万富翁提供了一份三明治，这位穿着粗花呢夹克、斜纹长裤的绅士，曾经一手建造了咖啡店对面整个街区的公寓。不过，即使他知道这一点，他的服务也不会有任何区别，因为他对所有客户都一视同仁。

“你是这里的服务生吗？”芒格突然问道。

“是的，先生。”服务生回答。

“那就不用找钱了。”芒格说着将两张 10 美元的钞票放在柜台上，这顿午餐的费用其实不到 15 美元。然后，芒格离开了咖啡店。

芒格说："我从不留意服务生的长相，所以即便以后再相遇也认不出他们。这不是个好习惯，有时会让人感到尴尬。"

那么，他为什么不看别人呢？

芒格解释说："我的脑子经常在思考其他事情，会忽略身边的情况。"

曾与芒格合作开发过两个房地产项目的合伙人奥蒂斯·布思说："芒格具有非凡的专注力。当他专注时，其他所有事情仿佛都不存在一样。"

由律所客户引入房地产行业

1998 年，在伯克希尔 - 哈撒韦的股东大会上，一位股东问巴菲特和芒格为什么回避房地产投资，对此，芒格回答说：

"在房地产这个领域，我们有着几十年的完美记录，我们几乎在所有涉及房地产的业务上都表现得非常愚蠢。每当我们有一个过剩的工厂且不想接受某些计划开发它的人的出价，如果我们接受了出价并在我们擅长的领域做些什么，那么我们后来会更加优秀。"

虽然伯克希尔 - 哈撒韦很少将资金投入房地产行业作为被动型投资，但是在芒格发表这番言论之后，巴菲特投资了一家汽车旅馆，投资金额没有公开。虽然伯克希尔 - 哈撒韦可能在房地产投资方面表现平平，但那些以此为据，进而认为芒格个人在房地产领域投资失败的想法是不准确的。

实际上，真相与上述想法完全相反。尽管芒格一开始对实业公司很着迷，但他发现想要在制造业赚到钱充满挑战。另外，在 20 世纪 60 年代，洛杉矶的人口正以每周新增 1 000 人的速度增加。随着南加州的快速发展以及土地资源丰富，善于观察的芒格发现那些房地产开发商正变得越来越富有。

******

芒格回忆道："在这个过程中发生了一个有趣的故事，我有一个客户，其实应该是父子两人。这名父亲的父亲曾经拥有加州理工学院对面街区尽头的一块地。这名父亲后来通过继承遗产得到了这块地，他觉得这块地没有用处，所以打算将其出售。"

这里提到的客户就是布思和他的父亲。布思是哈里森·格雷·奥蒂斯的后代，这位哈里森创办了后来大名鼎鼎的《洛杉矶时报》。布思自称是钱德勒家族的远亲，最近将该报纸出售给了《芝加哥论坛报》的所有者论坛公司。布思的父亲是一位石油探险家和牧场主，曾在一家滑石矿业公司工作。像芒格一样，布思上的也是加州理工学院，在那里获得了工程方面的学位。他和芒格虽然同时在同一所大学就读，但由于专业不同，他们并不相互认识。后来，布思去了斯坦福大学商学院，在那里他有幸遇见过第二个南希（芒格的第二任妻子），但和她不熟。

布思第一次遇见芒格是在20世纪50年代末，当时他去找父亲的律师罗伊·特咨询，因为他希望购买一家印刷厂。罗伊说："我这里有一个和你年纪差不多的年轻人，我介绍你们认识吧。"当时，芒格和布思都是三十多岁。

布思回忆说："芒格当时就像现在一样，满怀渴望，富有进取心。我们一起四处奔波，完成了这笔交易，购买了一家凹版印刷厂。这家印刷厂的主要客户是《洛杉矶时报》的周日刊杂志，当时这本杂志名叫《家庭》。"

因为布思本身就在《洛杉矶时报》工作，而且《洛杉矶时报》就是印刷厂的最大客户，由于利益相关，所以布思告知报社自己的打算，计划从报社辞职去经营印刷厂。由于该报社没有工会而该工厂是有工会的，布思认为该报社的管理层因此不会想要购买这家印刷厂，并会高兴自己成为印刷厂的主人，毕竟自己是报社出来的人，更能提供可靠的服务。

布思说："那个时候，《洛杉矶时报》正处于发展史上的关键点，正在开始着手资产的多样化。他们请来了麦肯锡公司制定发展规划，领头的是杰克·范斯。杰克看了这项交易的条款，说：'你们不是买了它，而是偷了它。'他说：'我们会接管的。你们最好合作。'《洛杉矶时报》收购它真是疯了，但他们确实收购了。我后来有幸替他们解决了问题。"

"在这次交易中，我和芒格对彼此都有了更多的了解。我们一起去与厂长进行了几次谈判，合作默契并有了相当大的好感。至少我发现，我们的思维方式很相似，例如只要他开始说点什么，我就知道他接下来想要说什么。”

后来，芒格夫妇介绍多迪（Dody）女士与布思认识，再后来，他们结为夫妇。布思回忆说：“几年后，我请他到加州俱乐部共进午餐。我说：‘我想让你成为第一个知道多迪怀孕的人。’这是我的第二次婚姻，我希望再生一个孩子，当时我 44 岁。芒格咧开嘴笑了，他说：‘我也有件事要告诉你，我太太也怀孕了。’”

布思夫妇生下了女儿斯蒂芬妮，芒格夫妇则生下了儿子菲利普，两对夫妇彼此成为对方孩子的教父和教母。自那以后，布思和芒格一起去钓鱼，足迹遍布新西兰、澳大利亚和其他更远的水域。布思在科罗拉多州西北部的里约布兰科牧场（Rio Blanco Ranch）发现了一个钓鲑鱼俱乐部，该俱乐部位于米克上游的白河源头，芒格每年都会去那里。他们还去南美洲最南端的火地岛庆祝 2000 年的新年元旦，芒格在那里钓到了一条 18 磅的棕色鲑鱼。

布思说：“他是我在这个世界上最好的朋友，没有比他更好的了。”

1961 年左右，布思来找芒格处理遗产事宜，芒格立刻建议布思保留位于加州理工学院对面的祖传地产，并建议他进行房地产开发。

芒格回忆道：“我对布思说，自己搞开发吧。你不应该将那两栋旧房子交到别人手里，你看它们占据了整个街区直到尽头，你可以拆掉旧房子，申请改变土地用途，自己重新盖公寓，然后出售。布思说：‘这是个好主意，如果你这么肯定，为什么不拿出一些钱和我合作呢？没有你，我可没法干。’”

后来，芒格回忆这段往事，笑着说：“他让我感到有些不好意思，我只好用行动证明我的建议是正确的。”

当时的加州流行着“拥有自己的公寓”这一概念，这无疑是一股风潮。

布思说：“我们俩合伙干了这个项目，每个人拥有一半的股权。我们买下了地块的另一半，位置毗邻加州理工学院，现在还在那里呢。”

当芒格和布思联合开发房地产业务时，这对他们来说都是前所未有的经历，但芒格可以借鉴他在其他业务中学到的原则和技能，运用其中。

这片位于加州理工学院对面的公寓建筑群如今已经有35年的历史，并与周围的环境融为一体，不再耀眼夺目。在这样一个住房时尚快速迭代的地方，这些项目却经受住了时间的考验，芒格他们当年开发的这个项目至今依然在当地的高尚社区中保有一席之地。

对此，芒格的评价是：“我们为住户提供了更多的土地和房屋面积，结果证明，人们真的非常喜欢。此外，我们的位置也非常不错，这个项目非常成功。”

“项目一开始确实进展缓慢，我们必须等经济衰退结束。”布思说。但最终，“获得了非常可观的利润，利润率达到

400%。我们投入了 10 万美元，收回了 50 万美元”。

在完成 1967 年的公寓项目后，芒格和布思转而在帕萨迪纳开发另一个项目。项目紧邻一条宽敞的大街，公寓现在正在冲击 20 世纪初的豪宅。他们利用已有的开发经验，更快地获得了更多的利润。

芒格和布思注意到第一个项目中的低楼层公寓很快售罄，但高楼层公寓却销售缓慢。他们决定在下一个项目中采用单层结构，售价反映了更低的容积率。如此一来，即使价格稍高，这些单层公寓也很快售罄。芒格在第三、第四和第五个项目中坚持使用这种单层设计，尽管房地产市场出现了繁荣和萧条的周期交替，但这些项目仍然实现了盈利。

芒格在进行房地产投资的同时，还继续从事法律工作和其他活动。多年来，他没有从中提取任何利润，而是一次又一次地投到项目中去。芒格表示，在整个过程中，他一直从布思那里学习，布思表示他也从芒格那里学到了很多，尤其是在性格方面。他开始理解芒格有点沉默寡言的性格。

布思说：“芒格平时话不多，他并非出于保密的目的而保持沉默，他只是认为‘知道该知道的’就行了，没必要知道太多。”

芒格的继子哈尔说，现在律师很少参与客户的生意，因为担心这样做会导致失利所引发的索赔，但在 20 世纪 50 年代和 60 年代，这种情况很常见。

他说：“那时大家的关系更亲近，那是一个不同的时代。”

芒格的儿子小芒格回忆道："那时，我们会和爸爸在建筑工地待上一整天，我们喜欢捡起电气箱上的金属插头，像小硬币一样。"

在芒格和布思合作完成两个项目之后，芒格开始第三个项目。这一次布思没有参与，因为他认为这个项目中的土地所有权可能存在问题。芒格也看到了其中的风险，但他决定努力促成项目。

芒格后来回忆时解释说："在我的牌友中，有一位客户曾在牌桌上输给我。他后来找到我，说自己有一个购物中心，但对面的一大块空地有可能被开发成新的购物中心，从而形成竞争态势。他不想自己的购物中心受到更多竞争者的影响，于是找到我让我帮他，试图通过法律手段来解决问题。但我不喜欢他的方式，我说'我不打算做你的律师了'。他突然建议说，你可以把你的想法写下来。我说，不如这样，如果你能拿下那块地，我可以承担所有后续的开发、融资等工作，事成之后，可以分给你一半的利润。"

他不要事后分红，而是直接选择先拿现金作为报酬。事实证明，这是一个错误的决定，因为选择分红可以获得更好的收益。

在加州的阿罕布拉，芒格和他的合伙人在两个11英亩的地块上建造了442套单层公寓，每套售价约为20 000美元。这在芒格开发过的房地产项目中价格最低、最亲民，公寓很快就被抢购一空。此时，芒格确信自己知道买家需要什么样的房子，他和建筑商在设计和建造细节上既精打细算，又精心打磨，以确保在项目完成后这些公寓的景观设计极具吸引力。

芒格说："丰富的景观是卖点所在，你在花草树木上投入的金钱会给你带来三倍的回报。在景观上没必要偷工减料，而这些一向是建筑业不太重视的。"

在开始阿罕布拉的新房地产项目时，芒格有了新的合作伙伴。他聘请阿尔·马歇尔作为营销经理，这显然是个不太对的选择。他们是通过南希和玛莎·马歇尔（Martha Marshall）在洛杉矶乡村俱乐部打高尔夫球时认识的。当时的加州不像现在人这么多，一些家庭在交往中发现他们会以某种方式联系在一起。马歇尔曾是一名石油工程师，他是南希前夫在斯坦福大学上学时的同学。

他们的初次相见是发生在高尔夫球场上，在第一个球洞开球时，二人打了个招呼。在打第二个球洞时，芒格问："你做什么工作？"马歇尔在壳牌石油公司以及一些小型石油公司工作过。当时的石油行业正处于动荡时期，不过，马歇尔不想过多强调自己面临的事业窘境，于是他告诉芒格自己正在竞标一些油田的开采权。当走到第三个球洞时，芒格问他如何进行竞标。在听完马歇尔的描述后，芒格说："你这样做是不对的。"

后来，马歇尔回忆说："听他这么说，我回应道，既然你这么在行，那么你来负责法律和融资方面的工作，我来负责其他的工作。"于是，芒格对这笔交易采用 ABC 信托的形式，这在当时是一种合法的避税方式，但由于后来被滥用，该形式现在已经被禁用。马歇尔表示，他们的 ABC 信托形式是合法的，一直保持着有效性。

关于这种信托，马歇尔说："我现在每个月仍能从中获得两三千美元的收入。当初我们每个人只投了 1 000 美元，而我们每个人大约都赚了 50 万美元。"

"马歇尔家族仍然持有股份，芒格将他的股份送给了孩子们。"

在开始这个新项目之初，芒格问马歇尔是否有兴趣投资 15 000 美元，共同参与该项目。马歇尔当时还在找工作，虽然这笔钱对他来说是一个不小的负担，但他还是同意了。

芒格后来说："当时，他所在的行业正在走下坡路，家里又有五个孩子，负担不轻。我知道他是个了不起的人，需要做些事情。我让他负责营销，我告诉他要建立自己的团队。他之前从未做过这类工作，但他有天赋。他喜欢所做的事，干得非常成功。"

马歇尔经常开玩笑，说他会把这个项目称作"污水处理厂上的茅屋"，因为这块地以前曾是当地污水处理厂的所在地。

芒格之前的合作伙伴布思选择退出，他不参与的原因是这块地不拥有永久使用权，而仅拥有 49 年的租赁权，通常银行不会向少于 50 年的开发项目发放贷款，但这些都没能阻挡芒格的决心。芒格知道当地银行最近通过将存折费率提高 0.5% 获得了 6 000 万美元的收益，并正在争取将这些资金用于发放贷款从而赚取利息。当芒格和马歇尔陪着银行的贷款专员考察项目时，这位专员几乎是追着问他们想不想要更多的贷款。

芒格这种处理问题的方式使马歇尔相信芒格有能力思考未来，并得出与其他人不同的结论。马歇尔说："我几乎没见过他出错。"

芒格的看法是这样的："……我和巴菲特毕业后进入了商界，我们发现商界存在巨大的、可预测的极端非理性模式。这种非理性显然对我们想要做的事情非常重要，但是我们在大学里的教授从来没有提到它。理解这种非理性并不容易……于是，我对人类判断失误的心理学研究可以说并非我的本意，我曾经排斥过它，直至我意识到我的态度让我损失了很多钱，并降低了我在自己所爱的一切上的助力。"

芒格在解决商业问题上的独特性让马歇尔感到安心。

他说："和芒格一起工作的好处之一是你不用操心由谁来做决策。"

当马歇尔答应负责这个项目的营销工作时，他提醒芒格说自己不太懂营销。马歇尔表示他不想对潜在买家说谎，当有客户询问项目的土地租赁期以及到期后会怎么样时，马歇尔告诉客户自己也不确定，这些将取决于业主和市政当局如何解决问题。虽然有三分之二的潜在买家得知这个情况的那一刻就退出了，但整个项目的公寓却很快售罄，尽管当时洛杉矶正遭遇有史以来最严重的房地产衰退之一。

这个项目之所以如此受欢迎，部分原因在于每套公寓的单层设计，部分原因在于距离市中心仅20分钟车程。后来随着时间的推移，市政当局的土地政策也有所改变，市政当局将项目所涉及的土地卖给了业主委员会，这样一来，历史遗留问题得到了彻底的解决。

尽管芒格在房地产领域的事业也遇到过一些问题，但问题相对较小。没有发生任何关于这种公寓产权的纠纷。在项目公寓全部售出后，芒格的借款也得以偿还，这些项目就顺利完成了。

在开发过程中，芒格发现自己具有建筑师一般的远见、热情和灵魂，并且能够把这些转化为持久耐用、宜居舒适的生活空间。他很享受房地产开发和建设的过程，但他也担心成为一个成功的房地产开发商将会导致越来越大的债务规模。于是，他在和马歇尔开发完成最后一个项目后，决定金盆洗手，撤离房地产行业。

芒格开发的最后一个房地产项目位于亨廷顿大道，这个项目规模不大。实际上，这个项目位于洛杉矶的阿罕布拉，离高端社区圣马力诺非常近，所以非常抢手，很快就被抢购一空，辛勤的付出最终获得了回报。此时，芒格撤离了房地产行业，他拥有了进入投资界的足够资金。

芒格回忆说：“项目结束后，我算了一下我在房地产开发事业上一共赚到 140 万美元，这在当时已经是很多钱。有些是来自购买公寓的人的二次抵押贷款等。后来这些二次抵押贷款都还清了。这是可观的经济保障。我总共开发了五个项目，然后停了下来。我不喜欢经常借很多钱。此外，房地产开发涉及很多的细节，即便是作为全职工作也很难处理，作为兼职工作则更加困难。”

孩子们曾经成长的地方

在开发这些房地产项目时芒格并不完全是个新手。到达洛杉矶后不久，他就亲自建造了自己的房子。之后的 1960 年，他购买了位于汉考克公园附近一座占地面积很大的豪宅。他拆除了原来的豪宅，将地块一分为二，并出售了其中的一块，获利不菲。在剩下的地块上，他为新家庭建造了新房。时至今日，尽管经历了几次大规模的翻新工程，芒格一大家子仍然住在这所房子里。

在芒格住在妻子婚前购买的房子里时，他们最小的女儿艾米莉出生了。在她一岁生日时，一家人搬到了汉考克公园附近。新家的生活相对而言要方便得多，因为芒格再也不需要在交通拥堵的高峰期穿梭往返办公室和家里。

根据小女儿艾米莉的回忆，她说：“我们当时都是骑自行车上学，在社区里转悠，现在这里已经是城市中心，而当时它更像一个小镇。我很幸运，周围邻居有八个女生，总有同龄的孩子在周围，我们有一个快乐、稳定的家庭，还有好朋友。”

艾米莉在家附近的第三街小学一直读到 6 年级，然后在私立学校从7年级读到12年级。她说："我母亲就是从那所学校毕业的，我喜欢那所学校。我们一群女生经常聚在一起，虽然偶尔会有电影明星的孩子出现，但这所学校不是一所好莱坞学校，它更传统。我的生物老师很棒，我很喜欢生物课。"

芒格夫妇仍然认为他们在汉考克公园附近的这所房子是他们的主要住所。

小女儿艾米莉说："当我40岁时回到原来的房子，有种恍如隔世的感觉。我的很多朋友还住在那里，有些家庭解体了，有些家庭搬走了。对孩子们来说能一直待在同一个社区成长也是上天的一种馈赠。"

巧合的是，巴菲特也一直住在奥马哈相对简朴的房子里，那里是他的孩子成长的地方，巴菲特的孩子也表达了类似的感受。

滨海小区——芒格部落村

芒格喜欢参与房地产项目，因为这样他可以看到自己具体的工作成果。他经常告诉人们："我不认为做任何事情都必须亲自动手，我也不想像早期的金融家拉塞尔·塞奇那样，只是因为交易小纸片的技巧而被人铭记。"

由于芒格喜欢盖房子，所以他们家在明星岛上的房子总是在不断翻新、加建，包括新建码头。当大卫夫妇在英格兰买了一座乡村别墅时，他们在出价前还专门征求了继父芒格的意见。芒格实在是喜欢搞装修，他还专门把女儿莫莉位于帕萨迪纳的房子翻新了一遍，资金来源是当年为其设立的信托。女儿温迪不愿意翻新位于南帕萨迪纳的老房子，只是因为她喜欢老房子的现状，认为它的风格与左邻右舍的风格很搭，为此芒格还抱怨了一番。

芒格科学中心（Munger Science Center）位于哈佛－西湖中学，在该中心的建设过程中，芒格也做出了重要的设计指导。他与建筑师多次会面并设计了多个版本，直至找到适合的设计。芒格似乎有一种能力，他能够在不招致建筑师和施工方反对的情况下实现他的设想。

芒格的老朋友，同时也是哈佛－西湖中学董事的布思说："芒格这个人不会冒犯任何人，他有一种令人喜欢的谈吐能力。"

在规划芒格科学中心的设计时，芒格充分展示了自己的这项特长。当他看到设计的男厕和女厕大小相同时，他问道："如果你在这栋教学楼里教授生物学，你还会这样设计吗？"

布思提到校园里还有另外一栋建筑，是一栋集合了体育馆和艺术综合设施的大楼。这栋建筑不断改建翻新，一会儿从体育馆改建为剧院，隔上几年又从剧院改建为体育馆，耗费了不少时间和精力，因此校方讨论是否应再花一些钱将其改建为单一用途的设施。对此，芒格告诉校董会："大家看看，我们好不容易拥有具备两种功能的设施，但它却让我们陷入了选择困难。”

芒格认为幽默感有助于自己在那些专家熟悉的领域反驳他们的想法，显然这是正确的，但他也认为这样做有时会引起反感，需要不断保持警惕，以免过火。

不久前，他又进行了另一个商业房地产项目的开发，这个项目位于圣巴巴拉，地块归威斯科金融所有。威斯科金融的前身互助储蓄协会在1966年获得了这块地，它是一项贷款的抵押物，包括22英亩未开发的滨海地产。

这个开发项目被巴菲特称为“芒格部落村”，这个名字的梗来自电影《生活多美好》，那里面有一个“波特部落村”。关于这个项目，巴菲特后来回忆时开玩笑地说：“自打项目开始，芒格就不停地向我推销他的房子。”

芒格部落村位于圣巴巴拉南端的高档海滨社区，位于太平洋和沿海山脉之间。这个地区布满各种植物，有柑橘、桉树、橄榄树、夹竹桃、相思树和紫玉蝶等，各处还错落有致地点缀着早期加州庄园风格的围墙。

对于这个新项目的规划，芒格与建设规划委员会、加州海岸委员会的意见不一，于是反复讨论了数年才达成一致，最终该项目大约只有一半的房子拥有海景。芒格表示，由于私人道路、污水处理、公用事业以及包括维护重大考古发现义务在内的各种高昂成本，这些房子造价不菲，投资商获得的利润将非常有限。他说：“我们同意将土地很大一部分的价值赠给圣巴巴拉市政当局，以换取在该地区的开发许可。”

他说：“本来我之所以开发这个项目是因为我不想让规划部门剥削我。但现在我知道，如果让他们剥削我，也许我们能多赚一些。”

1989 年，芒格向股东报告：“依据土地使用法规，这块地的合理且关注社区的开发被推迟了 14 年。但是，令人惊讶的是该地块上已经有 8 栋房子以及一些娱乐设施处于不同的阶段，作为一个已获授权的开发项目，其中包括 32 栋房子和大型开放区域。互惠储蓄计划使该开发项目在每个方面都是一流的，并且在园林景观的质量上独树一帜。”

当时这块地的价格只有 200 万美元，按照今天的标准来看无疑是非常实惠的。事实上，芒格夫妇现在经常去过周末的那栋房子所在的两个地块也只花了 210 万美元。

布思认为芒格创造性地满足了市政规划的要求：“圣巴巴拉的这个滨海小区开发得非常漂亮。尽管这块地受到规则的限制非常大，但芒格以自身丰富的想象力将其打造成了一个美丽的聚居地。”

尽管芒格部落村非常漂亮，但房屋销售不佳。许多买家是芒格的朋友和同事，购房者名单看起来像是他以前律师事务所的名录，那些曾经的同事都在购房者名单上。

布思说他在压力下买了一栋芒格部落村的房子。他说：“我买是因为芒格天天跟我唠叨这事，给了我很大的压力，其实我根本不缺房子。”

******

芒格在房地产开发事业上赚到了人生的第一笔100万美元，与此同时，在奥马哈，他还未曾谋面的未来的重要搭档——巴菲特则在以自己的方式积累财富。在这期间，卡罗尔·安格尔博士上了巴菲特的投资课，她和丈夫威廉·安格尔医生投资了巴菲特的合伙企业。威廉和他的兄弟约翰在林肯的一家人寿保险公司担任高管，兄弟俩都曾是芒格在密歇根大学的朋友和同学。总之，巴芒所共同拥有的朋友不断增加，但他们彼此仍未谋面。

第 7 章

伟大的组合

Charlie Munger

芒格和我，一个能看，一个能听，我们俩在一起是一个伟大的组合。

——巴菲特评价老搭档芒格

爱打猎的爷爷

李·西曼是奥马哈的一位企业家，他与芒格的父亲阿尔弗雷德是好朋友，他们经常一起到附近的沼泽、湖泊和河流一带猎鸭。和他们一起的还有一只深红色的混种犬，名叫鲍勃，这只猎犬的样子像是切萨皮克湾犬或雪达犬。虽然芒格的父亲有很多朋友，但这只猎犬却是他最亲密的伙伴。根据西曼的说法，这只狗不一般，像是受过大学教育似的，而且除了其他才能之外，它非常善于捡回被打中的鸭子。如果它错过了一只，阿尔弗雷德会指着一个地方开玩笑地说："鲍勃，那里还有一只鸭子。"于是，鲍勃会四处张望，然后迅速冲出去。当它成功带回鸭子时，芒格会开玩笑地说："真是想不到，像你这样受过大学教育的狗竟然会错过一只鸭子。"

鲍勃很调皮，当有客人来访时，主人会对它说："如果我告诉你去地下室，你会怎么做？"鲍勃会迅速跑去地下室。过了一会儿，它会悠闲地晃悠回来，躺在主人的椅子旁边。然后如果主人重复"如果我告诉你……"，但还没等说完，鲍勃就会突然跳起来，朝地下室跑去。如此三番五次，最后，只要主人一张口说"如果……"，鲍勃就会立刻重复同样的动作。

有一天，西曼、阿尔弗雷德和几个朋友一起去奥马哈附近的湖泊打猎。西曼回忆说："山谷里非常冷，尽管鲍勃已经很老了，但它还是捡回了很多鸭子。湖水很深，我们不得不用绳子拴着诱饵，因为风太大了，无法用重物固定。当鲍勃试图去捡回最后一只鸭子时，它被绳子缠住了。见此情景，主人阿尔弗雷德不顾一切，他爬上船要去救它，但当时他也上了年纪，经历过一次心脏病发作。他开始划船去救鲍勃，但他力有不逮，身体不便，所以当他俯下身体试图把鲍勃拉上船时船打翻了。仅仅几秒钟的功夫，他身上就结了冰。我冲了过去，更担心的是人，而不是狗。大家一齐抓住船身，将船翻过来，鲍勃也爬了上来，它和我们一起努力，好像这是一场娱乐活动。我们终于把阿尔弗雷德拉了上来。回家的路上，他叮嘱说：‘你可别告诉我家里人这件事。’”

回到岸上后，大家急忙跑向停在路边的汽车，启动发动机打开暖气让几乎冻僵的身体暖和起来。回家后，没人提起发生的意外。芒格的父亲在这次意外中幸免于难，也没有留下什么后遗症。

根据芒格的女儿温迪后来的回忆，她说：“爷爷就像是诺曼·罗克韦尔（美国插画家）老爷爷一样，戴着无框眼镜。他有一个小宝箱，每个孩子都可以从里面挑选糖果。他去世的时候是 1959 年。”

巴芒的相遇与相知

父亲的去世给芒格带来了一种痛苦的空虚感，然而这也开启了芒格人生的新阶段。当芒格回家处理父亲的遗产时，见到了年轻有为的巴菲特，两个具有卓越智慧和共同目标的人终于相遇了。这次见面改变了许多人的人生，这场相遇也是芒格经常谈论的成功方程式的一个完美案例，他认为当伟大的想法汇聚在一起时就有可能产生伟大的结果。

对于两人的关系，芒格评价说："我们一开始就相处得很好，从那以后我们成了朋友以及商业伙伴，尽管我们各自的投资并非完全重叠。就我的情况而言，如果面对这样两个人，其中一个喜欢阅读和思考，另一个是送货员，我怎么能不选择前者呢？巴菲特是个爱读书的人，他能从所读的每一本书中都学到一些东西，包括他祖父留下的手稿——《如何经营一家杂货店以及我在钓鱼方面的一些经验》。"

在奥马哈的初次对谈之后，巴菲特和芒格经常保持电话交流，他们会长时间通话。当时，芒格正准备和几位朋友成立一家新公司，巴菲特也建议他将事业的重心从法律领域转到投资领域。巴菲特后来有一个著名的演讲，题目是《格雷厄姆-多德式的超级投资者》。在演讲中巴菲特提到当初建议芒格将"法律作为一种爱好还是不错的，但他可以有更好的选择，或许会干得更好"。除了巴菲特的建议之外，芒格在做实业时和在房地产开发中的经历激发了他对商业的兴趣，这个建议对他非常有吸引力，尽管他还不太愿意放弃自己原有的法律业务。

巴菲特亦师亦友的导师格雷厄姆退休之后也搬到了洛杉矶，住在比弗利山庄。由于这层关系，巴菲特夫妇也开始熟悉加州，并被那里的气候和人所吸引，他们一有机会就会前往加州。

巴菲特说：“在与芒格相识后不久，去加州拜访老师一家时，我也会去芒格家里聊聊。他们一直住在罗斯科梅尔大道上，芒格的太太对我的饮食习惯感到惊讶。”

事实的确如此，芒格的太太南希也说：“我记得那次芒格回家后说他遇到了一个非常聪明的人，他感到很兴奋。大约一个月后，巴菲特到我们家吃饭，我准备了牛排晚餐，还有三种蔬菜，但我注意到他一点蔬菜都没吃。我们还准备了冰激凌作为甜点，他倒是对这些感到高兴。”

当巴菲特首次到访时，芒格的女儿艾米莉还是个小婴儿，后来她稍稍长大了一些，发现巴菲特是家里一位重要的客人。她说：“我记得他来我们家的情形，觉得他和爸爸很像，他们说话的声音、他们的笑声都很像。他是个挑食的人，他喜欢喝百事可乐，对我们这些孩子来说看到一个成年人如此喜欢喝百事可乐这种软饮料真的感到很有趣。”

芒格的女儿莫莉说她无法确切地回忆起巴菲特是什么时候进入他们家的生活的，但她说：“我倒是可以肯定一些事情，那就是爸爸整天都在和他通电话。”

在芒格与巴菲特之间的关系日益密切的同时，女儿莫莉也越来越进入自己的生活角色当中。起初，尽管父亲反对，她还是决定就读于一所新高中，这所学校主要由低收入家庭和少数族裔的学生构成。在芒格向他固执的女儿做出让步时，他说：

"莫莉，既然你坚持要独立自主，那就确保自己能把这件事做好。"

高中毕业后，莫莉面临着前往东部就读于常春藤盟校的压力和不确定性。她从拉德克利夫学院毕业后，留在新英格兰地区到哈佛大学法学院学习。当莫莉回到加州时，发生了几件重要的事情。她的父亲已经50岁了，此时的芒格拥有数百万美元的财富，他的商业生涯与巴菲特的生活交织在一起，这种安排似乎符合他们俩的长期计划。

莫莉说："在他们合作之前，父亲一直都只是进行一些小型投资。在他们联手之后，有了更多的资本，可以尝试进行一些更大的投资。"

芒格之前与几位合作伙伴有过合作经历，而巴菲特在大部分时间里都是孤军奋战，但他们二人却相当合拍。巴菲特后来回忆说："我们发现彼此都有着鲜明的个性，恰好互补，从那以后我们一直以某种方式合作。在最初的阶段，我们并没有成为正式的商业伙伴，但从智慧的角度来说，我们一直是合作伙伴。"甚至巴菲特有时会说芒格是"好年头的初级合伙人，坏年头的高级合伙人"。

尽管在初次见面后不久他们就决定合作，但合伙关系是渐进地、自然而然地发展起来的，建立在彼此信任和充分尊重对方智慧的基础上。

根据芒格的回忆，他说："在投资蓝筹印花时，我们当然是商业伙伴。当我们成立多元零售（Diversified Retailing）收购百货公司时，我们当然是商业伙伴。那时，我们以低于公司清算价值的价格购入，这是一种典型的格雷厄姆式投资策略。”

自 20 世纪 60 年代以来的半个世纪，他们经常通过电话分析商业机会，每周会交流多次。当要完成一笔交易时，他们会约在同一个地方见面；当一个人无法联系上对方时，另一个人有权行事。巴菲特说：“我们对彼此的思维方式非常了解，即使对方不在场，我们也可以继续推进。”

他们初次见面时巴菲特才 29 岁，但那时他已经拥有非常丰富的投资经验。小时候，他在作为股票经纪人的父亲的影响下长大，并经常在父亲的办公室晃悠。金钱令他着迷，从小到大，对投资的热爱已经刻在骨子里。在内布拉斯加大学就读时，巴菲特读到了格雷厄姆的新书《聪明的投资者》，他的人生道路由此确定下来。当时是 1949 年，格雷厄姆有着“华尔街院长”之称，是全美最成功、最知名的基金管理人之一。随后，巴菲特进入哥伦比亚大学商学院学习，格雷厄姆在那里任教，后来他在格雷厄姆的纽约投资公司工作过很短的一段时间。在格雷厄姆退休关闭公司后，巴菲特回到家乡创立了自己的投资公司。他的第一批投资者大多是亲朋好友，他们已经认识到巴菲特的聪明才智。另外还有一些是曾经跟随格雷厄姆的投资者，他们在寻找下一个格雷厄姆，并相信巴菲特能够成功。

在巴菲特与芒格这个组合中，芒格为这个组合带来了丰富的商业法律方面的观点。在他对商业世界的独立探索中，芒格对企业是如何运作的也有了更加深入的了解。对此，巴菲特评价道："无论是哪种类型的交易，他都能比其他任何人更快、更准确地进行分析和评估。他能在60秒内有效地指出优劣所在，他真的是一个完美的合作伙伴。"

随着他们研究和收购的零售业务以及公司越来越多，例如蓝筹印花和喜诗糖果，芒格和巴菲特一直在不断挑战自我，进入门槛更高的领域。在这个过程中，他们自己也在学习如何成为更有效的合作伙伴。

芒格解释说："一个理想的合作伙伴应该有能力独立工作，在合作中，你或是一个主动的合作伙伴，或是一个被动的合作伙伴，或是一个双方平等的合作伙伴，这三种角色我都扮演过。了解我的人或许无法相信我在与巴菲特的合作关系中会突然成为那个居于被动位置的合作伙伴。但是你应该相信，总会有一些人在某些事情上比你做得更好，在成为领导者之前，你必须学会做一个追随者。人们应该学会扮演各种不同的角色，你可以与不同的人以不同的方式分工合作。"

虽然芒格和古瑞恩一起工作的方式与他和巴菲特一起工作的方式不同，但他们所做的事情是相似的。实际上，古瑞恩也是芒格和巴菲特合作的伙伴之一。

古瑞恩说："芒格比我年长，并且有法律方面的丰富经验，可以说他是资深合伙人。他总是愿意以开放的心态去倾听。但如果你说'请听我说，听听我的想法'，他也会愿意。"

有个朋友曾这么说："他们两人非常相像，巴菲特的特长之一是说'不'，芒格在这方面更厉害。巴菲特会将芒格当作最后的把关者，如果芒格想不出不做某事的理由，他们就会去做。”

巴菲特曾经将芒格称为“可怕的否定者”，但盖可保险投资部的负责人卢·辛普森表示这个说法可能更多的是一个玩笑。芒格并不只有消极的一面，他的思维往往超越常规、与众不同，这使他经常会得出一些有趣的结论。他极为专注，能够对重要的事情做出良好的判断；他会提出很多的反面意见，但最终他会和巴菲特得出方向一致的结论。

对于二人的思维趋于一致这个问题，芒格认为这并不总是一个优势。他说：“如果一台过滤器漏掉了一个错误，很可能另一台过滤器也会漏掉。”

然而，芒格和巴菲特之间的关系不仅仅是一种商业关系。尽管芒格可能固执己见、心思缜密、直截了当，但巴菲特说：“他就是那种最值得拥有的朋友。”

芒格与格雷厄姆的异同

在这个投资思维矩阵中，有一个不那么显眼的元素，那就是投资界的大佬格雷厄姆。由于格雷厄姆当时与芒格居住在同一个城市，所以两人相互见过面。在某些方面，巴菲特这两个最亲密的伙伴之间有着惊人的相似之处。两人都非常欣赏本杰明·富兰克林。而富兰克林、格雷厄姆和芒格三人有一个相同的经历——儿子都不幸患病去世。如果这些致命的疾病发生在稍晚的时代，很可能是能够治愈或预防的。

格雷厄姆后来在1976年去世了，他和芒格都有一种略带讽刺和憨态的幽默感，他们都对文学、科学和伟大思想家的哲学兴趣浓厚。他们都喜欢引经据典，芒格最喜欢的一个观点来自亚里士多德："避免嫉妒的最好方法，就是配得上你所获得的成功。"

与芒格类似，格雷厄姆以正直、客观和现实主义的执着而闻名。格雷厄姆经常告诉他的学生，要想在华尔街取得成功，需要满足两个条件：第一是正确地思考；第二是独立地思考。

芒格也强调独立地思考。他说："如果你的思维完全依赖他人，通常的表现形式是为专家的建议付费，那么当超出自己狭窄有限的认知领域时，你将遭受灭顶之灾。"芒格当然知道，在需要医生、会计师或其他专业人士的帮助时，应该寻求专业人士的帮助。但他并不会盲目听从专家的话，他会参考专家的观点，并继续进行研究，寻求其他意见，并最终得出自己的结论。

正如盖可保险的卢·辛普森所指出的那样，芒格可能并没有意识到他的思维方式与格雷厄姆存在相似之处。二人虽有相似之处，但他们之间也存在一些重要的区别。格雷厄姆一直是个不可救药的花花公子，直到生命的最后时刻，但芒格在这方面完全不同。在芒格的生活中，最重要的女性是他的妻子和三个女儿。随着芒格职业生涯的发展，芒格与格雷厄姆在投资理念上的差异变得越来越明显。

1968 年，巴菲特在加州科罗纳多组织了一次著名的会议，芒格也是与会者之一。巴菲特的一群投资伙伴与格雷厄姆见面，讨论如何应对股市的疲软行情。在那次会议上，巴菲特将芒格和他的律师合伙人罗伊·托尔斯介绍给自己在纽约学习和工作时结识的朋友。格雷厄姆的这些追随者包括红杉基金的创始人比尔·鲁安、特威迪布朗的汤姆·克纳普、沃尔特·施洛斯、亨利·勃兰特、大卫·戈特曼斯、马歇尔·温伯格、埃德·安德森、巴迪·福克斯和杰克·亚历山大。这些都是了不起的投资者，他们的实力给芒格留下了深刻的印象。

然而，芒格对格雷厄姆并没有像巴菲特那样特别喜爱和敬佩。他对格雷厄姆的一些投资原则也并不怎么感兴趣。他说："我认为其中很多都是愚蠢的，因为这套投资原则忽略了一些基本的事实。"

具体来说，芒格表示："格雷厄姆存在盲点，他对某些企业值得支付高额溢价的事实认识不足。"

然而，对于格雷厄姆最基本的底层逻辑，芒格是赞同的，并且从一开始就将其纳入了巴芒成功方程式当中。芒格说："以内在价值而非价格作为投资参考，我认为这种基本的价值概念对个人投资者来说是永远不会过时的。"

芒格对格雷厄姆提倡的"捡烟蒂"这种老旧的股票投资方法不感兴趣，他仍然保持谨慎，在购买资产时不愿意支付过高的价格。芒格说："除非有像巴菲特这样的人亲自经营，否则我从不愿意为股票支付超过内在价值的价格。有时候基于投资对象的长期经济优势可以支付高一些的价格，但值得这样做的对象非常少。投资游戏始终是对质量和价格的综合考量，而诀窍在于获得的价值一定要超过支付的价格。事情就是这么简单。”

巴菲特与那些参加了科罗纳多会议的人保持着长期联系，他认为这些人后来的成功在很大程度上归功于格雷厄姆。巴菲特说：“当时虽然他们也都算过得不错，但如今他们都成了富翁。他们没有发明联邦快递或其他什么东西，只是一步一个脚印前进而已。格雷厄姆将一切都写在了书上，就是这么简单。”

在科罗纳多时，也许没有人意识到芒格的光芒正在渐渐取代逝去的格雷厄姆，成为巴菲特的密友和顾问，但这样的过渡已经开始。《财富》杂志的编辑和作家卡罗尔·卢米斯解释说，尽管巴菲特对格雷厄姆的思想依然尊重，但芒格帮他拓展了自己的投资方法，跨出了重大的一步。她写道：

> 当芒格遇到巴菲特时，他已经对好企业和坏企业之间的差距形成坚定的观点。他担任过万国收割机公司经销商的董事，目睹了修复本质上平庸的企业的困难；作为洛杉矶人，他也见证了《洛杉矶时报》的辉煌；他也不受所谓“便宜货”桎梏的影响。因此，在多年与巴菲特的交流中，他不断强调优秀企业的价值。1972年，伯克希尔-哈撒韦控股的蓝筹印花以相当于3倍账面价值的价格收购了喜诗

糖果，巴菲特投资好企业的时代就此拉开序幕。

巴菲特非常认同卢米斯的解释，他说："购买便宜货是格雷厄姆教给我的投资方法，但芒格帮我开拓了新思路。这是芒格对我真正的影响，让我从格雷厄姆的狭隘观点中走出来。继续前进需要一种强大的推动力，芒格就是那股思维的推动力，他拓宽了我的视野。"

巴菲特表示，他在许多事情上逐渐接受了芒格的观点。他说："我是逐渐进化，并没有以一种完美平稳的方式从猿类进化成人类，或者从人类退化成猿类。"

此外，巴菲特还得出一个结论："如果我只听格雷厄姆的话，今天的身价肯定会低很多。"

尽管巴菲特做出了这样的表态，但他很快还是将他从格雷厄姆那里学到的东西与从芒格那里学到的东西结合起来。他说："我对以合适的价格购买一家出色的企业怀有浓厚的兴趣。"

1968 年在科罗纳多组织的会议后来逐渐发展成每两年一次的聚会，最初由 13 位投资者组成。现在，已经有多达 60 多位顶级企业高管和好友参加。巴菲特和芒格经常与老朋友如阿尔·马歇尔、沃尔特·施洛斯和比尔·鲁安以及新朋友如凯瑟琳·格雷厄姆和比尔·盖茨一起交流。

巴菲特口中的"我们这个聚会"曾在全球很多不同的地方举行，例如巴哈马的莱福德岛、爱尔兰的都柏林、弗吉尼亚州的威廉斯堡、新墨西哥州的圣达菲、不列颠哥伦比亚省的维多利亚以及加州的蒙特雷等。他们甚至有一年预订了游轮前往英国，但那次整个旅程都在下雨。聚会的小组成员轮流担任主持人，主持人可以选择聚会地点。

在聚会期间举办的研讨会涉及各种话题，例如公共政策、投资、慈善捐赠以及生活中最艰难和最愚蠢的时刻等。有一次，芒格就爱因斯坦的相对论发表了一番言论，尽管很少有人对此感兴趣，但大多数人觉得有义务参加。根据一位在场的成员回忆："如果巴菲特在场，也许他能听懂，但我不认为其他人能理解。"

第 8 章

最好的律师事务所

Charlie
Munger

你知道吗，有人告诉我，纽约的律师比居民还多。

——沃伦·巴菲特

女承父业

芒格的女儿温迪是一名律师，在加州大学洛杉矶分校法学院兼职，教授仲裁和谈判课程。她说："我们从来都没有被刻意培养成一名律师，但我们希望能成为一个口才一流的人。"

芒格的另一个女儿艾米莉在决定进入法学院时，明显受到了家族传统的影响。她说："法律是理解家庭的一种方式。我认为我们都有这种分析能力。我弟弟菲利普没有选择学法，他本可以选择，但他喜欢阅读、思考和分析，曾两次在高中辩论赛中赢得了加州冠军。"

虽然芒格并没有什么预先设定的宏伟计划，但在职业选择方面，芒格的孩子倾向于跟随家族传统。芒格夫妇共有八个子女，其中四个成为律师，五个孩子嫁娶的对象也是律师。

女儿莫莉是兄弟姐妹中第一个迈出这一步的人，尽管她选择学法更多的是凭直觉而非出于理性。她说："我的家庭没有特别的要求，就像普通家庭一样，女孩子长大后就应该结婚，做你应该做的事情，以防万一。这种思维对我有着深刻的影响。我在拉德克利夫学院上学的最后一年春季来临的时候，发现其他女孩子都有了钻戒。我并没有想着'要像爸爸一样去读哈佛大学法学院'，但当我意识到我没有工作时，我觉得我应该去读研究生。我的数学不够好，无法学经济学。再后来，在我申请哈佛大学法学院时，填写了一份问卷，其中有这么一个问题，问家族中是否有人上过哈佛大学……"

对莫莉来说，这使她突然明白这是正确的选择。这种方式对不轻易表达情感的芒格而言是一种无声的表达，他以这样一种间接的方式告诉女儿父亲的观点是什么。

莫莉说："他在圣诞节或我们过生日时几乎从不送其他礼物，而是直接给支票或现金。如果你能想象他去购物的样子，那一定会非常有意思。有一次，他给我们买了一家公司的礼品券，因为他喜欢这家公司。还有一次，他迷上了某种款式的公文包，所以他给我们每个人都买了一个。假如在我大学毕业时对他说：'爸爸，我毕业了，如果您能给我买一块手表就好了。'这时他会从报纸堆里抬起头来说：'哦，好的，手表的确很合适，你去挑一块吧，然后把账单给我。'当我说罢起身时，他会再次抬起头来说：'别忘了在表上刻上几个字：来自深爱你的父亲。'"

莫莉接着说："所以你想象一下，我在法学院上研一的时候住在一个破旧的学生公寓里，供暖情况非常差，整个冬天都需要站在炉子前取暖，每当这时我紧紧抱在怀里的是父亲送给我的一个礼物——一套装帧精美的四人大头照，那是曾祖父、祖父、父亲和我在高中毕业时的照片。上面夹着一张父亲写的小字条，上面写着'来自爸爸的爱'。"

尽管最初对律师这个职业谈不上喜欢，但莫莉还是很快就适应了工作并如鱼得水。她曾在洛杉矶的美国检察官办公室担任检察官，然后在个人执业中起诉复杂的金融诈骗案的犯罪嫌疑人。随着时间的推移，她听从内心的声音投身于法律公益事业。在20世纪90年代后期，莫莉成为一个联盟的领导者之一。他们试图阻止一项在加州的学校和政府中取消平权行动的提案，但劳而无功。在20世纪90年代末，她和丈夫史蒂夫·英格利什以及一些同事共同创立了一个名为“进步计划”的法律公益组织。在这个组织里，莫莉继续做着她之前在全国有色人种进步协会和其他民权组织中所做的工作。

芒格和他的律师事务所

1962年，巴菲特开始买入一家在经营上陷入困境的位于新英格兰地区的纺织公司，这家公司就是后来大名鼎鼎的伯克希尔-哈撒韦。在同一年，芒格在洛杉矶参与成立了两个新机构：第一个是一家律师事务所，第二个是一家名为惠勒-芒格合伙企业的投资公司。

在此之前，一群从穆希克、皮勒 & 加勒特律师事务所出来的同事拉上芒格成立了一家新的律师事务所，他们很快成为一个“超级律师”团队，客户不仅遍布洛杉矶，还遍及全美。芒格在穆希克、皮勒 & 加勒特律师事务所工作了13年之久，这次与另外六名律师一起自立门户，目标是打造一个民主的组织，遵循最高的行为准则，招募那些最优秀的人才，成为最优秀的律师事务所。这些合伙人包括一些后来的大人物，例如成为美国证券交易委员会主席的罗德里克·希尔斯（Roderrick Hills），以及他的妻子、后来成为美国贸易代表的卡拉·安德森·希尔斯（Carla Anderson Hills）。

在那个时候，罗伊·加勒特的心脏出现了问题，为了减轻负担，他将一个被芒格描述为“控制狂”的家伙引进律所高层。其他经验丰富的律师都很烦这个家伙，于是纷纷离职，芒格也是其中的一员。

芒格回忆说：“新成立的律所并未对原来的律师造成太多的不良影响，每个人都不愿意看到德才兼备的律师离开，但是很多人欢迎另外一些人的离开。那些新来的合伙人尤其讨厌罗德里克·希尔斯，因为他插手一些业务，在其他律所，这类业务通常不会让年轻的律师染指。”

对于芒格的妻子南希来说，这是一段奋斗历程，后来她每每回忆起来都觉得那是生活中最激动人心的阶段之一。那时，房地产项目已经启动，她说：“大部分有关成立新公司的讨论都是在家里进行的，芒格还成立了他的第一家投资公司。他摆脱了过去，当时我还没有足够的认知，虽然感到有些畏惧，但我有信心，所以并没有过多的担忧。后来，有了更多的孩子，过上了安稳的日子。”

南希对新事业的信心来自她对丈夫的了解。南希评价丈夫说：“他对人的判断相当准确，他知道该和谁合作、不该和谁合作。他避免与有问题的人合作，这一点真的很有用。”

事实上，推动新律所成立的主要力量是罗德里克·希尔斯，而不是芒格。希尔斯是一名执行力极强的律师，他涉猎广泛而且说话时语速极快。他出生在西雅图，但在他很小的时候，父亲在失业之后带着全家搬到加州。在路上，他们的汽车在俄勒冈州抛锚，然后他们搭车继续前往洛杉矶。希尔斯在洛杉矶东部长大，足球踢得不错，并且足球比赛取得了不错的成绩，并因此获得去上斯坦福大学的奖学金。他在法学院读书时找到了自己的人生使命，并最终在美国最高法院担任书记员。当初正是芒格将他招进了律所，律所的名字叫穆希克、皮勒 & 加勒特律师事务所。

希尔斯回忆说："这家律所并不是最难进的，但他们的确拥有一些像芒格这样非常不一般的合伙人。三年后，律所打算提升我作为合伙人，我考虑之后最终决定不接受，原因有很多。我有一个孩子，我妻子是地方助理检察官，还有一个原因是律所的一位资深合伙人我实在看不上，于是决定辞职。芒格说他也不打算干了。我说我们一起创业。他说自己不想再继续从事法律工作，我说这不是问题，只要我能使用你的名字继续执业就行。芒格是我见过的最独特的人，在许多方面，他让我想起了法官弗兰克福特。芒格秉承同样的思维方式，不会轻易被忽悠，对几乎所有的事物都有强烈的兴趣，他总是会有一种他人所没有的视角。他还是一个公正的人，能够理解并包容他人的固执己见和不足。芒格不像其他人那样审判别人，他是一个与众不同的律师。他关心社会并愿意为大众提供服务，他曾对那些从名校毕业的学生说：‘为什么你们一定要坚持成为具有传统精神的律师？因为你们是哈佛大学、耶鲁大学和密歇根大学的优等生，你们中的许多人都曾在联邦法院担任过书记员，你们应该做一些别人没有做过的事情。’”

他们创业的时候，希尔斯 31 岁，卡拉则 28 岁。虽然芒格也只有 38 岁，但对他们来说，芒格自然有了一种长者风范和成熟稳健。

和芒格一起创业的人中有一位女士——卡拉。她是希尔斯的妻子，是洛杉矶本地人，在斯坦福大学的网球圈里小有名气。之后她去了耶鲁大学法学院，1958 年毕业后，用了两年时间在洛杉矶担任助理检察官。

芒格的女儿莫莉说：“我父亲与卡拉有着很好的工作关系，他认为她是一名出色的律师。”尽管莫莉当时并没有意识到这一点，但她父亲对卡拉的尊重就是一个信号，暗示莫莉应该选择学习法律。

在新律所的初创阶段，一些律师带来了客户，芒格也不例外。作为重要合伙人的希尔斯估计芒格带来的客户至少占到业务量的 10%。此外，希尔斯表示，芒格在律所留住老客户和吸引新客户方面发挥了重要的作用。

希尔斯回忆说：“我们一开始就有一些重要的客户，他们跟我们合作是因为有芒格，芒格让我们看起来有些实力。另一个重要合伙人查克·里克绍尔在著名的机构工作过，他还是加州公司委员会委员，但如果没有芒格，他是不会加入我们的。

因为有芒格，我们还得到了太平洋海岸证券交易所这个重要的客户。”

希尔斯说新律所起步迅猛，业务兴旺。他回忆说：“新律所开张的第一年便获利不菲，我突然感到自己有钱了，真的赚钱了。这时，有人提出了一个能够避税的投资计划。我听了以后对芒格说我有一个了不起的投资机会，我觉得很棒。但是芒格说他有一个更好的避税计划，让我直接把钱给他。于是，我就问他打算干什么，我说我也很感兴趣。他说：‘我就把钱存起来。反正你早晚会血本无归。我会拿着钱去照章纳税，但我对你所做的一切心存感激。’后来，我把芒格说的这些话记在心里，当作一次教训，并最终决定不参与之前提到的那个能够避税的投资计划。”

从 1962 年到 1974 年，希尔斯夫妇一直是该律所的合伙人。卡拉在反托拉斯和证券类案件方面积累了丰富的经验，并在加州大学洛杉矶分校担任兼职教授。1973 年，卡拉获得了尼克松政府发出的出任助理司法部长的邀请，于是他们夫妇转向政界发展。然而，在 1974 年 2 月，由于突然爆发的丑闻，司法部部长艾略特·理查森辞职，这一邀请失效。所幸，新任司法部部长威廉·萨克斯贝再次发出了邀请，卡拉成为负责司法部民事部门的助理司法部长。1975 年，她被福特总统任命为住房和城市发展部部长。从 1989 年至 1993 年，她在布什总统政府中担任美国贸易代表。她现在拥有一家名为希尔斯的咨询公司，与企业一起解决贸易问题。

与此同时，卡拉的丈夫希尔斯也在白宫的政治舞台上崭露头角。他于 1974 年离开律所，出任福特总统的白宫总法律顾问，之后成为美国证券交易委员会主席。他现在拥有自己的咨询公司希尔斯，并将大部分时间用于企业的重组、整顿或关闭。他最广为人知的案例是帮曾经著名的大公司处理次级债丑闻的善后工作。后来，希尔斯的业务更进一步，继续与一些知名公司合作。

在政界立足之后，希尔斯夫妇依然与芒格的律所保持联系。他们有四个孩子，其中三个成了律师。他们的女儿艾莉森嫁给了凯利·克劳斯，他是芒格的律所在旧金山办公室的一名律师。

在那些早期的年头里，芒格不断巩固他认为对公司有价值的社会关系，包括吸引查克·里克绍尔作为合伙人。早在 1965 年，律师芒格在兼职做房地产开发商时就与里克绍尔相识。当时加州通过了一项关于公寓类项目的新法案，这是房地产法概念的一次变革，而芒格认为这项立法不够严谨。里克绍尔当时正担任帕特·布朗州长领导之下的公司委员会委员，那时他大约 36 岁。

里克绍尔说："芒格希望完善一下现有版本，我根据他的建议进行了修改。"几年后，他们在一次聚会上再次相遇，芒格邀请里克绍尔加入自己的律所。在那几年里，律所陆续招揽了一些年轻的律师加入团队，包括罗纳德·奥尔森（Ronald Olson）和罗伯特·德纳姆（Robert Denham）等，他们后来都成了大名鼎鼎的律师。

《加利福尼亚法律商务》杂志报道过奥尔森，将在艾奥瓦小镇长大的奥尔森描述为全美顶级风云人物之一，是能够吸引新业务的精明合伙人。奥尔森1966年毕业于密歇根大学法学院，之后在牛津大学度过了一年。1968年在华盛顿特区给美国联邦上诉法院法官大卫·巴兹伦（David Bazelon）当助理。任期结束后，他决定留在华盛顿特区发展，直至一位法学院同学建议他到洛杉矶加入芒格的律所。

奥尔森说："在儿子出生的前两周，我告诉妻子要去加州看看。回来后我告诉她，我觉得我们应该去那里发展。为什么呢？因为我从未见过一群如此有趣的人。虽然芒格并不在这个律所任职，但他的价值观深深融入其中。我在应聘时听到了很多关于他的故事，时至今日，凡是前往应聘的人依然可以通过律所的招聘人员听到很多关于芒格的故事。"

当奥尔森最终见到芒格时，他对芒格的第一印象与其他人一样，发出的感叹是："天哪，他怎么是一个老大爷。实际上，他那时也才40多岁。有可能是因为很多年来母亲一直告诉他，你应该做符合年龄的事，也就是说你应该成熟些。久而久之，芒格看起来确实远比真实年龄要成熟。从我第一天见到他开始，芒格就是我见过的最聪明、最成熟、最有智慧的人。其实我是这么认为的，这么多年来，**他的年龄一直在追赶他的智慧**。"

奥尔森接着说："他有时候会令人抓狂，他甚至可以把最佳辩手逼得无言以对。他从来都不隐藏自己的观点，我们的政治观点存在不同，他是一个保守的共和党人，而我是一个民主党人，在解决社会问题的看法上我们存在分歧，但最终，我们得出的结论是一致的。”

奥尔森一举成名源于一起纠纷和解案，他的客户美林证券与加州奥兰治县当局陷入了一起垃圾债投资纠纷，这起著名的案件最终达成了价值 4 亿美元的和解。考虑到原告最初寻求 20 亿美元的赔偿，这个结果相当不错。奥尔森还为大西洋里奇菲尔德、环球影业和迪士尼前总裁迈克尔·奥维茨等客户提供过咨询服务。1998 年，在加州律师界“最有影响力的律师”的评选活动中，奥尔森名列榜首。

《华盛顿邮报》的老板凯瑟琳·格雷厄姆是巴菲特名人圈的常客，她在华盛顿与奥尔森共进午餐时对他印象深刻。她说：“奥尔森非常有活力，是个真正了不起的人。他长期以来一直是巴菲特的护卫者。他是洛杉矶最杰出的交易专家，他搞定的那起奥维茨和解案涉及金额 9 000 万美元，实在令人惊叹！”

奥维茨曾是迪士尼二把手，后来因与一把手迈克尔·艾斯纳发生争执而辞职。奥维茨的离职补偿金数额与迪士尼的股价挂钩，股价高的时候补偿金高达 1.4 亿美元，股价低的时候则可能低很多。

另一名出身芒格律所的大名鼎鼎的律师是罗伯特·德纳姆，他在 1985 年到 1991 年担任律所管理合伙人。后来，在华尔街著名的投行所罗门兄弟爆出债券交易丑闻后，巴菲特、芒格将他和奥尔森召集到纽约共同商讨解决方案，他因此赢得了全国性的声誉。德纳姆在纽约待了七年，在离开之前他的职位是所罗门兄弟的董事长。

德纳姆在得克萨斯州西部长大，他在哈佛大学法学院读书时便知道了芒格的律所，他也像芒格一样得过西尔斯奖学金。根据他的回忆，他说："从 1969 年到 1970 年，出身芒格律所的希尔斯在哈佛大学任教，而他的妻子卡拉正在写一本有关反托拉斯的书，他们都是非常有趣的人。希尔斯夫妇俩曾邀请我们夫妇俩共进晚餐。当时芒格的女儿莫莉也在场，她是哈佛大学女子学院的高年级学生。"

1970 年的夏天，在深入交流之后，德纳姆决定留在芒格的律所工作，因为在对该律所进行调查之后，所见所闻给他留下了深刻的印象。他说："该律所以价值导向的方式服务于商业，它追求诚信，正如芒格所代表的一样，该律所处处体现了这些价值观。"

德纳姆在暑期实习期间首次见到了芒格，他回忆道："我最早的印象是，他非常聪明、非常专注，与朋友有着密切的人际关系，并非常关心朋友。后来，当我在 1971 年或 1972 年开始为他工作时，我对他有了更多的了解。他异常聪明，对法律工作和商业问题非常在行。为他工作非常具有挑战性，而且这种挑战性还很高，但这也可以让你学到很多的东西。任何优秀律所的基本业务说到底是在出售判断力，这是在芒格执业过程中最具价值的部分，扎实的法律技能和对商业问题的理解至关重要。"

德纳姆解释道，这归功于芒格的名声和他的人际关系。他说："我们能够招募到非常优秀的人才，部分原因是我们能够在精英群体中进行招聘。有很多非常出色的人也会被拒绝，这是一家精英汇聚的律所。"借用一个应聘者的话来形容芒格的律所，那就是："精英、势利和竞争"。

根据严格的聘用规定，无论应聘者是谁都必须遵守规定。不久之后芒格的女儿莫莉从哈佛大学毕业，她申请芒格律所的助理职位。她由卡拉面试，但最终没能通过，据称原因是莫莉没有参加过《哈佛法律评论》的工作，那是哈佛大学一份著名的期刊。显然，在评估流程中这意味着莫莉的资历没有达到律所的聘用标准。

当应届生到律所面试时，他们被告知在校成绩是评估他们的主要标准。一个应聘者说："甚至你的本科成绩也会被仔细查阅，如果你只是以优等生，而不是极优或最优的身份毕业，那只能祝你好运。"

每当谈及芒格的律所，总会给人群英荟萃之感。在 130 名律师中，有 17 名是美国最高法院前助理法官。2000 年，律所迎来了 7 个新合伙人，他们分别毕业于乔治城大学法学院、加州大学洛杉矶分校、南加州大学、密歇根大学法学院、斯坦福大学法学院和耶鲁大学法学院。在这个行业里，大多数律所会给每一个合伙人配备两名助理律师，芒格律所的大部分合伙人更多的是自己处理工作，因为该律所只有一半左右的人员是助理律师。

或许，芒格为律所所做的最具意义的事情之一，就是成功吸引了一批公司成为客户，后来这些公司持续发展，成为业界巨头，其中之一就是巴菲特领导的伯克希尔-哈撒韦。随着伯克希尔-哈撒韦的规模、影响力和声望不断增长，芒格的律所也在发展壮大。

芒格的继子哈尔评价说："有伯克希尔-哈撒韦这样著名的企业作为客户，这对该律所产生了巨大的积极影响。能有机会为巴菲特工作、为伯克希尔-哈撒韦服务，这对于任何一家律所而言都是一件值得夸耀的事。这并不是说伯克希尔-哈撒韦的业务直接给律所创造了多少金钱财富。这是一项持续的工作，总的来说，巴菲特和芒格以避免麻烦的方式开展着业务。与此同时，在合作的早期，他们收购了一些他们认为可以解决问题的企业，例如蓝筹印花，我猜当他们接手时这家企业正面临 10 项诉讼。他们经过计算得出的判断是可以赢得诉讼，或可以以低成本解决所有的诉讼。最终，他们成功了，这虽然付出了一些代价，耗时也不短，但对他们而言这是一笔不错的交易，没错吧？对于一家律所而言，拥有像伯克希尔-哈撒韦这样的企业客户起到了一个极大的市场形象宣传作用，它是一种被认可的标志。有了这样的信用背书，客户会想：'就连巴菲特都相信这家律所，那一定不会错，给他们打个电话吧。'"

伯克希尔-哈撒韦的业务以稳健的速度增长，芒格的律所也获得了同步的发展，工作人员以及专业知识都随之一同进步。如今，芒格律所的办公地点在当地有着赤褐色大理石外墙的双子座摩天大楼里，已经扩大到好几层，就位于洛杉矶当代艺术博物馆对面的街道上。离这座宏伟的建筑不远，就是热闹的商业区，有提供卡布奇诺咖啡的店铺，街道上弥漫着墨西哥煎饼的香气，摊位的叫卖声混合着拉丁音乐此起彼伏。

如今，芒格的律所专门从事公司法、证券法和商业诉讼、劳资关系、反垄断法、税法、不动产、信托、继承和环境法等领域，该律所在商业诉讼领域具有极其广泛的实操经验。

除了自 20 世纪 70 年代以来担任伯克希尔－哈撒韦的首席法律顾问外，芒格的律所还代表菲律宾政府努力追回被前总统马科斯夫妇贪污的金钱。它代表一家运输管道公司处理了阿拉斯加石油泄漏纠纷。总之，它为很多公司提供了众多的法律服务。此外，它还为贫困中心、洛杉矶无家可归者等许多团体提供过免费的法律服务。

芒格的律所创建了一种独特的薪酬体制，旨在使律所成为一个以业绩为衡量标准的组织，这在业内颇有名。因此，若业绩完成，律所中最高薪酬与最低薪酬之间甚至可能有五倍的差距。

每年 1 月，律所全体 62 名合伙人都会收到一张选票，上面列着所有合伙人的姓名，选票的底部印着上一年度律所的净利润，在每个名字后面都留有空白，每个人填写自己认为每个合伙人应该获得的奖金数量。填写要求只有一个，那就是必须确保所有数字加起来等于律所的净利润。不考虑积分、股份，资历的深浅也可以不考虑。但当合伙人进行投票时，他们会考虑资历，还会考虑业务开发能力以及获客能力。

芒格律所的合伙人奥尔森解释道："我们一起就净利润如

何分配进行投票，然后每个人都可以看到其他人的投票情况。律所没有薪酬委员会，也没有律师逐个自我陈述自己的价值有多大，这是一种与众不同的动态管理。这项制度是资深合伙人共同制定的，相当于对每个人被认可程度的年检。”

填写结束后，律所会进行排名，让每名律师都可以看到自己在其他人眼中的排名。相关负责人在审查这些数字后，会与每个合伙人交谈，然后确定最终的薪酬数额。这项制度的设计初衷在于鼓励那些有益的行为方式，让人在为人处世时三思而行。

律所的一个合伙人约翰·弗兰克对此评价说：“人们一定会说这很残酷，但其实这个过程是公开的，谈不上残酷。你不可能满足所有的人，不可能给一个人很多钱而让其他人手里的钱不变少，只不过整个流程的进行有一定的谨慎考虑。”

后来加入通用汽车法律团队、曾在芒格律所工作的前助理律师安妮·拉林说：“他们认为自己比大多数律所更具有知识渊博的优势，我非常欣赏这一点。”[8]

如今，步入政界的希尔斯尽管已经离开律所多年，他的名字也不再出现在律所的铜质名牌上，但他依然会说：“从性价比来看，这是全美最好的律所。”

芒格的投资合伙企业启航

当芒格、杰克·惠勒（Jack Wheeler）以及后来的阿尔·马歇尔经营惠勒-芒格（Wheeler，Munger & Company）投资公司时，尽管芒格已经不是全职参与，但仍然参与法律工作。芒格的投资公司位于太平洋海岸证券交易所，办公室非常狭小，以至如果芒格接到一个敏感客户的电话，他会请阿尔和秘书维维安（Vivian）出去，以保持私密性。两人会在走廊上来回溜达，等着芒格结束通话。

在创立律所三年后，芒格渐渐退出律所事务。最终，他在 1965 年离开了律所，因为他认为自己再也不需要依靠法律工作维持生计。他将自己在律所中的权益转到了一个年轻就离世的合伙人的遗产信托中。很显然，芒格很早便在谋划脱离法律行业。

创业伙伴阿尔·马歇尔说，芒格曾经这样评价法律工作："如果你为一个不靠谱的客户竭尽全力，并最终取得了巨大的成功，你的回报就是你会再次为一个同样不靠谱的客户做同样的事情，这种情况很常见。"尽管芒格对自己的先辈以及法律行业充满了尊敬与热爱，但放弃法律工作对他来说也是一种解脱。

芒格说："我离开律所后不再以律师的身份为别人工作，这是因为我有一个大家庭需要养活，太太南希和我一共要抚养八个孩子…… 但我在工作、生活中也会请律师，我也会用到法律或律师。当年，我并没有预见到法律行业如今会突然变得如此繁荣，在我离开这个行业不久，大量的资金开始涌入该行业。离开法律行业的另一个原因是，我更喜欢做决策，喜欢用自己的钱去冒险。我认为自己比客户更了解投资标的，那么为什么我要按照他的方式去做呢？所以离开法律行业进入投资行业的部分原因是我固执己见的个性，部分原因是出于对获得独立的渴望。”

芒格希望在经济上安全、实现财务自由后，用自己的财富效仿他童年时的偶像本杰明·富兰克林。他说：“富兰克林之所以能够做出那么多的贡献，是因为他拥有财务自由。”芒格逐渐明白，一个人要想真正富有，实现的路径是构建对企业的所有权。

芒格的继子哈尔说：“关于律师这个职业与财富积累，这是我岳母经常在家里谈起的一个经典话题。她说，律师通常过得都不错，孩子在好学校上学，家人住在漂亮的社区里。一般而言，作为律师，你和你的客户生活水平应该差不多，对吧？但是你忘记了，你的客户正在积累资本，而作为律师，你却没有。你的工作本身没有积累资本的功能，所以等到你退休的那一天，你的收入会随之消失。到那时，你可能除了房子之外，其他什么都没有，所以为了维持生活，不得不卖掉房子，搬到偏远的地方去。”

芒格在变，法律行业也在变，如今律师的收入早已今非昔比。但即便他留在法律行业，估计也不会感到满意。法律行业的确赚到的钱更多了，但享受这些钱的时间却更少了。

按照哈尔的说法就是：“我感觉现在很多律师与自己的职业之间的关系可以说是爱恨交织。现在的情况是，行业发生了很大的变化。你现在必须是一个优秀的律师，同时也是一个出色的商人。总之，你必须非常努力才能像以前一样建立与客户的关系，这样才能在这个行业立足。而在以前，你只需要成为一个有价值观的好人即可。”

芒格经常光顾加州俱乐部，继子哈尔也是那里的成员。芒格说 20～25 年前，午餐后俱乐部的休息室里满是打牌的人，但现在午后那里几乎没什么人。律师、经纪人和其他专业人士经常在办公室用餐，如果他们外出用餐，通常也是为了商务目的，并且会尽快赶回办公室。他说：“现在情况已经不同，往日的风雅现在难以再现，现在人们都必须在有限的时间内尽快完成工作。”

尽管芒格已经不再从事法律行业，他与律所的关系依然牢固。

哈尔说道：“你知道，尽管他可能已经有 35 年没有从那家律所获得任何收入，办公室的门上始终贴着他的名牌，他们始终给他保留着办公室，他依然与律所保持着广泛的联系。他只是改变了与律所的关系而已，他现在是律所的客户，而不是执业律师。”

律所合伙人奥尔森表示，大家认为芒格既是一个客户，也是一种资源。律师们每周在办公楼的自助餐厅聚餐三次，每周一还会邀请一位外部演讲者。演讲嘉宾包括洛杉矶市长、著名电视节目的编剧，当然还有芒格本人。“他会定期被邀请与大家交流，大约每年一次。我们每年都会讨论长期的话题，他是我们社交生活的一部分，每年都会来参加假日派对。”

因为伯克希尔－哈撒韦在那里给芒格租了间办公室，哈尔说："他在那里非常方便，他的门总是敞开着，他喜欢这样，认为这样可以刺激自己思考问题，他喜欢思考问题。"

至于芒格的名牌仍然贴在办公室的门上，合伙人德纳姆说："从单位的角度来看，把它摘下来将是不明智的；从芒格的角度来说，这给了他一定的满足感。"

******

随着他的律师生涯逐渐结束，芒格摆脱了生活中那些没有价值的元素，构建起他认为有价值的元素，维护与同事的良好关系是他成功的核心。

当女儿莫莉回到洛杉矶开始自己的法律生涯时，她说："父亲曾经参与的那家律所在社会上已经颇具声望，我很快就知道那是一家非常热门的律所。我的整个职业生涯都受益于莫莉·芒格这个名字。在我的职业生涯中，大家都认为我父亲一直在那家律所上班，没人意识到他已经离开了法律行业。"

莫莉非常感谢前辈建立了一家如此受人尊敬的律所，尽管她没能在那里工作，但这足以让她走在自信的阳光下。

总之，只要在律师圈里提起芒格，他们就会说："我们以前有过合作，我们干得不错。"

第 9 章

踏足投资领域

Charlie Munger

办公室的奢华程度往往与公司的财务实力成反比。

——查理·芒格，引自帕金森

脸盲的芒格

芒格早期的商业伙伴之一阿尔·马歇尔说："我和芒格曾在一个四人小组里打高尔夫球，他为人亲和，令人着迷，但他脸盲。"他和芒格曾在高尔夫球场上与新认识的人结成四人小组一起上场。"第二天，我们在办公楼的电梯里遇到其中的一个，他和我们打招呼，而芒格只是直直地盯着前方，毫无反应。"

马歇尔问："你为什么不和那个人打招呼？"

芒格反问："你说的是谁？"

"昨天和我们一起打高尔夫球的那个人。"马歇尔说。

"哦，我没看见。"芒格回答道。

马歇尔回忆说："甚至在他做眼部手术之前，他也是这样的。"有时候，人们会对芒格的这种视而不见感到生气，特别是加州俱乐部或洛杉矶乡村俱乐部的成员，这些平时的牛人谁也不喜欢目中无人的人。作为老朋友，马歇尔通常会告诉大家芒格并不是故意的，而是沉浸在自己的思考世界中。但马歇尔也承认，有时候芒格的确也会有意戏弄人：以这种微妙的方式，并带着特定的目的。

马歇尔回忆说："我们曾经和一位军官一起打高尔夫球，他出身西点军校。"就在那位军官准备推杆的前几秒，芒格忽然说了这么一句话："我虽然不太确定，但我认为在军队的管理中适当地融入一点共产主义元素可能对军队有好处。”听了这句话，那位军官脸色有些涨红，欲言又止，结果他的这次推杆没有成功。

创业之初的精打细算

进入 20 世纪 60 年代，年轻的约翰·肯尼迪成为新任美国总统，而当时越南战争还只是五角大楼幕后的传闻。芒格当时 36 岁，从事法律工作，并且正在进行前景光明的房地产开发业务。他与巴菲特建立了深厚而持久的联系，巴菲特向芒格建议，他也能够以独立投资者的身份谋生。然而，芒格却意识到自己将面临很大的风险。

关于风险，在他涉足房地产行业时，芒格认为并没有太大风险：“我从来都没有想过会失去一切，房地产行业的确会使用杠杆，在开发过程中一般会设定程序来控制风险。在大额贷款中也会有条款要求我们保证项目的完成，但也规定了如果完成的项目无法以高于成本的价格出售，我们就不必偿还贷款。”如果公寓无法顺利售出，银行会接管项目，作为开发商，芒格虽然会受影响，但不至于破产。然而，芒格对自己既是律师又是房地产开发商的双重身份并不满意。1962 年，芒格决定至少拿出一部分时间，以职业投资者的身份管理他人的资金，于是，他采取了巴菲特一再向他建议的步骤。芒格与他的牌友兼律所客户杰克·惠勒一起成立了惠勒－芒格合伙企业，类似于巴菲特的合伙企业。惠勒毕业于耶鲁大学，职业是证券交易所交易员，并且作为共同所有者拥有太平洋海岸证券交易所的两个席位。

于是，惠勒－芒格合伙企业出手买下了那两个席位，位于交易所的交易大厅，交易订单的买卖声此起彼伏，所有订单都通过各家机构的席位进行交易。这些席位有助于稳定市场，确保上市的证券有买家和卖家。通常情况下，一个席位可以是某只股票的独家做市商，在这种情况下拥有席位就可以获得高额利润。此时，芒格手中的资金非常充裕，有自己的资金和从家人、朋友和律所客户那里筹集的资金，在律所合伙人罗伊·托尔斯的协助下，这时芒格的工作就是将这些资金用于投资。

惠勒－芒格合伙企业和交易所的许多人都是小型经营者，他们购买会员资格以使得他们的交易利润最大化。

芒格的老朋友古瑞恩回忆道："在20世纪60年代，当时的交易所执行的是固定佣金制。节省成本的唯一方式就是成为交易所会员，这样你就可以免交佣金，这些看似不起眼的成本累积起来是相当可观的。"

惠勒和芒格的办公室在交易所内一个小层，交易所位于斯普林大街，周围都是主流金融机构的总部，不远处就是洛杉矶的贫民区。在那段日子里，芒格和他的合作伙伴一直省吃俭用，他们在前面管线毕露但稍大的空间里办公，他们的秘书在后面一个狭小的空间里办公，旁边就是洗手间。整个办公室只有两扇窗，每扇窗都对着肮脏的小巷。这样的办公环境很适合芒格当时的情况，因为租金便宜，每个月 150 美元，包括所有水电费。

其实，节省到这种程度完全没有必要。在惠勒 - 芒格合伙企业成立时，芒格已经大约有 30 万美元的身家，这足以支撑十年。在这些财富中，有相当一部分来自投资。

当开始创办惠勒 - 芒格合伙企业时，芒格和巴菲特经常交流，他们探讨投资方法，并分享投资想法。然而，芒格在投资领域的第一个正式合作伙伴并非巴菲特，而是杰克·惠勒。在此前后，芒格还与其他人有过非正式的合作，其中包括李克·古瑞恩和罗伊·托尔斯。芒格是在与惠勒一起拓展业务时结识古瑞恩的。

对于当时的情况，古瑞恩回忆说："1961 年，有个朋友打来电话，说他要收购一家位于洛杉矶的公司，因为有人正打算出售股份。"古瑞恩表示自己也愿意加入，并参与管理。

股份的出售方是杰克·惠勒，他正在出售他在惠勒 - 克拉滕登公司的股份，因为他计划与芒格一起进行另外的投资安排。当古瑞恩前来洽谈交易时，正好芒格也在。古瑞恩回忆说："我当时只是去现场办理交割手续，我要交给对方一张支票并拿回一张股权证书。当我们和芒格开玩笑时，我的脑中突然闪过这样一个念头：'我站在了这笔交易的错误一方。'"

古瑞恩意识到自己应该跟着这些成功者去他们打算去的地方，而不是去他们曾去过的地方。古瑞恩的直觉是对的，惠勒之所以出售股份，部分原因是他与合作伙伴意见不同。有合作经验的人都知道，人与人之间的合作是不容易的，需要智慧、判断力和信任度的结合。如果有任何一点不兼容，即使是一个小问题也会像鞋子里掺了沙子一样令人不舒服。

于是，芒格让惠勒干脆退出他之前的项目，全力投入惠勒－芒格合伙企业的工作。与此相反，古瑞恩则用他手头仅有的 4 万美元接手了一个前景不那么好的合伙企业的一半股权，并最终遭遇了那个投资项目的彻底失败。

对此，芒格评价说："经此一役，古瑞恩学到了很多东西，后来他干得非常出色。"

长期伙伴古瑞恩

随着惠勒－芒格合伙企业的起航，芒格的商业生涯走上了新的方向，他的社交生活也发生了变化。

巴菲特说："从那时起，芒格每天很早就到交易所，他会先查看行情，然后和朋友玩掷骰子的游戏来决定由谁付早餐钱。他们有一个习惯，就是在交易所大厦顶层俱乐部吃早餐。古瑞恩在那里干一些常规的工作，他总是在认真倾听，从某种意义来说他是在听课。"

古瑞恩的确是在学习，他像芒格一样，也结交了很多新朋友。后来，他成为芒格众多"最好的朋友"中的一个，但却也是与芒格最不像的一个。古瑞恩自述妈妈是一名裁缝，在他十几岁时因饮酒过量而去世。古瑞恩曾接受空军飞行员的培训，但中途退役，尽管此后多年他一直在驾驶自己的飞机。他曾在 IBM 工作三年，然后又干了五六年的股票经纪人。

古瑞恩说："我花了三年的时间才解除与之前合伙企业的关系。在某种程度上，芒格和惠勒都是我的人生导师。之后，我创立了自己的合伙企业，以巴菲特和芒格的合伙企业为榜样。"

古瑞恩的合伙企业名叫 J.P. 古瑞恩，这家公司的一切都模仿惠勒－芒格合伙企业，包括专业岗位的运营。在巴菲特著名的演讲《格雷厄姆和多德式的超级投资者》中，巴菲特提到了古瑞恩的投资记录。他说："第六个表格是芒格一个朋友的投资记录，他毕业于南加州大学的数学专业，没有商学院的学习经历。毕业后，他在 IBM 做过一段时间的销售。在我和芒格相识之后，发现他和芒格也认识。古瑞恩的投资记录是这样的：从 1965 年到 1988 年，他的累计投资回报率是 22 200%，相比之下，同期标准普尔 500 指数的增长率仅为 316%。也许正是因为没有商学院的学习背景，他反而只关心统计上的有效性。"

古瑞恩有时自己独立进行投资，有时与芒格和巴菲特合作一起投资。他后来还成为太平洋西南航空的大股东和董事，该公司在 1988 年被并入全美航空。古瑞恩说他从芒格那里学会了如何投资，也开始深入思考个人价值的重要性。

古瑞恩说："我觉得自己深受芒格的影响，原本我自己就能够发掘价值并立刻做出回应，但是他提高了我的水平。与芒格和巴菲特在一起使我成为一个更好的人。”在这个过程中，古瑞恩发现良知、理性和诚实是如此重要并合乎逻辑。他说：“说真话更容易。”

古瑞恩与巴菲特同龄，娶了一位比自己年轻 26 岁的女子作为妻子，他们有一个 5 岁的儿子。古瑞恩另外还有一个 42 岁的女儿。他和妻子法比耶纳共育有七个孩子，其中五个女孩和两个男孩。芒格、古瑞恩和布思现在仍然在洛杉矶乡村俱乐部与朋友一起打桥牌，牌友还包括市长理查德·里奥丹。此外，芒格和巴菲特还曾与已故喜剧演员乔治·伯恩斯一起在附近的希尔克雷斯特乡村俱乐部打桥牌，当时伯恩斯已经九十多岁。为了迎合伯恩斯抽雪茄的习惯，该俱乐部专门制定了一条规则：“95 岁以下的人禁止吸烟。”

该俱乐部长期以来有这么一个做法，即要求会员提供慈善捐赠记录作为加入的条件，对此，芒格非常欣赏。这项规定的执行还挺严格的。芒格说：“我听说很久以前有一个大型剧院的老板试图加入，他递交了一张泛黄的剪报，上面报道了他的剧院举办过二战储蓄债券集会，结果收到的回信很直接：‘这是一张非常有用的纸，你可以用它上厕所，但它无法让你加入俱乐部。’”

事业与家庭两不误的芒格

在房地产项目即将完成、律师事务所运营良好的同时，芒格找到了阿尔·马歇尔，询问他是否愿意加入惠勒－芒格合伙企业的管理团队。这是因为芒格发现自己的风格与惠勒有所不同，他需要一个更加默契的人待在身边。

马歇尔回忆说："惠勒不是芒格的老乡奥马哈人，但他是一个非常聪明的人，他参加过一门有关 20 世纪 20 年代集资及其管理的课程，当然，一些课程内容如今是完全非法的。他是个花钱大手大脚、追求奢华的人，他做事时有时会非常出色，但偶尔也会遭受巨大的挫折，这种风格可不是芒格想要的。"

最终，芒格说服惠勒将惠勒－芒格合伙企业的运营工作交给他自己和马歇尔，并且答应会给惠勒一部分利润。对此，马歇尔的评价是："他们之间也不存在什么冲突，惠勒就算是退休了。"

最终，马歇尔接受芒格的邀请成为公司的管理合伙人，对此，他并不感到意外，这是芒格第二次找他合作。按照马歇尔的说法就是："如果他信任你，他就会完全信任你。"但令他感到惊讶的是，很多年来芒格一直将他列为自己个人支票账户的签名人，这种"签名即可取钱"的方式表示芒格对他的极大信任。芒格了解马歇尔的人品，他从未想过马歇尔会拿着钱跑掉，当然，马歇尔也没有这样做。

生活中的芒格经常丢三落四，就像一位心不在焉的学者那样。在家里，他需要妻子南希帮忙整理家务；在办公室，他需要像马歇尔这样的助手。马歇尔说："我们曾经有一个叫维维安的秘书，后来她离职了，我们又换了两三个秘书，但不论是谁，芒格都一直管她们叫维维安。我总是说，幸亏他的第二任妻子也叫南希，这可是件大好事，否则他肯定记不住她的名字。”

马歇尔很喜欢自己的新岗位，但这个新岗位也存在一些不足之处。

马歇尔说：“我最烦的工作之一就是盯着交易员的那些股票持仓。”交易所里的交易员往往血液中肾上腺素旺盛，容易冲动。有一次，公司的一个交易员就因为一言不合，跳起来打了对方交易员。结果，马歇尔花了几天时间与受伤的对方交易员和交易所协商，最终才和平解决。但这些交易员中也有非常聪明、极富创造力的。有一次，公司的一个交易员在一只处于上升轨道的制药公司股票上设置了一个复杂的四方套利方案。马歇尔动用了 200 万美元的银行信用额度作为融资方案，但在股市的行情波动中信用额度一度扩大到 300 万美元。结果银行派人到交易所现场进行调查，询问资金使用情况。虽然马歇尔解释了情况，但银行的工作人员还是有些摸不着头脑。最终，交易员在 3 周后完成了套利方案，获利 60 万美元，算是完美收官。

对于芒格在家时一边是繁忙嘈杂的环境、一边还能处理事务，马歇尔记忆深刻。据他回忆，曾经有一天晚上，因为需要与芒格讨论一些工作问题，所以去了芒格家。马歇尔自己有五个孩子，所以他知道一大家子住在一起会是什么样子，进而对芒格在那种情况下能够集中注意力感到惊讶。根据他的描述，芒格坐在一把大椅子上，“一个孩子爬到他的肩膀上，另一个拉着他的手，还有一个在大叫。那真叫一个乱，但芒格并没有让他们出去或呵止他们。所有这些，一点都没有干扰到他”。

不愿趁人之危

除了负责公司日常的投资交易，芒格还需要集中精力应对增量资本的配置工作。有时是他和巴菲特，有时还会加上古瑞恩，三人会一起投资同一家公司。他们会在交易所和报纸上搜寻信息，也会与朋友交谈，运用一切机会去寻找投资机会。巴菲特将自己的合伙企业和芒格的合伙企业都描述为经典的对冲基金，类似于在 20 世纪 90 年代后期再度流行的基金管理模式。

芒格说：“我们买过一些公司，包括一家生产汽车化工产品的公司。作为一揽子交易，我们还买了一家洗车机制造商和一个贷款组合，贷款对象都是一些洗车店。一下雨，这些洗车店就会打电话给马歇尔，解释为什么无法按时还款。这往往不是令人开心的时刻。回顾这些，可以说我们有过很多共同的经历，有开心的，也有不开心的。”

由于他们收购的公司规模一般都不大，有时这些公司彼此还有较为紧密的关联，因此有时会遇到一些奇特的情况，例如他们收购的小型汽车化工产品生产商 K&W 就是这样。

古瑞恩说："当时，我在报纸上发现了这家公司的信息，它被放进一个被拍卖的遗产资产包中。这家公司生产一种材料，将这种材料倒入汽车散热器，可以堵住汽车发动机缸体的漏洞。材料发明者的推广方式也很聪明，他一次又一次将自己的车开到汽车修理店，叫来修理工，然后在汽车发动机缸体上钻一个灾难性的洞，通过将产品倒入汽车散热器进行修复。事实证明，这种推广方式非常有效，让公司赚到了不少钱。"

这家公司被出售的原因是控股股东（不是最初的发明者）去世了。据传这位股东是一名医生，死于过度使用成瘾性药物。他从妻子的姑姑们那里借钱投资了这家公司，因而欠姑姑们每人 8 万美元。遗产中唯一的资产就是这家公司的股权。由于某种原因，这名医生将他的遗产留给了妻子，但让他的情人作为执行人。不出所料，这种安排果然引发了纠纷。上了年纪的姑姑们除了持有两张各价值 8 万美元的借条，多年来没有收到任何利息。芒格建议买下这些债权凭证。

古瑞恩说："在这种情况下，这些债权凭证通常会以低于面值的价格出售。"但是芒格坚持按照每张欠条的面额，也就是 8 万美元付给对方。他说："芒格从不愿趁人之危，他本可以利用这个机会按照惯例压低价格，但他没有这么做。我负责寻找那些老太太，后来芒格和我成为该公司的债权人，再后来将债权转换为公司的股权。"

接下来，芒格给那名医生的情人，也就是执行人打了电话，在与这位女士打交道时芒格还是有些尴尬。他邀请她在加州俱乐部共进午餐，讨论财产处理问题。当那位女士出现在办公室时，芒格吃了一惊。她顶着一脑袋火红的头发，戴着亮绿色的隐形眼镜，一套贴身的护士服显示出丰满的胸部。芒格有些不自在，但又不能不陪着她去事先安排好的俱乐部共进午餐，那里可都是保守的风格，有深色的镶板墙壁、皮革家具，还有各种珍贵古老的加州艺术收藏品。

最终，芒格和古瑞恩成为该公司的控股股东，持有一半的股份，公司管理层则持有余下的股份。过了一段时间，古瑞恩需要用钱，需要将投资变现。他回忆当时的情况说："那时候，我手头非常紧。当时，我们之间有一种默契，如果一方需要退出，另一方会接手对方的股份。我去找了芒格，告诉他我当前在其他地方需要用钱。他说没问题，好好想一想你想要什么样的价格。"

古瑞恩在看了财务报表并仔细考虑之后去找芒格，他回忆说："我告诉他，我持有的这部分股权应该价值 20 万美元，因为我需要 20 万美元。但芒格说：'不，你这个估值有些不准确。'我当时心里想：'哦，真是该死。'他接着说：'你的股权应该价值 30 万美元。'然后他拿出一张支票并写下了 30 万美元的数字。当时对我来说 20 万美元已经让我非常高兴。这样的意外惊喜让我感觉自己成了世界上最幸福的人。这也是一个机会，可以展示自己有多笨。"古瑞恩笑着说："芒格喜欢说'再想想，你再想想，你一定会同意我的观点，因为你很聪明而我是对的'。"

上面提到的那家生产汽车化工产品的公司在 20 世纪 70 年代中期被完全收购，并最终成为伯克希尔 - 哈撒韦的一部分。伯克希尔 - 哈撒韦于 1996 年将其出售给一个投资者团队，其中包括该公司的前总裁。

芒格的投资更集中

尽管老朋友奥蒂斯·布思对参与芒格的最后一个房地产项目心存疑虑，但他非常愿意投资新成立的惠勒 - 芒格合伙企业。布思说："我成了最大的投资人，并一直保有这个位置。"

布思最初投资惠勒 - 芒格合伙企业时还是有一些担忧的，他说："我担心合伙企业的合同只是一纸空文，我是基于信任才投资的。芒格这个人的诚实没话说，但文件资料并不是很严密。但我相信不会出错，因为我对他有足够的了解。"

高效的公司组织架构以及战略性的税务结构，这些都是芒格的长处。在创立自己的合伙企业时，他借鉴了巴菲特的模式，巴菲特本人则是从自己的老师格雷厄姆那里学来的，这种借鉴凸显了芒格的学习能力和执行能力。

作为惠勒 - 芒格合伙企业的第一大投资人，布思说："巴菲特和芒格的合伙企业结构几乎一样，当每个自然年度结束时，利润会进行分配，公司的权益比例会随之重新安排，这种重新安排不会引发税务问题。利润按照上一年年底的权益比例进行分配。首先，6% 的利润先分配给所有的合伙人，无论是有限合伙人还是普通合伙人*。之后，利润的绝大部分会分配给有限合伙人，而普通合伙人获得的金额要低得多。涉及税务的部分，所有合伙人按照权益比例分担相应的税项。”

巴菲特解释说，尽管芒格也遵循了价值投资的基本原则，但他的投资较传统的价值投资者而言持股更为集中，例如巴菲特的老朋友、老同学兼前同事沃尔特·施洛斯的持股就相当分散，施洛斯也是格雷厄姆的学生。

巴菲特说：“由于芒格的投资集中在非常少的股票上，因此他的业绩波动性更大，但基于相同的寻找价值洼地的投资方法，他愿意接受业绩的大幅波动。他正是那种全部心智都倾向于集中投资的人，结果也证明的确如此。”

一些分析师可能会说芒格愿意承担比格雷厄姆、巴菲特或施洛斯更多的风险，对于这种说法，老朋友布思表示赞同。他说：“芒格认为自己对风险有更好的洞察和评估，他会说‘是的，我愿意这样’。其实，巴菲特也会购买那些不被市场青睐的股票，比如美国运通，因为当一只股票不被市场看好时，他反而认为真正的风险比人们认为的要小。”

随着在商业领域的经验不断增长，芒格发现了一些并不起眼但可靠的方法，使风险变得更能令人接受。

布思解释道：“即便同样是集中投资的方式，芒格也绝对

---

* 有限合伙人即通常所说的投资人，普通合伙人即通常所说的管理合伙人。——译者注

不像赌徒那样愚蠢地去冒孤注一掷的风险。即便是在我们年轻的时候、在极度渴望成功的时候，他也绝没有那样做。他会寻找每一个可以获得的小优势，例如在证券交易所的席位、在重新规划土地上获得的权利等，正是这些一点一滴看似不起眼的小小正向积累，起到了聚沙成塔的效果。”

关于投资风格的问题，芒格并不认为自己比巴菲特更激进。他说：“在自己感兴趣的领域，巴菲特非常愿意冒险；当事关伯克希尔－哈撒韦时，他也会有所尝试。但当面对选择羊腿还是优质肋排这样的问题时，他一点也不感兴趣。”

芒格的女儿莫莉说，在创业期间父亲对资本利得税和普通所得税二者的不同影响极为敏感。她说：“父亲在一些投资交易中赚到了很多钱，但根据相关法规不必缴太多税。他曾说，‘如果我是名律师，我就得交更多的税。股票市场的资本利得税比较低，像我这种情况似乎不太公平’。”

渴望自立自强的芒格

在芒格经营自己的合伙企业的那些年，他和巴菲特始终保持电话交流。虽然他们并不一定会投入同样的资金购买同样的股票，但他们的投资组合在某种程度上的确有所重叠。他们共同投资过一家名为多元零售的公司，这家公司拥有两个品牌的零售连锁店。他们还与古瑞恩一起买下了蓝筹印花的控股权，当时蓝筹印花是加州最大的印花公司，巴菲特是最大股东，芒格是第二大股东。

根据古瑞恩的观察，他说："我们是所谓的'掠夺者'一代，索·斯坦伯格（Sol Steinberg）和哈罗德·西蒙斯（Harold Simmons）等人都是。但是，我们与他们不同。"巴菲特和芒格从不在未经目标公司管理层同意的情况下进行收购，也从不参与争夺公司的控制权。

1965 年，芒格终于放弃了律师事业。他表示："我当时对自己的合伙企业充满信心，而且积累了相当大的财富。"

芒格的妹妹卡罗尔回忆说："当他放弃法律行业时，我并不感到特别惊讶。每一个找到自己真正热爱的事业的人，都会这样做。"

芒格正接近他实现财务自由的梦想。根据观察，芒格的继子大卫说："芒格真正需要的是为自己工作，因为作为一名律师，即便是身处一家环境友好的律师事务所，你仍然要为客户服务，按照他们的时间表安排日程。"

《美国式"高考"》一书的作者尼古拉斯·莱曼（Nicholas Lemann）在书中披露，芒格渴望成为一个自立自强的人。在这一点上，丹尼尔·笛福（Daniel Defoe）对芒格的影响要大于本杰明·富兰克林。当祖父母给芒格读笛福的名作《鲁滨逊漂流记》时，他们向芒格灌输了一个观点："一个人应该变得富有，这样他就可以完全独立，就像鲁滨逊在孤岛上一样，不必听从任何其他人的摆布。"

******

然而，在某些关键的地方，芒格仍然在为客户服务，这些客户就是合伙企业的投资人。许多投资人都是家族成员、前同事或老朋友，压力并不小。万事终由命运安排，在合伙企业存续期间，虽然股市有起有落，但总体上是下降的。到了20世纪60年代末，巴菲特开始谈论清算事宜，并最终在1969年底解散了自己的合伙企业。芒格和古瑞恩继续坚持了一段时间，尤其是在1972年末进行了一笔大额投资，对象是一家名为信函基金（Fund of Letters）的持牌投资公司。

德纳姆加入芒格的律所后，工作之一就是帮忙收购这家公司。20世纪60年代后期，正值牛市，异常火爆。当时流行的一种投资方式是“信函股”（letter stock），这是一种未经美国证券交易委员会（SEC）批准注册的证券形式，因此无法在正常的交易市场进行交易。根据当时相关的证券法规，必须在股票上加注说明，在获得SEC的批准前投资者不得进行交易。

信函基金是一只创投基金，创始人向股票经纪人支付高额的销售佣金，通过备受瞩目的首次公开发行，一共募集到6 000万美元。但扣除承销费用和其他费用后，仅有5 400万美元用于投资。

对此，芒格嘲讽道：“这种情形就好比有客户问他的经纪人：‘我该怎么安排我的资金？’经纪人回答说：‘这样吧，你先给我10%。’”

由于该基金是一只封闭式基金，成立后就不再发售新的基金份额，基金净值只有在明智投资、资产价值增长的情况下才会增长。通常，封闭式基金的净值往往低于每股净资产。当市场陷入长期下跌时，这类基金也会遭受重创。

在接管陷入困境的信函基金之后，古瑞恩和芒格做出了重大的改变。他们将其更名为新美国基金（New America Fund），重组了决策机构，并将投资风格转变为价值投资型。他们迅速清出了前任管理人所选的资产。虽然古瑞恩出任董事长一职，但芒格的投资理念贯穿新美国基金的方方面面。正如人们所预料的，这种理念与当时市场的主流风尚相悖。1979 年，《商业周刊》发表了一篇文章，题为《新美国基金是股东的天堂》。

“新美国基金避免了向外部投资顾问支付高额费用的行业常规做法，”《商业周刊》写道，“相反，工作在古瑞恩的监督下在内部完成。此外，在最新财年，董事费仅为 25 000 美元，所有高管和董事的报酬总共只有 54 950 美元。”

《商业周刊》继续称：“新美国基金表现出了‘倾向于投资平面媒体和广播行业’的特点。近年来，它的业绩出色：每股净资产从 1974 年 10 月的 9.28 美元增长到 1979 年 9 月 30 日的 29.28 美元。与大多数封闭式基金一样，新美国基金的基金份额折价出售。截至 11 月 16 日，股票收盘价为 18.25 美元，较每股净资产 24.64 美元折价 25.9%。”

新美国基金的投资组合包括大都会通讯公司以及每日新闻集团 100% 的股权，后者是一家洛杉矶的法律报纸出版商。尽管《商业周刊》对新美国基金在1979年的表现给予高度评价，但芒格的合伙企业收购该基金的过程还是让芒格度过了几个不眠之夜。

在芒格的合伙企业运营的前八年，它取得了惊人的业绩，尽管芒格表示："我们从未管理过大规模的资金。我从未在收费的基础上管理过其他人的大量资金。"

从1962年到1969年，芒格的合伙企业的年均回报率（不包括普通合伙人的超额回报率）为37.1%，远远超过了道琼斯指数的表现。然而，在截至1972年底的前三年，合伙企业的回报率降到仅为13.9%，勉强超过了道琼斯指数的12.2%。

受到市场行情的打击，巴菲特在1969年末清算了他的合伙企业。几年后，芒格可能希望自己能效仿巴菲特的做法，但他没有巴菲特那么幸运，迎来了1973年、1974年股市大崩盘的噩梦。芒格的合伙企业在1973年下跌了31.9%（道琼斯指数下跌了13.1%），在1974年又下跌了31.5%（相比之下，道琼斯指数下跌了23.1%）。

"我们在1973年到1974年的崩盘中受到了重创，不是在真正的基本价值上，而是在报价市值上，因为我们那些公开交易的证券必须被调低到实际价值的一半以下，"芒格说道，"那是一个艰难的时期，1973年到1974年是非常不愉快的时期。"

其他人也对1973年至1974年感到不愉快。例如，伯克希尔－哈撒韦作为一个主要从事纺织业务的公司，其股价从1972年12月的80美元下跌到1974年12月的40美元。阴郁和悲观情绪充斥着有关华尔街的新闻。头条新闻宣称这是“股市之死”。

芒格的合伙企业相对表现不佳的主要原因，是它持有新美国基金和蓝筹印花的大量股票。它在 1972 年末的股市狂热阶段收购了新美国基金的前身——信函基金，并以低于清算价值的价格获得了控制权。尽管随后股市大幅下跌，但该基金的资产价值仍略高于芒格和古瑞恩在 1972 年支付的买进价格。那么，为什么芒格会感到痛苦呢？尽管他们在不利的时机进行了大笔投资，但由于符合格雷厄姆的“安全边际”原则，他们成功规避了通常的后果。此外，该基金具有税损结转功能，可以抵减未来实现的大额盈利而无须缴纳所得税。

芒格的困扰源于合伙企业的结构，以及投资新美国基金时使用了部分借款，导致合伙企业的净值不断下降。到了 1974 年，基金份额的市场价格更是大幅下跌，比清盘价值低了 50% 以上。无论是否愿意，芒格不得不在 1974 年末向有限合伙人报告投资结果，合伙企业持有的新美国基金单位净值仅为 3.75 美元。

此外，芒格的合伙企业大量持有股票的蓝筹印花也面临类似的情况。这些股票平均以每股 7.50 美元的价格购入，在 1972 年末的市价为每股 15.37 美元，但在 1974 年末的市价只有每股 5.25 美元。“要不了多久，无论股市如何发展，无论蓝筹印花有多少印花交易量”，芒格都认为蓝筹印花股票的市价肯定比 15.37 美元高。然而，在 1974 年末，芒格必须面对一个严酷的事实：蓝筹印花股票的市价只有 5.25 美元，根本无人理会相应的内在价值。

随着合伙企业的投资表现变得越来越糟糕，芒格意识到这种煎熬会令一些合伙人开始难以忍受。如果一个合伙人在 1973 年 1 月 1 日投资了 1 000 美元，并且在此期间没有取回任何资金，那么到 1975 年 1 月 1 日其投资会缩水至 467 美元。相比之下，如果同样的 1 000 美元投资与同期的道琼斯指数表现一致，那么剩余的金额应该是 668 美元。此外，芒格的合伙企业参考了之前格雷厄姆和巴菲特合伙企业的先例，所有有限合伙人可以按照每年年初价值的 0.5%，每月提取资金。因此，从 1973 年到 1974 年，扣除了定期月度提取后，有限合伙人的账户投资净值跌幅超过了 53%。

从 1974 年末起，经历了股市大幅下跌后，整个合伙企业管理的资产净值只剩下 700 万美元，其中 430 万美元（约占 61%）投资蓝筹印花，持有 505 060 股，每股价格为 5.25 美元。另外持有 427 630 股新美国基金的股票，每股价格为 3.75 美元。那么，如果从这个低点开始算起，这两项投资后来的历史走势是怎样的呢？

新美国基金的股票表现不错，到了 80 年代末，最低点时的每股 3.75 美元已经变成约 100 美元的现金加股票。与此同时，蓝筹印花的股票表现更好，在并入伯克希尔－哈撒韦时，以同样的最低点为计算基准。蓝筹印花的股票按当时 5.25 美元的价格折合为 7.7% 的伯克希尔－哈撒韦普通股。按照 2000 年 3 月的价格，伯克希尔 – 哈撒韦的股价约为 48 000 美元，这意味着每一股蓝筹印花的股票对应 48 000 美元的 7.7%，即每股约为 3 700 美元。因此，1974 年的 1 美元到 2000 年变成了约 700 美元。这代表 26 年来的年化复合回报率约为 28.5%，而且持有这只股票的股东无须缴纳任何所得税。此外，由于蓝筹印花是以公司的形式存在，所以芒格和巴菲特也不存在收取管理费的问题。

对于这样的表现，芒格评价说："在惠勒 – 芒格合伙企业运营的前 13 年里，即截至 1974 年，如果以道琼斯指数为标杆，在考虑所有收到的股息之后，我们的名义回报率仅略高于零。但如果考虑税收、通货膨胀和资金提取等因素，实际回报率会是令人尴尬的负数。"在整个存续期间，合伙企业表现得还不错。尤其是在 1973 年至 1974 年遭受重大打击之后表现异常出色，其中 95% 的合伙人坚守并收获不菲。例如，老朋友布思就选择在 1973 年至 1974 年期间坚守，直到 1975 年底合伙企业清算。

但也有令人痛心的例外，有一个新的有限合伙人在 1973 年至 1974 年的大崩溃前投入了 35 万美元，并在最低点时恐慌性地退出。对于这个合伙人来说，损失的资金超过一半。芒格无法说服这个合伙人改变决定，他说："律师本应该是说服人的专家，但我在这次测试中失败了，我觉得我本应该成功。一个人的性格似乎是一些因素的混合，包括对痛苦的低容忍度和强烈的意愿，这些使我的说服工作失败了。"

在管理自己的资金时，投资上的亏损从未让芒格感到困扰。对他来说，这就像在一场普通的扑克游戏中输掉一晚一样，你知道自己是最佳玩家之一，你会在以后的游戏中挽回损失。但他现在发现，投资报告中的那些账面损失会给他带来巨大的痛苦。因此，到了 1974 年底，他决定像巴菲特一样，不再以合伙企业的形式为他人管理资金。于是，他决定在资产价值大幅回升之后清算合伙企业。他会尽快完成整个清算过程，这样他就不用再提取任何业绩提成了。

1975 年，合伙企业的投资实现了令人印象深刻的回升，那一年取得了 73.2% 的回报。1976 年初，芒格和马歇尔清算了合伙企业。即使算上低迷时期的表现，在运营的 14 年间，合伙企业的年均年化回报率也达到了 24.3%（这是普通合伙人提取业绩提成之前的数字）。

芒格说："当清算完成尘埃落定时，我们家从中获得了大约 300 万美元，另外在房地产开发等方面大约收获 200 万美元。*在那个时候这是一笔很大的财富，拥有这么多钱，日子过得不错。我持有一些非常优质的股票，市场上还有一些非常好且价格便宜的股票可供选择。"

当芒格的合伙企业清算时，投资人得到了蓝筹印花和多元零售两家公司的股票，这两家公司后来通过转股的方式并入了伯克希尔 - 哈撒韦。多元零售成立之时，收购了位于巴尔的

---

* 由此推断，1976 年芒格 52 岁时身家约为 500 万美元。——译者注

摩的连锁百货店。最初，多元零售的大股东是巴菲特的合伙企业，这些股权在巴菲特的合伙企业清盘后主要由合伙企业前成员持有，芒格的合伙企业拥有多元零售 10% 的股权。这些股票最初的购买价格均低于清算价值，这是一项典型的格雷厄姆式投资。

多元零售在收购巴尔的摩的有连锁百货店时，资金有一半来自银行贷款。没过多久，这笔贷款被长期债券所替代，这些债券几乎没有规定限制借款人的条款。此后不久，巴菲特和芒格意识到巴尔的摩零售业的竞争相当激烈，自己犯了一个错误。于是，他们改变策略，以几乎没有产生损失的价格将百货店出售变现，并偿还了负债。与此同时，多元零售以几乎零成本购买了别的连锁百货店，坐拥大量现金流。因此，在 1973 年至 1974 年的大崩盘后，多元零售拥有大量的可投资资产，比巴菲特和芒格最初购买时翻了一番还多。由于当时股市处于低迷状态，对于巴菲特和芒格来说，这是一个在廉价市场上大举购入的机会。芒格说："这可是几十年来的大好时机，可以说这是一个令人非常满意的时刻，一项开局不佳的投资最终演变成了巨大的成功。"历史再一次证明，那些坚守的投资人会获得应有的回报。

芒格的多年老朋友布思说："我们当时并不知道多元零售最终会成为伯克希尔－哈撒韦的一部分，我后来把多元零售的一些股票捐给了洛杉矶自然历史博物馆。多年来，我一直努力说服相关负责人拿着别动。这些股票后来转换成了伯克希尔－

哈撒韦的股票，他们保留了三分之二，最初是 1 800 股，现在剩下 1 200 股。”尽管布思并不是每一次都能说服他人接受自己的建议，但这次还算成功，他现在仍然在这家博物馆的理事会任职。

布思最终持有伯克希尔－哈撒韦 1.4% 的股份，略低于芒格的 1.5%——这使芒格成为公司最大的投资者之一。芒格圈子里的一些朋友也跟着沾了光，例如芒格最初在电子制造业务中的合作伙伴埃德·霍斯金斯因为参与芒格的合伙企业，最终也持有伯克希尔－哈撒韦的一些股票，其他如古瑞恩、马歇尔、托尔斯等也都受益匪浅。

芒格说：“伯克希尔－哈撒韦的股票表现超过了几乎所有其他投资，几乎没有什么投资能够以同样的复利增长。1974 年，它的股价只有 40 美元，而现在（2000 年 6 月）的股价已经达到 60 000 美元。”这还不是最高值，伯克希尔－哈撒韦的股价曾一度超过 90 000 美元。芒格个人持有伯克希尔－哈撒韦股票的成本不到每股 40 美元，因为他获得这些股票是通过转股，而原来那些股票是以较低的价格购买的。

******

在合伙企业解散的时候，有限合伙人获得了新美国基金的股份。芒格和古瑞恩继续运营该基金，直到 1986 年该基金完全解散。在新美国基金最终清算时，投资人按照相应的股份分得了每日新闻集团的股票。

******

在他们结束这段职业生涯时，芒格和马歇尔已经在同一个办公室里并肩作战了大约 20 年。回顾过去，芒格说，对于一名要负担一大家子的年轻律师来说，房地产项目是一笔大买卖。他还表示，像马歇尔这样的优秀合作伙伴对他们的成功至关重要。“这些都是非常重要的事情，与古瑞恩和巴菲特一起购买蓝筹印花的股票是一件大事。在我的一生中，我一直都有水平很高的合作伙伴，其中有些处于顶尖水平。现在巴菲特很出名，但人们仍然低估了他作为合作伙伴是多么出色。惠勒也很棒，尽管他太喜欢喝酒。马歇尔也很出色，他在工作中非常努力，对做出购买喜诗糖果的决策有很大的贡献。在职业生涯中，我从来不跟华而不实的人合作，我只跟靠谱的人打交道。”

在他们共事的约 20 年里，作为合作伙伴，马歇尔发现自己不得不帮芒格摆脱各式各样的社交困境。马歇尔说，有时候芒格的话会突然变得多起来。他说个不停，长篇大论而且语速惊人，没人能打断或转变话题。有一次，在一个晚宴上，主人找到马歇尔，请求他去另一个房间把喝了几杯酒的芒格请出来，让芒格别再说了。他说：“其他人都插不上嘴，当时芒格正在讲述宗教在描述天堂时所面临的困境，还提到了什么千年的高潮。”

此外，有时当马歇尔陷入窘境时，芒格非但不帮忙甚至还火上浇油。有一次，芒格和马歇尔两家人在夏威夷瓦胡岛度假，两对夫妇一起在杂货店购物。马歇尔和他的妻子玛莎原来并肩站在一起挑选晚餐用的牛排，然后玛莎走开去看其他东西。马歇尔没有注意到妻子已经离开，伸手去拍了拍一位陌生女士的屁股。在发现对方不是妻子时，马歇尔自己也吓了一跳，而那位女士更是异常愤怒。芒格站在柜台的另一头大声说道："你知道吗，他对所有女士都这样。"芒格的话让那位女士更加愤怒。

尽管他们之间时常会开玩笑，马歇尔还是表示在与芒格共事的约 20 年中自己学到了很多。他说："我学会了赚钱。"此外，他相信"努力工作，待人以诚，如果这些你一直坚持下去，肯定可以过上你想要的生活"。

******

这个阶段的芒格正经历着一个变革、扩张和发展的大时代，如果让芒格身边的人描述他的职业，他的家人有时也会陷入困惑。例如，芒格的女儿莫莉就很难向自己的好友爱丽丝·巴拉德解释父亲是做什么的。爱丽丝是个学霸，例如在 SAT 的语文部分能得 800 分。她来自费城，出身不凡，像莫莉一样也上了哈佛大学法学院。任何人面对爱丽丝这样出色的加州女孩，似乎都应该留有深刻的印象，但芒格没有。

根据女儿莫莉的说法，爱丽丝是威廉·佩恩的后人，她的父亲是费城一家老牌公司的合伙人。芒格甚至还去拜访过她的父亲弗雷德·巴拉德，后来对方评价说根本没搞清楚芒格是干什么的，甚至推测芒格是为中央情报局工作。因为芒格对自己的情况也没有给出一个连贯清晰的说明，给别人的印象就是他在交易所有一个既旧又小的办公室，还有一家刚成立的律所，收购了一些奇怪的公司，比如生产汽车化工产品的公司 K&W。然而，不管别人如何评价，莫莉对父亲的信任都从未有过动摇。她说："对我来说，这些都不重要。大家只是不了解他，即使你现在不了解，以后也会了解，他是一个非常了不起的人。"

第10章

蓝筹印花

Charlie Munger

我曾经怪父亲太消极。他有乐观向上的一面，但有时也会有消极的一面。然而，每当我跟他提到这一点，他会立刻反驳说：“不不不，我并不是消极，如果是个好主意，我会像小鳟鱼一样活蹦乱跳。”他边说着边在空中挥舞着手。

——莫莉·芒格

控股蓝筹印花

有一段时间，芒格的小儿子能够感觉到自己的父亲正在酝酿着干一件大事，因为芒格总是找他讨论一些数学问题。那时还处于上学阶段的小芒格数学很棒，他打算将来成为一名物理学家。父亲问的这些问题涉及一家加州公司，名叫蓝筹印花。该公司有一个资金池，类似于保险公司的浮存金，这些资金用以履行未来几年内向客户赎回印花的义务，以及覆盖未来可能产生的损失。这个浮存金账户的投资收益归公司所有，公司每年都会面临一定数量的印花赎回需求，这会导致公司手中的资金下降，但公司也可以通过继续发行新的印花来抵消这种影响。芒格想知道的是，在不同的假设下，蓝筹印花资金池里的可投资资金会以多快的速度下降。

此时，蓝筹印花正因为与一群小型零售商的纠纷而成为新闻焦点，这些零售商希望和创始股东一样成为蓝筹印花的股东。当时，古瑞恩刚刚从惠勒出售给他的合伙企业股份的损失中恢复过来。

古瑞恩说："经历整整三年，我勉强回了本，差点就几乎什么都不剩。我和芒格谈了很多投资想法，我在报纸上读到了有关蓝筹印花的新闻，于是有了一个想法。"芒格说："我带你去见一个朋友，他比任何人都更了解浮存金。"

当见到巴菲特时，古瑞恩的感觉就像芒格第一次见到巴菲特时一样，他意识到自己见到了一个了不起的人。相谈之下，巴菲特迅速看出蓝筹印花浮存金所具有的潜在价值。看到巴菲特的观点与自己的一致，古瑞恩感到非常高兴。仅仅通过浮存金的投资，这家公司就大有可为。于是，巴菲特、芒格和古瑞恩慢慢开始买入蓝筹印花的股份，巴菲特不仅用个人账户买入，也通过合伙企业买入。

如果我们追溯蓝筹印花的来龙去脉，会发现这是个有点扑朔迷离的故事，但它对理解芒格、巴菲特和古瑞恩如何变得如此富有，以及伯克希尔-哈撒韦如何演变成今天的模样至关重要。蓝筹印花后来在巴芒的掌控下出面收购了喜诗糖果、《布法罗晚报》和威斯科金融，这三家公司后来都成为伯克希尔-哈撒韦文化积淀和财务基础的重要组成部分。

首先，讲述一下蓝筹印花的历史：在20世纪50—60年代，作为激励顾客的措施，零售商会向顾客免费发放各类印花。当时的印花有绿色、金色等不同颜色，蓝筹印花只是这个行业中的一家公司。零售商花钱向各印花公司买入这些印花，这些钱用于印花公司的运营以及购买顾客兑换印花时需发放的奖品。顾客在商店消费时每花1美元，就会获得一定数量的印花。他们将这些印花贴在本子上，积攒到一定的数量，就可以去兑换奖品。这些奖品包括儿童玩具、烤面包机、搅拌碗、手表以及其他物品，这些印花可以看作旅客积攒里程的前身。

因为印花需要积攒到一定的数量才能兑换奖品，而且在积攒的过程中有些顾客会把它们扔在抽屉里忘掉，从而不会去兑换，所以蓝筹印花手中积累的浮存金越来越多。到 20 世纪 70 年代初，蓝筹印花的年销售额达到了 1.2 亿美元左右（换算到 2000 年约为 4 亿美元）。与此同时，该公司的浮存金规模接近 1 亿美元。

这些印花非常受家庭主妇和零售商的欢迎，零售商喜欢它们是因为它们可以带来销售和利润的提升。S&H 绿筹印花是最早一批印花公司之一，但根据这家公司的规定，每个区域内每个行业只能由一家零售商代理，无论是单个杂货店、加油站还是药店。于是，另外 9 家零售商，包括雪佛龙加油站、节俭药店和加州重要的连锁杂货店，它们联合起来打算分一杯羹。1956 年，这些零售商联合创立了蓝筹印花，该公司由这 9 家零售商控制。其他零售商可以成为该公司的代理，但对公司业务没有发言权，也无权分享公司利润。后来，蓝筹印花发展迅速，成为加州最大的印花公司。但最终，令人意外的是，迎接它的是一项诉讼。一些小型零售商认为它们没有得到公平的对待，因此向法院起诉了蓝筹印花，声称它违反了反垄断法，小型零售商没有获得相应的权利。

1963 年 12 月，美国司法部对蓝筹印花及 9 个创始股东提起反垄断诉讼。经过 4 年的审理，于 1967 年 6 月原告、被告双方签署了一份和解协议，计划彻底重组公司，吸纳新股东以便公司不再完全受控于原来的几个创始股东。

根据法院的裁决，蓝筹印花被要求向创始股东之外的小型零售商发行大约621 600股新股。这些股票按照这些零售商在指定期间内的业务量，按比例配置。发行方案是：支付101美元可以获得3股普通股和一张价值100美元的债券。在此次发行的股票中，无人认购的部分会在公开市场上出售。此次新股发行占到了公司总股本的55%。为了能提供流动性，完成发行后蓝筹印花的股票可以在场外市场交易。

正是由于这些股票有了可以交易的市场，巴菲特回忆说："很多小型零售商拥有蓝筹印花的股票，对于这些股票在市场上的交易价格，我们认为非常便宜，所以积极买入。最终，芒格、古瑞恩和我控股了蓝筹印花。"

古瑞恩回忆说："我开始时买了8万美元，然后陆续加仓。"芒格的投资仓位与古瑞恩差不多。

芒格说："我们最终接管了蓝筹印花，整个过程以一种友好、渐进的方式进行，最终得以顺利完成。"

到了20世纪70年代初期，巴菲特的合伙企业成为蓝筹印花最大的股东，芒格是第二大股东，古瑞恩紧随其后。三人积累了足够的股份，这使得他们可以在蓝筹印花的董事会拥有足够的话语权。

古瑞恩说："蓝筹印花董事会的一些老人对新来的董事持怀疑态度，特别是对我们这些年轻气盛的家伙。芒格首先加入了董事会，然后说服他们接受我，最后巴菲特也被接受了。"

不久之后，他们对蓝筹印花的持股更是紧密地交织在一起。到1971年，巴菲特夫妇拥有蓝筹印花13%的股份，巴菲特持股36%的伯克希尔－哈撒韦持有蓝筹印花17%的股份，巴菲特持股42%的多元零售持有蓝筹印花16%的股份。此外，多元零售持有伯克希尔－哈撒韦的股份，芒格的合伙企业持有多元零售10%的股份以及蓝筹印花8%的股份，古瑞恩的合伙企业也持有蓝筹印花5%的股份最终，在购买了更多的蓝筹印花股份之后，随着惠勒－芒格合伙企业的清盘以及多元零售并入伯克希尔－哈撒韦，伯克希尔－哈撒韦持有的蓝筹印花股份达到了60%。此时，伯克希尔－哈撒韦、巴菲特和芒格一共持有蓝筹印花近75%的股份。

江河日下的印花业务

在接下来的几年里，印花业务依然是蓝筹印花的主要业务。1970年，公司的销售额达到了巅峰，超过1.24亿美元。但很快，印花这项业务的受欢迎程度开始下降。到1982年，公司的销售额降到了900万美元。到20世纪90年代末，仅剩几家保龄球馆还使用印花，蓝筹印花的年销售额仅剩20万美元。

巴菲特和芒格成为蓝筹印花的董事后，获得了该公司投资委员会的控制权，因此在印花业务逐渐失宠之后，投资委员会一直在努力提高蓝筹印花内部浮存金的价值。

在蓝筹印花所有的投资项目中，其中一项是对陷入困境的公司资源资本（Source Capital）的投资，蓝筹印花持有的股份足以成为该公司的第一大股东。这是一家于1968年成立的封闭式投资公司，由名声欠佳的“狂野派”基金经理弗雷德·卡尔一手创立。在当时的投资界，卡尔曾一度是个现象级的人物，但很快在70年代早期的股市动荡中被抛弃。当卡尔离开资源资本时，该公司的单位净值是18美元，但市场价格仅为9美元。这种情况很像业内的另一家基金公司，但在卡尔离开后，新任的投资经理非常有才能，他的投资心态与芒格和巴菲特很像。由于蓝筹印花购买了该公司20%的股份，芒格进入了董事会，他与管理层相处得很好。资源资本目前仍是一家独立的公司，在纽约证券交易所上市。在随后的几年中，芒格和巴菲特向这家公司推荐了不少客户。

巴菲特和芒格进行的大部分收购基本上都比较顺利，但也不是都能如愿以偿。1971年，在蓝筹印花试图收购《辛辛那提问询报》时，没承想半路杀出个程咬金，另一家公司出价更高。当时，《辛辛那提问询报》平日的发行量为190 000份，周末的发行量为300 000份。当时，大股东斯科瑞普公司正被迫出售这家报社，以解决美国司法部指控其垄断辛辛那提市场的问题。蓝筹印花出价2 920万美元，但被拒绝了。后来，《辛辛那提问询报》被甘尼特公司买走了。

到1980年，蓝筹印花的业务涉及五个领域：原有的印花业务、喜诗糖果、威斯科金融、《布法罗晚报》和精密钢业。

在蓝筹印花收购威斯科金融时发生了一些令人不愉快的事情，引发了美国证券交易委员会（SEC）的关注。这促使巴菲特和芒格重新审视自己的业务运营方式。

这一切始于 1972 年的夏天，当时一位证券经纪人向巴菲特和芒格提供了一个信息，称有人有意出让威斯科金融的大量股份。该公司总部位于加州帕萨迪纳，是一家储贷机构的母公司。威斯科金融的股价不高，大约十几美元的样子，不到每股账面价值的一半。巴菲特和芒格一致认为这是便宜货，于是他们通过蓝筹印花收购了威斯科金融 8% 的股份。即使是在蓝筹印花的早期，200 万美元的投资也不算一笔大投资。

次年，1973 年 1 月，威斯科金融的管理层宣布计划与另一家储贷机构——圣巴巴拉金融合并。巴菲特和芒格认为这次合并对威斯科金融的股东来说不合算，该交易要求威斯科金融的股东用自家被低估的股票去交换被高估的圣巴巴拉金融的股票。芒格和巴菲特认为，这笔交易对威斯科金融的股东来说并不是一笔好的交易。

巴菲特说："当我看到那些合并条款时，简直不敢相信。我将这些条款告诉芒格，他也难以置信，但它们都被写在了公告里。"

芒格想买入威斯科金融更多的股票以抵制这次合并，但巴菲特没有买入更多。最终芒格获胜，蓝筹印花在六周的时间内买下了市场上所有能找到的威斯科金融的股票，一共约 17% 的股份。按照相关规定，如果未获得监管机构的批准，他们不能购买超过 20% 的股份，而且寻找更多的卖方也需要时间。

芒格联系威斯科金融的 CEO 路易斯 · R. 文森蒂，询问他对一大批不满的股东有何想法。文森蒂并未表现出敌对的态度，他说如果蓝筹印花作为股东反对合并并能说服其他股东达成一致，芒格他们可以自由表决，决定是否合并的权力掌握在股东手中而不是他文森蒂手中。这种直言不讳的态度让芒格非常喜欢，他立刻对文森蒂产生了敬意，很快巴菲特也有了与芒格一样的想法。

如果要让股东投票否决合并，芒格和巴菲特就必须说服公司继承人伊丽莎白·彼得斯和她的兄弟们，让他们跟自己一起行动。这一大家子都住在旧金山，在纳帕山谷建有葡萄庄园。他们的父亲彼得斯在20世纪50年代创立了威斯科金融并使其成为上市公司，此时彼得斯家族仍然拥有公司的大量股份。作为后人，伊丽莎白当然也希望通过此次合并提振威斯科金融疲软的股价。

当时，蓝筹印花的总裁唐纳德·科佩尔试图说服伊丽莎白改变主意，但没能成功。接下来，巴菲特出场了。

巴菲特回忆说："我飞过去跟她谈了一次，来回只要一天时间，我们在旧金山机场美国航空公司的客户休息室里见的面。"

伊丽莎白坚持认为必须采取新措施来改善公司的业绩，巴菲特表示自己可以尝试。巴菲特的自信给对方留下了深刻的印象，但她问了一个问题，这个问题在伯克希尔-哈撒韦的成长过程中出现过不止一次。

伊丽莎白问："巴菲特先生，我可以采用你的方案，但如果你在街上的十字路口被大卡车撞了怎么办？那时谁来拯救威斯科金融？”巴菲特向她保证，称芒格会随时做好准备。

巴菲特说服了彼得斯家族一同反对这次合并，让他们继续持有威斯科金融的股票，并作为董事会成员，后来芒格也进入了董事会。这对彼得斯家族而言是一件好事，因为打算与其合并的那家公司后来破产了，而在巴菲特和芒格的帮助下，威斯科金融大获成功。

在成功阻止这次合并后，根据相关的规定，芒格和巴菲特对威斯科金融的持股上限为20%，现在只能再买入3%。他们一直提供每股17美元左右的价格，直到合并被取消。他们知道威斯科金融的股价短期内肯定会下降，尽管如此，他们依然保持每股17美元左右的出价，并认为这是公平的，因为是他们中断了合并。芒格说：“我们虽然在某些时候做了些古怪的事情，但这样做是正确的。”

经过一段时间的积累和跨越监管障碍的努力，之后蓝筹印花陆续进行了几次要约收购，并最终将其对威斯科金融的持股提高到24.9%。到1974年中期，蓝筹印花拥有了威斯科金融的大部分股份。芒格和巴菲特原本可以获得更多的股份，但在创始人彼得斯家族的要求下停在了80%这个水平。此时，彼得斯家族在公司股东名单上的持股仅次于第一大股东。巴菲特让代表彼得斯家族的伊丽莎白决定威斯科金融的分红政策，她设定的政策是每年略微增加一些分红。

美国证券交易委员会的疑心

在此期间，美国证券交易委员会（SEC，以下简称证监会）出于某种原因一直关注巴菲特和芒格的活动，并对威斯科金融的交易提出了一些质询。

芒格说："我一直怀疑是那些希望合并的人向证监会投诉了。"不过，他承认，蓝筹印花复杂的股权结构看起来的确令人怀疑。

芒格说："在证监会开始调查时，公司间的交叉持股情况的确有些错综复杂。这项调查是偶然事件引发的。社会情况很复杂，当时有很多人故意制造出复杂性来掩盖欺诈行为。于是在深入调查之后，监管机构最终将注意力集中在我们是如何将威斯科金融搞到手这一点上。人们一般会认为，**如果你将事情弄得很复杂，你可能是干了什么不可告人的事情**。"

事实上，巴菲特、芒格，在某种程度上还有古瑞恩，他们交叉地持有一些彼此关联的公司的股份，其复杂程度的确到了令人眼花缭乱的地步。这三人的投资一路走来，根据当时的各种情况，采取了在当时看起来合乎逻辑、公平合理的持股方式，但对于后来进行调查的监管机构而言，蓝筹印花的股权结构过于混乱，而且存在着法律问题。

监管部门关心的是，蓝筹印花是否以某种非法方式操纵了威斯科金融的股价。监管部门得出的结论是，芒格和巴菲特对威斯科金融股票的出价明显高于市场价格，并由此怀疑这样的举动具有某种先发制人的企图，而不是心怀善意的动机。巴菲特对这些质询做出了回应，向位于华盛顿的监管部门寄送了三大纸箱的文件、备忘录、股份转让书等资料。对此，巴菲特的反应很平静，倒是芒格显得有些不耐烦。

监管部门的调查行为对蓝筹印花的日常业务造成了负面影响。1974 年的秋季，芒格写信给律师查克·克里绍尔。他在信中说："我希望上述内容能满足证监会的所有要求。如果还不行，你最好直接给我打电话，以便尽快解决问题，让我们的收购圆满结束。"这说明调查已经对蓝筹印花的业务造成困扰，而芒格希望尽快解决这个问题。

在此期间，证监会对巴菲特的投资展开了全面的调查。卷宗的名称是《关于蓝筹印花、伯克希尔－哈撒韦和巴菲特的调查》，编号为 HQ-784。

卷宗这么记录着："蓝筹印花、伯克希尔－哈撒韦、巴菲特单独或与其他人共同行动……可能已经采取某些行为，这些行为涉嫌直接或间接地运用工具、计划或手段进行欺诈；包含非真实的陈述或有所遗漏……"

与此同时，在华盛顿不断有谣言流出，称芒格的前律所合伙人希尔斯已经被提名为证监会主席。同时，巴菲特的律师克里绍尔打电话给希尔斯，请求他拒绝这个工作机会，称如果他接受了这个职位，证监会可能会觉得有必要更加严厉地处理有关蓝筹印花的案件，以确保没有任何偏袒的嫌疑。一些报道称芒格多次打电话给希尔斯，责备他不帮老朋友，但希尔斯说芒格从未给他打电话。无论如何，希尔斯都认为克里绍尔的建议不合适，最终还是接受了这项工作。

证监会并没有停止对威斯科金融的调查，甚至将调查范围扩大到了之前提到过的资源资本。当巴菲特和芒格意识到他们的财务关系如此复杂，以至难以向证监会解释清楚时，他们决定重组公司，简化结构。于是，芒格解散了惠勒－芒格合伙企业，并以年薪5万美元出任蓝筹印花的董事长。巴菲特也关闭了自己的合伙企业，将主要精力转向了伯克希尔－哈撒韦。

1975年，芒格就蓝筹印花案向证监会作证，尽力说服证监会官员，称他和巴菲特之所以在两家公司合并计划破灭后依然提供比市价更高的报价，是为了展示他们公平竞争的诚意。对于这样的解释，证监会反驳说，公司管理层的工作是为股东赚取利润，而不是偏爱股市上那些匿名的卖方。芒格解释说，他和巴菲特希望显示出公正的行为，这样做有利于提升蓝筹印花在社会上的声誉，并最终使所有股东受益。芒格和巴菲特特别希望能给文森蒂留下良好的印象，希望他能留在原来的位置上，继续担任CEO，他在那个位置上已经干了很多年。但是这些想法并未获得证监会的积极反馈。

根据惯例，证监会针对蓝筹印花提起了诉讼，双方最终达成了和解。证监会指控蓝筹印花购买威斯科金融的股份不仅是为了投资，还为了挫败合并。证监会还声称，在合并计划破灭后的几周内，蓝筹印花人为托起威斯科金融的股价。在不承认也不否认有罪的情况下，巴菲特和芒格保证不再犯同样的错误。蓝筹印花被要求向经证监会认定受到损害的威斯科金融股东进行赔偿，支付的金额超过 115 000 美元。

并入伯克希尔－哈撒韦

这是一个充满压力的时期，但经此一役，结果也不错，它使得伯克希尔－哈撒韦成为一家规模更大、结构更简单的公司。在随后的重组中，蓝筹印花出售了所持有的资源资本股份，后者当时价格已经翻了一番。出于税收的考虑，威斯科金融与蓝筹印花合并，当时后者对前者的持股比例已经高达 80%。多元零售和蓝筹印花随后并入了伯克希尔－哈撒韦，经过一系列操作，最终，芒格持有伯克希尔－哈撒韦 2% 的股份，被任命为公司副董事长，年薪照旧，依然是 5 万美元。

德纳姆曾参与这一过程的部分法律工作。他说通过这样的重组，之前所有的利益冲突问题都消除了。在合并之前，蓝筹印花和伯克希尔－哈撒韦拥有不同的股东群体，当真正的投资机会出现时，的确存在将机会分配给哪家公司的问题。但现在经过重组，这种情况不再存在。

在合并之前，蓝筹印花的股东每年会收到一份由芒格编制的年报。在合并之后，巴菲特和芒格共同写一封给所有股东的信，指出："合并之后的企业管理会更加简单，可以减少成本。这样的简单架构也有助于我们自己更好地理解自己所做的事情，并由此提高业绩。"

两家公司合并时，伯克希尔－哈撒韦持有蓝筹印花 60% 的股权。1983 年 7 月 28 日，伯克希尔－哈撒韦收购了蓝筹印花剩余的 40% 股权。合并的条件是，每股蓝筹印花的股票兑换成 0.077 股伯克希尔－哈撒韦股票。

合并后两家公司的总资产达到 16 亿美元。奥马哈以前有个红狮酒店，股东们在那里召开会议，批准了新的组织架构。尽管巴菲特夫妇的持股比例足以单独影响此次合并事宜，但他们还是告诉其他股东，只有在大多数其他股东同意合并后，他们才会投票。

多年以后，芒格说这次合并是正确的决定。他说："合并之后事情变得简单多了，我们的结构变得非常简单。在公司的最高层面，伯克希尔－哈撒韦是一家大公司，但在组织架构的底层仍然存在一些复杂性。有些公司我们持股 100%，有些公司是 80%，而有些公司只是持股比例较大而已。"

当芒格回忆起这些，他觉得很有意思的是，在当初不到 4 000 万美元的基础上创造了数十亿美元的财富，而这个过程涉及的重大决策并不多，三年不足一次。他认为这证明了一种独特的思维方式的优势：**不为行动而行动，而是将极度的耐心与极度的果断完美地结合在一起**。

对于芒格在解决蓝筹印花各种问题中所做的贡献，芒格的继子哈尔有着高度的评价。他说："芒格在早期做出了非常艰难的决策，其他投资者当时仍然属于捡烟蒂的风格。你知道，他们一直在廉价的资产上寻找机会，而芒格帮忙解决了这些问题。"

芒格自嘲的 99.99% 的失败

芒格在 1981 年给蓝筹印花股东的信中写道："我们在 20 世纪 70 年代初的时候只有一项业务，也就是印花交易，但这项业务注定会下滑，最终只剩下业务达到巅峰时的一小部分。此外，公司还有一个投资组合，用以抵消赎回印花的相应负债。当时这些组合是由公司前任投资经理建立的，如果一直持有至今，结果会是灾难性的。"

关于蓝筹印花最初的业务，芒格说："我主导的印花交易销售额从曾经的 1.2 亿美元降到不足 10 万美元。所以，可以说我主导了 99.99% 的失败。即便如此，我们在其他方面的投资表现非常不错。但就蓝筹印花本身的业务而言，我的确是失败了。这个行业的整体情况都不好，不只是蓝筹印花一家，其他公司也一样，现在美国已经不存在大的印花公司。"

芒格说："当然，我们当初也没指望印花业务会取得多大的成功，但没想到它最终真的完蛋了。但在这个过程中，我们买下了喜诗糖果、《布法罗晚报》和威斯科金融，并且还用公司的浮存金以及其他资本成功地进行了股市投资。我们赚到了很多钱，钱像疯了一样以复利增长。”

1972年，蓝筹印花的净资产约为4 600万美元；到1981年底，十年间，净资产已增至1.69亿美元左右，增长了267%。在这十年里，公司股东的年化回报率达15%。

根据芒格的说法，之后的收益更加惊人。如果蓝筹印花依然是一家独立的公司，那么今天它也会是一家非常强大的公司。它原来的那些子公司现在每年税前利润超过1.5亿美元。此外，威斯科金融拥有超过20亿美元的股票投资组合。总之，如果蓝筹印花至今仍然是一家独立的公司，它本身也会价值不菲。

虽然蓝筹印花已经并入伯克希尔－哈撒韦，但它仍保持了完整的公司架构。今天，当人们在抽屉的深处搜寻，或是打开已故先辈的盒子或箱子，发现当年保存下来的贴有印花的本子时，他们仍然可以拿着去蓝筹印花兑换奖品。

巴菲特解释道：“大多数印花公司已经消失，但蓝筹印花仍然存在，只不过印花交易已经变成一项微不足道的业务，现在依然兑换1961年和1962年发行的印花。这些印花都已经是几十年前发行的了。我们不但保留着这家小小的印花公司，还有一本印刷精美的印花图册，公司现在提供的服务与几十年前一模一样。”

巴菲特和芒格决定，只要他们认为还有大量未兑换的印花有可能出现，蓝筹印花就一直会存在。此外，让他们感到很有趣的是，如今伯克希尔－哈撒韦已经成为那些利润微薄的小型零售商的重要投资。

提起这事，芒格饱含幽默感地回忆道："很多年前，在巴菲特和我买进蓝筹印花的股票之前，公司曾向一些加油站老板分配股票，数量并不多，主要是用来解决小型零售商对公司的反垄断诉讼。我太太经常去一家店修车，她提醒对方要好好保管这些股票。最近，当她再去时，才刚下车，那个老板竟然上来拥抱她表示感谢，因为大赚了一笔。所以想想这个案例，也许我们应该再去投资一个日薄西山的行业。"

******

证监会对巴菲特、芒格的调查终于落下帷幕，但伯克希尔－哈撒韦与蓝筹印花的问题未完全得到解决。二十多年后，有一小部分持有者忽然发现自己忘记了或不知道竟然拥有这样的股票，错过了这么一个发财的大机会。这些人就是在20世纪70年代获得蓝筹印花股份的一些加油站老板和其他小企业主。

这些人声称他们的股票在转换时原始记录丢失，他们不知道自己现在是伯克希尔－哈撒韦的股东。根据相关的法律，像这样没有登记的股票在一定时间内无人认领后会被收归国有，伯克希尔－哈撒韦的情况也属此类。在某些情况下，州政府会一直持有这些股票，伯克希尔－哈撒韦的股票在此期间则增值了近百倍。在另外一些情况下，有些州政府已经出售伯克希尔-哈撒韦的股票，并以蓝筹印花原始股东的名义持有这笔钱。

1993年，加州通过了一项法律，允许该州通过出售未被认领的股票来节省管理成本。然后，该州将资金存放在具有编号的信托账户，以便未来有人前来认领。1995年11月，加州政府以每股31 177.77美元的价格出售了所持有的所有伯克希尔-哈撒韦股票。当蓝筹印花的这类股东了解到发生的情况（在赏金猎人的帮助下）并提起诉讼时，伯克希尔-哈撒韦的股价已经达到37 950美元。

在纽约和圣迭戈有分部的律师事务所MWBHL（Milberg, Weiss, Bershad, Hynes & Lerach），以代表股东集体提起诉讼而著称，该事务所起诉伯克希尔-哈撒韦当年未尽勤勉之责以最大的努力寻找400位早期的蓝筹印花股东，未能告知他们现在拥有伯克希尔-哈撒韦的股份。该事务所提出的解决方案是，希望这些股东得到股票的增值部分作为相应的补偿。

这些人包括在加州拥有加油站并销售石油产品的原告约翰·E.德威特。这位61岁的老先生住在南埃尔蒙特，他说："问题是他们本应寄封信让我知道这件事，我们家自1972年以来一直住在同一个地方，没有搬过家。"

虽然芒格和巴菲特夫妇没有被列为被告，但是他们在诉状中均被提及。

对此，巴菲特说，在某些情况下是因为这些股东忽略了信件。他说："没有小商家受到不公平对待这样的事，最终，他们都拿到了钱。他们只是因为州政府出售伯克希尔-哈撒韦的股份而感到气愤而已。我们甚至找到了在20世纪30年代就持有伯克希尔-哈撒韦股份的股东，他们现在都已经是百万富翁了。”

法院最终驳回了这些人的请求，原因是诉讼时效已过。即使该诉讼得以进行到底，伯克希尔-哈撒韦也可能没有责任。有些股票在伯克希尔-哈撒韦收购蓝筹印花之前就已经被“遗失”，对于无人认领的股票，伯克希尔-哈撒韦也已经按照规定采取必要的程序。

对于这种情况，芒格说：“总是会有股东失联，也就是与办理过户的证券经纪公司失去联系，这也就是所有先进的国家都有充公法的原因。相对而言，伯克希尔-哈撒韦比大多数公司付出了更大的努力，推动证券经纪公司去寻找那些失联的股东。”

******

正如先前所暗示的那样，巴菲特、芒格和威斯科金融CEO文森蒂之间的关系如巴芒所希望的那样进一步发展。文森蒂曾是加州帕萨迪纳最好的商业律师之一，后来成为他最佳客户的CEO。芒格评价说：“他非常聪明、有原则、果断、节俭。他担任CEO多年，非常热爱这项工作，我们都非常喜欢他，所以让他继续担任CEO。威斯科金融的创始人家族也很高兴参与了这个不同寻常的决定。他一直坚守在这个岗位上，直到他后来因患上阿尔茨海默病而无法继续工作。”

******

在由蓝筹印花股东变为伯克希尔 – 哈撒韦股东的人中，包括传奇投资人菲利普 · L. 卡雷特（Philip L. Carret）。他自 1968 年起就持有蓝筹印花的股票，并以约每股 400 美元的价格转换为伯克希尔 – 哈撒韦的股票。他从事投资管理长达 78 年之久，创建了先锋基金。这是第一批最成功的共同基金之一，该基金在 1928 年至 1983 年经历了各种经济环境的挑战，取得的年化回报率为 13%，而同期标普 500 指数的表现为 9%。

卡雷特生于 1896 年，于 1998 年 5 月 28 日去世，享年 101 岁。就在离世前一年，他还参加了伯克希尔 – 哈撒韦在奥马哈的股东大会。尽管他必须坐在轮椅上，但他每天仍花很多的时间与其他股东聊天。他在去世前两周仍在工作，到生命的最后一刻思维依然清晰。

不要和猪摔跤

从开始购买蓝筹印花的股份，到将其并入伯克希尔 – 哈撒韦，在整个过程中，巴菲特和芒格逐渐巩固二人之间的合作关系。他们之间从未签过一份条款繁复的合同，他们的合作是在信任的基础上不断前进的。

对此，芒格的女儿温迪说：“对于我们这些律师而言，父亲的商业生涯经验就是，**不要与你不信任的人打交道**。如果没有信任，经济条件如何都是毫无意义的。大多数人只会考虑经济利益，认为合同可以保护他们在与不可信任的人进行交易时的权益。但是，你应该和品质高尚的人打交道，只有这样才能建立互信的关系，这就是他的经验。”

芒格发出了这样的评论：“**千万不要和猪摔跤，否则，你胜之不武，它乐此不疲。**”

第 11 章
来自喜诗糖果的经验

Charlie Munger

一般来说，如果一种社会体制给予那些不思进取的人丰厚的回报，那么我不赞成这样的体制。当然，你可以理解成我是在说我自己，我只能说这的确意有所指。

——查理 · 芒格

其乐融融的大家庭

镜头转向芒格一家人相聚的温馨画面，那是一大家子第一次在明星岛别墅大厅共进晚餐的场景，这个新建的大厅是那些成年子女合作设计的，由老爸慷慨出资建造。随着家族的不断壮大，连同配偶和孙辈加在一起人数非常可观，这样一来，找到一个让大家都能聚在一起共进晚餐、玩游戏，或者只是简单围着壁炉聊天的空间越来越不容易。别墅里的这个大厅非常适合家族大聚会，巨大的大理石壁炉之上是高高的开放式天花板。大厅的一侧有一张标准尺寸的台球桌，它已经被孩子们围起来。两张长长的宴会桌供成人用餐，还有一张小的餐桌供孩子们使用。像很多晚上一样，芒格家的青少年可以决定在其他地方共进晚餐，他们在泊船码头一端支起餐桌，开始了自己的派对。湖边很凉爽，虫子也不多，更重要的是没有父母的打扰。

大厅里，人们为新建筑的落成举杯欢庆，感谢所有通过传真、电子邮件和电话参与规划的人。这里宽敞明亮，还有小厨房和第二餐厅或工作室。晚餐是自助餐形式，有各种烤肉、新鲜的奶油玉米、烩饭和沙拉，甜点是冰激凌。大多数人会把手盖在酒杯上，以防有虫子掉落，那些没有这样做的人则有时会吃到一口小飞虫。不过这并不重要，总之，大家都非常愉快，聊得很尽兴。

女儿莫莉坐在父亲身旁，轻声感谢父亲为了能让全家聚在一起而耗资不菲，她尤其感谢有这么一个美妙的大厅。芒格一直看着前方，没有回应她的话，也没有眨眼。

莫莉再次轻声地问："您听到我说话了吗，爸爸？""嗯，听到了。"芒格喃喃自语，继续直视前方。

突然间，一个孩子拿来一盒喜诗糖果，这是之前从厂家直接运过来的。客人们围着盒子开始翻找，寻找自己喜欢的奶心或焦糖巧克力，但在拿到后他们都收了手，不敢贸然打开。在场的家人和客人都太有礼貌了，都知道要克制，但还是有些人忍不住跃跃欲试。妻子南希从桌子的另一头对着她的丈夫喊道："查理！查理！"她转过头对正吃晚餐的伙伴说："他从不听我的话。"接着，她大声喊道，终于引起了他的注意："查理！查理！你讲一下关于那些管子的故事。你给大家讲一讲喜诗糖果工厂里的那些管子。"

此刻，芒格讲了一个关于喜诗糖果的小故事。有一次，喜诗糖果聘请了一名有糖果行业经验的员工，经理带着这名新员工去参观制作糖果的现场。"这名新员工四处看了看，然后困惑地问经理水管在哪里。这名新员工只找到两根管子，一根上面写着'奶油'，另一根则标着'鲜奶油'。当他得知制作喜诗糖果不需要用水时非常惊讶，因为按照他之前的工作经验，制作糖果都需要用水。"

喜诗糖果的故事

在庆祝创立 75 周年的时候，喜诗糖果在洛杉矶举办了一个午餐会，现场人群中出现了两位令人惊喜的访客。他们中的一个穿着白色连体工作服，戴着护目镜和古董皮革头盔，骑着哈雷摩托驶上了舞台，背景色是喜诗糖果在 20 年代的标志性黑白底色。当这名驾驶员跳下摩托车、摘下帽子、脱下工作服后，另一个人从摩托车的挎斗里跳了出来。在观众的欢笑声中，大家这才发现原来司机是巴菲特而乘客是芒格。

面对喜诗糖果的员工、供应商和客户，芒格一如既往地诙谐。他说："今天特别高兴能来到这里，因为这使我看起来比实际年龄更加年轻。如果把一个家伙像弹簧一样按住，并放到一个狭窄的容器里，他会像孩子一样弹出来。当我被按压在那个容器里的时候，我想到了我最喜欢的比喻，就像老鼠说'让我出来，我不要那块奶酪了'。在这世上，有无数的商业陷阱。你可能变得马虎、自我膨胀、自以为是，或者不了解自己的局限性，有太多的方式会导致失败。喜诗糖果是由一位 71 岁的女士创立的，随着公司生存和繁荣，一路走来避开了很多陷阱。这是一个惊人的案例，我真的非常喜欢她。"

芒格接着说道："普通的糖果公司开设太多的门店，到了七八月夏季时需要负担巨大的开支，即便到了圣诞节的旺季也难以收回成本。但喜诗糖果一直以来都非常明白自己应该怎么做，这是一件很不容易的事情。顺便说一下，这对员工来说也是一个考验，因为圣诞节期间门店会非常忙碌，但这也正是喜诗糖果成功的秘诀之一。”

芒格说：“当然，追求优质的产品和服务是喜诗糖果的核心竞争力，公司有许多长期客户和供应商。你找到那些质量过硬、值得信赖的供应商，是因为他们值得信任，你对待自己的客户也是同样的方式，如此一来，你就会成为一个严密的信任网络的一部分，这就是这个世界应有的运作方式。这应该是一个好榜样，更应该是一个国家或一种文明正确的运作方式。我们有幸较早基于健全的文化建立起联系。这么多年，喜诗糖果的存在就是本杰明·富兰克林商业哲学的鲜活再现，非常了不起。”

对于糖果公司而言，夏季通常不是旺季，因为没有以糖果为主题的节日。公司位于洛杉矶拉西安加大道的工厂，在夏季期间员工数量减少到 110 人左右。但在冬季，从圣诞节到复活节是繁忙的时段，那时员工的数量会激增到 275 人以上。

喜诗糖果的很多员工会干很久，甚至会干一辈子，其中很多人是西班牙裔。喜诗糖果以拥有家庭氛围为傲，公司允许母亲、女儿、外孙女，丈夫、妻子，兄弟姐妹一起工作。南部工厂有 40% 左右的产能，主要集中在硬糖上，其余的产能位于旧金山的工厂。工人按小时计酬，并获得由工会——面点行业工会——提供的全面健康福利。喜诗糖果有数百名工人，他们有的已经在公司工作15年甚至更久。1999年，在洛杉矶的颁奖晚宴上，有21名工人因工作年限达30年甚至50年而被授予长期服务奖。

喜诗糖果的座右铭是“质量优先”，这对于芒格来说可比饭后甜点更令人暖心。收购喜诗糖果可以说是芒格和巴菲特最早的合作，也是他们最早的直接收购活动之一。但最重要的是，投资喜诗糖果的经历给芒格和巴菲特上了特殊的一课，使他们的投资风格发生了重大改变。

1972年，巴菲特和芒格利用蓝筹印花的浮存金，以2 500万美元的价格收购了位于洛杉矶、规模不大的喜诗糖果，但这对巴芒而言是重要的一步，这是他们迄今为止进行的最大一起收购案。

这在当时的加州也是一个大新闻，喜诗糖果黑白底色鲜明的店铺已经成为当地文化的一部分。

1921年，71岁的玛丽·喜诗在洛杉矶开了一家小小的社区糖果店，在这个过程中她得到了儿子查尔斯·喜诗的帮助。

查尔斯曾在加拿大做过药剂师，但在他的两家药店被森林大火烧毁之后，转行开始做巧克力销售员的工作，梦想着有朝一日使用母亲开发的配方创办自己的糖果公司。1921年，父亲离世，他带着全家从加拿大搬往加州帕萨迪纳，这是位于洛杉矶附近的一个美丽精致的小镇，从此喜诗家族就在这里扎下了根。20世纪20年代，洛杉矶是一个生气勃勃的拥有50万名居民的城市。但在这里发展对喜诗家族而言并不容易，因为从事糖果制作这一行的竞争对手有数百家之多。于是，查尔斯和他的伙伴杰姆斯·W. 瑞德一起，决定专注于用高质量的产品来建立声誉。

1929 年，股票市场大崩盘，大萧条接踵而至，喜诗糖果被迫将产品的售价从每磅 80 美分降到每磅 50 美分。查尔斯说服了房东降低租金，因为对房东而言低租金总比没租金要好。低租金让喜诗糖果度过了艰难时期并存活下来。与此同时，眼见很多同行陆续破产，查尔斯看到了扩大市场份额的机会。公司的第二次危机发生在二战期间，当时食糖的供需非常紧张，以至实施了配给制度。喜诗糖果决定用分配给公司的原料生产尽可能多的高质量糖果，而不是处心积虑地以次充好。闻讯而来的顾客经常会在街上排起长队，购买供应有限的巧克力糖果。一旦当天备的货卖完，店铺就关门。但无论何时关门，哪怕是提前关门，员工都会得到全天的工资。这种无意间的排队长龙被证明是一个明智的营销策略，因为等待的人群大大增加了喜诗糖果的人气。

1951 年，喜诗糖果成立 30 周年，在这一年，后来成为喜诗糖果 CEO 的查克·哈金斯加入公司。当时，公司总部在洛杉矶，但哈金斯的起步是从旧金山的工厂开始的。

哈金斯第一次去旧金山是在 1943 年，当时他是去度假，还未作为伞兵部队的一员远赴欧洲。哈金斯由此爱上了这座城市。他回忆说："我说过，如果我能平安从战场上归来，那座城市就是我理想之选。"他成功了，后来他去肯扬学院学习，毕业之后搬到了旧金山。后来，他得到了斯坦福大学就业办公室的推荐，在喜诗糖果谋得了一个职位。

在公司，哈金斯被派往各个部门轮岗，甚至还体验了如何制作巧克力。工作上的第一个重大转机出现在包装管理部门，当时那里的员工认为有些事情不合情理，但找不到人来反映情况。这时，哈金斯来了，他听取了员工的意见，并改进了相应的流程。就这样，哈金斯逐渐被赋予更多的职责。

收购喜诗糖果

玛丽的孙子哈里·喜诗在哥哥去世后接管了公司，此时哈金斯被赋予扩大公司业务的责任。哈金斯说新老板“是一个非常注重享受生活的人，他在加州纳帕山谷建了葡萄庄园，还喜欢到世界各地旅行。接手公司之后，过了一段时间，他决定卖掉公司，拿到现金。我是这件事情的协调员和联络人”。

哈金斯回忆说：“我们是在 1970 年春开始处理公司转手事宜的，有几个非常认真的买家，比如来自夏威夷的一家大型糖果公司，拥有 C&H 和其他品牌。喜诗家族想要的价格相当高，使得这几个买家都望而却步。”

有一家公司开始深入进行尽职调查，仔细审核喜诗糖果的方方面面，包括它的众多合同，甚至连哈金斯本人都认为他们过于小心谨慎了。“就在午夜前一刻，也就是签署购买协议的前一天，他们退缩了。除了浪费我的精力之外，没有任何损失。但他们都挺好的，我们甚至还保持了多年的联系。”哈金斯说。

大约是在那个时候，蓝筹印花的投资顾问罗伯特·弗拉赫蒂听说了这家顶级糖果公司在出售的消息，于是联系蓝筹印花的执行官威廉·拉姆齐。拉姆齐对购买喜诗糖果热情高涨，于是就直接在弗拉赫蒂的办公室给巴菲特打电话。

巴菲特说：“什么？是个卖糖果的公司？我不认为我们打算进军这个行业。”

正说着，不知道为什么，电话突然挂断了。两人赶忙回拨。最后，在秘书拨错号码并经过几分钟的等待后，他们重新接通了电话。但还没有等他们开口，就听到巴菲特大声说道：“我正在看这家公司的数据，现在我愿意出个价。”

1971 年 11 月，巴菲特飞过去拜访了哈里。

根据哈金斯后来的回忆，哈里喜欢夏威夷。“我们正准备在那里开设第一家店。我往返于火奴鲁鲁和美国大陆之间。有一天，我接到他的电话，他说‘我们有一些非常认真的潜在买家。我想请你回来帮我一起谈’。于是，我们约好在感恩节之后的周六见面。”

哈金斯匆匆赶了一班飞机回到洛杉矶的酒店参加会议。老板哈里、CEO 艾德·佩克以及一位律师已经等候在那里。当芒格、巴菲特、古瑞恩和投资顾问弗拉赫蒂一起走进房间时，这是哈金斯第一次见到他们。

哈金斯说："我们坐下来谈了几个小时。老板哈里先向大家介绍了伯克希尔－哈撒韦是一家什么样的公司，但我们没什么感觉，每个人都以为它是一家生产衬衫的公司。也没人知道在这一行人当中芒格是干什么的。古瑞恩可能与房地产开发有关，他与蓝筹印花有一些关系。但不管怎么样，巴菲特在现场说了不少话，芒格会不时地插话发表一些观点。古瑞恩倒是很安静，一言不发。谈判达到了一定的火候。很显然，对于考虑收购喜诗糖果他们是认真的。现在有两件事情需要解决：一是价格，二是如何经营这家公司。巴菲特说：'哈里，我们需要私下商量一下价格。'然后，巴菲特对哈里说：'如果我们收购了这家公司，我们不会经营公司，我想要知道可以由谁来负责这家公司的经营。'"

喜诗糖果当时的 CEO 佩克正打算退休，所以这成了一个难题。"哈里看了看房间里的人，看到了我，说：'那就查克·哈金斯吧。'就这样。巴菲特说：'那好吧。'芒格、古瑞恩和我想着明天再进一步交流。"

哈金斯在此之前已经有了一些经验，这一切多亏了那个在最后一刻退出的买家。他知道，老板哈里已经向潜在的买家介绍了喜诗糖果的所有长处和优势。

哈金斯说："我事先做了一些准备，想了想公司到目前为止都做了些什么。我打算告诉他们我认为存在的所有问题，我们正在解决的问题，我对竞争对手的看法，以及那些可能不利的东西。总之，我提供给了他们一个关于我认为存在的问题以及解决方案的列表。”

哈金斯回忆道：“巴菲特非常冷静，非常实际；古瑞恩一直没怎么说话；芒格会自发地发表意见，无论被问及与否。巴菲特和芒格有时会同时讲话，这会给我一些启发。他们三人我都喜欢，他们没有吹嘘自己的成就。我知道芒格以前好像是一名律师，这也被证实了。巴菲特就像一位老朋友，而芒格则像一位大学教授或最高法院的首席大法官。我对古瑞恩的感觉是他对所有的事情都很有见地，除了这件事情，他似乎与那两个人完全没有关联。他看起来似乎并不严肃，但他其实是非常严肃的人。”

巴菲特向哈金斯解释说，必须先完成收购事宜。“如果成功，我们有几个打算。首先，我们希望你作为喜诗糖果的总裁和 CEO 负责日常运营。其次，我们不希望喜诗家族的任何成员留下来，其中有些人已经在公司工作很长的时间。你可以与这些人谈谈条件，他们可以另寻他路。”

哈金斯说巴菲特和芒格希望自己能全权负责，正如巴菲特所说：“我们希望你维持公司一贯的道德标准和行为准则。”

喜诗家族的要价是 3 000 万美元，但是由于喜诗糖果的账面价值远低于此，巴菲特和芒格决定出价不超过 2 500 万美元。他们谈崩了，但最后哈里打电话回来接受了 2 500 万美元的出价。芒格和巴菲特于 1972 年 1 月 3 日买下了喜诗糖果，支付的价格为账面净资产的 3 倍。他们从未做过这样的事情，从未出过这么高的价格。

哈金斯说："我当时想，芒格住在西海岸的汉考克公园，巴菲特要回中部的奥马哈。"他担心自己将来要如何与这些新老板沟通。

巴菲特告诉哈金斯，他知道到这时正值喜诗糖果业务最繁忙的时期，因为该公司超过一半的利润是在圣诞节期间产生的。巴菲特说，节日结束之后再会面，讨论下一步的计划。

哈金斯说："我们握了手，那是圣诞节前的最后一次会议，我仍然不能确定巴菲特是个怎样的人。我依然没有弄清楚。"自那时起，哈金斯开始了解很多有关芒格和巴菲特的事情。

哈金斯说："正式的签约日是1972年1月31日。"大约一个月之后，芒格和巴菲特再次来到办公室。"我坐在桌子前，他们两个坐在我面前。巴菲特提问题，芒格会做一些补充。"

哈金斯对喜诗糖果的新老板感到非常乐观。"我有一种强烈的感觉，我们是世界上最幸运的人。巴菲特让我想起一个我非常敬重的人——威尔·罗杰斯。巴菲特温和、可信、绝顶聪明，就好像他经营过一个和我们一样的企业。芒格也类似，但我对他有点戒心。他非常绝对，目光如炬。巴菲特会留给你一些空间去发表意见，但芒格就是列举1、2、3、4，钉是钉铆是铆。不过我习惯了这样，这就是他的风格。"

不过，哈金斯也意识到不能小看芒格。"如果你试图让芒格改变立场，你会白白浪费时间。他会怒气冲冲地摇摇头，然后你就会忘记任何争论。"

巴芒的管理风格

哈金斯说："当蓝筹印花拥有喜诗糖果的时候，很明显巴菲特、芒格和古瑞恩就是老板。我问道：'如果你们以后都不到现场，你们希望我如何与你们沟通？'巴菲特说：'继续做你一直在做的事情就行。如果出现危险信号或问题，请立即告知我们，但你只需要让我们知道有关情况，应对办法还是需要你自己想。'他说：'如果你能在喜诗家族的基础上继续发扬光大，那就更好了。'"

接着，巴菲特谈到了喜诗糖果的糖果业务。他说："你们的价格明显低于市场价格。"

尽管哈金斯对喜诗糖果的易手乐见其成，但他依然会面临一些问题。首要挑战是说服那些忠诚的客户，让他们相信在新老板的手中喜诗糖果会一如既往，不会改变。

1972 年，当相关交易在报纸上公布时，人们得知是蓝筹印花买下了喜诗糖果。哈金斯回忆道："人们对蓝筹印花并没有太多的好印象，它刚经历了反垄断诉讼，声誉多少有些受损，这给我们那些最忠诚的客户留下了不佳的印象。在 1972 年和 1973 年，我花了很多时间与关心此事的客户打交道。他们很生气喜诗家族卖掉了公司，让喜诗糖果落到了会毁掉它的公司手中。突然之间，我们收到了很多恶意邮件，人们声称糖果的味道变了。”

喜诗糖果的长期客户习惯了在店里体验到的温馨感觉，他们几乎陷入了不安当中。他们涌到当地的门店表达自己的关切，这反过来又让员工感到不安。

哈金斯在公司通讯中写道：“这似乎是我们公司51年的历史中最深刻的变革时期。然而，仍有更多的东西没有改变。我们将不会改变与员工或客户的关系，我们希望在前进的过程中不丧失任何对产品制作至关重要的因素。”他花了将近两年的时间才渐渐平息了因公司易手而引起的骚动。

在这些混乱消退之后，喜诗糖果开始进军密苏里、得克萨斯和科罗拉多等州外市场，甚至远至中国香港。它还参加了1982年在田纳西州诺克斯维尔举办的世界博览会，参展取得了巨大的成功，喜诗糖果顺势在该地区开设了一家专卖店。

20世纪80年代，一场经济衰退也影响了喜诗糖果，许多位于州外的店铺被关闭。这样一来，遥远地区的客户只能通过公司的产品目录和电话进行邮购。

在这一时期，各种工会也带来了一些麻烦。零售业员工工会曾4次试图组织喜诗糖果的销售人员要求支付高于工会标准的工资，但喜诗糖果成功地挫败了这些尝试。稍后，喜诗糖果与卡车司机工会发生了冲突，但在专业劳工谈判人员的帮助下，公司得以取消合同并将运输工作交给一家私人卡车公司负责，后者重新雇用了喜诗糖果的大多数资深司机。

同业竞争也是存在的。有一段时间，一家来自中西部的糖果公司对喜诗糖果发起了攻势。

哈金斯回忆说："1973 年，来自密西西比州的拉塞尔·斯托弗糖果公司开始大力扩店。这家公司原本是通过其他零售商进行销售，但这次决定直接与喜诗糖果展开竞争，并打算在我们的市场上击败我们。他们开设了一家外观看起来与公司的糖果店毫无区别的店铺，叫作斯托弗夫人，他们还复制了我们的形象并试图抢占我们的市场份额。当然，我向芒格和巴菲特报告了这件事情。"

对此，芒格表示："如果他们在任何方面侵犯了我们的商标，我们可以采取行动。"

"接着，芒格给了我很多的指导，并告诉我该注意哪些方面。"哈金斯说道。

接受了芒格的建议后，哈金斯雇了一位摄影师，并告诉他要拍摄对方店内看起来与公司商标形象相似的物品，例如方格地板、窗户上的格子以及墙上的老式照片。

"芒格对我说，'我想让我原来律所的一个合伙人处理这个案子，这个合伙人是位女士，她在加州，现在在加州大学洛杉矶分校教授法律。我会安排她处理这个案子，我希望你能到我的办公室见见她'。芒格提到的那个合伙人就是卡拉·安德森·希尔斯。我见到了她，也很喜欢她。我大约花了 30 分钟的时间就认定她的性格和芒格的性格一样。"

那是怎样的性格呢？哈金斯说："勇往直前。"他说的同时在空中打了一个响指。"这很有趣。结果是，芒格威胁要动用所有的法律手段，这吓坏了对方。于是，他们收了手，同意不再开设任何相似的店铺，过了一段时间也改变了已有店铺的装修风格。”

喜诗糖果的竞争优势之一在于它是市场领导者。芒格说：“在某些行业中，市场会向一家具有压倒性优势的公司倾斜，这往往导致赢家通吃的现象。规模优势是如此之大，以至当杰克·韦尔奇进入通用电气时，他就说‘我不管那么多，我们要么成为所在每个领域的第一或第二，要么退出’。这是一个非常坚决的决定，但我认为这是一个正确的决定。如果你正在考虑使股东的财富最大化。”

在那段时间里，哈金斯得出的结论是，芒格是一个非常务实的人。他说：“富兰克林的格言说得对。芒格的确是一个非常老套的人，除此之外，你还能要求什么呢？”

哈金斯说，竞争问题花了几年时间才得以解决，但是还有其他困难。例如，在理查德·尼克松总统实施工资和价格管控期间，公司不得不以不同的方式运营。

随着这些早期遇到的问题得以解决，喜诗糖果的运营渐渐步入正轨，芒格和哈金斯在一起交流的时间也减少了。哈金斯说：“在过去的 10 年中，我们个人的直接接触减少了，我很怀念那样的时光。我现在定期与巴菲特通话，我们每隔 10 天左右通一次电话。他之后会与芒格交流意见，我不需要同时打两个电话。”

小而美的喜诗糖果

在 20 世纪 90 年代，喜诗糖果开始更加谨慎地扩张业务，不再新设店铺，而是在机场以及百货商场和其他商店设立专柜。

到 20 世纪末，喜诗糖果在美国大约运营着 250 家店铺，店铺的装修风格是以黑白为底色，其中三分之二的店铺位于西海岸的加州。公司每年销售 3 300 万磅糖果，超过 7.5 万磅糖果通过公司网站销售，公司也提供免费的电话订购服务。公司 1999 年的销售额为 3.06 亿美元，税前营业利润为 7 300 万美元。

每年 5 月，伯克希尔 - 哈撒韦的股东大会都会在奥马哈举行，虽然不像年末的节日购物季那样繁忙，但对喜诗糖果而言那仍是重要的一天。哈金斯说："我们在 1999 年的股东大会上卖出了 40 000 美元糖果，巴菲特以此为傲。"

******

谈到喜诗糖果，芒格会说："哦，喜诗糖果，我想起来了，当年我们以高于账面价值的价格收购了它，它很成功。相对而言，连锁百货店霍希尔德 · 科恩是以低于账面价值和清算价值的价格被我们收购的，但却没有成功。这两个案例帮我们转变了思维方式，即**为更好的企业支付更高的价格**。"

当收购喜诗糖果时，芒格和巴菲特的投资风格仍然是买入便宜货。但随着他们不断学习和事业的发展，改变是必要的。芒格说："你以前可以在粉单市场上四处寻找投资机会，那里是个较少有人涉足的世界，可以找到很多机会。"

蓝筹印花能够以合适的价格买下喜诗糖果，完全是出于幸运。芒格将这归功于阿尔·马歇尔在最后关头帮忙做出了正确的决策。

每当回忆至此，芒格说："如果当时他们想多要一点，比如额外的100 000美元，我们就不会买了。我们那时实在是有点傻。"

即便如此，巴菲特表示："当我们收购这家企业时，除了喜诗糖果本身，几乎没有人有过销售盒装巧克力的成功经验。我们想知道为什么会这样成功，以及这种成功是否可持续。"

当喜诗糖果成为一家卓越、持续盈利的企业时，芒格和巴菲特意识到，购买一家好的企业，并让它自主运营，比购买一家价格非常便宜但陷在泥潭中苦苦挣扎的企业，并花费更多的时间、精力甚至资金来拯救它要容易得多，也愉快得多。

巴菲特说："如果我们没有买下喜诗糖果，我们就不会在日后购买可口可乐的股份，所以要感谢喜诗糖果给我们带来的120亿美元。我们有幸买下了整家公司，这让我们从中学到了很多。我投资过一家风车公司，芒格没有参与这笔投资。我还投资过二流百货店、水泵公司、纺织公司……"他在这些投资上遇到的麻烦几乎和当年的风车公司一样。

芒格认为，他和巴菲特早就应该看到为质量付费的优势。“我认为没有必要像我们当初那么笨。”

喜诗糖果的增长速度缓慢，但稳定可靠，**最重要的是，它不需要额外的资本投入**。

巴菲特以半开玩笑的口气说：“我们尝试过 50 种不同的方法来向喜诗糖果注资。如果有一种方法可以注入额外的资本，并产生相当于现有业务回报率的四分之一，我们会在一秒钟内做出决定。我们喜欢它，我们会尝试不同的想法，但是我们的确无从下手。”

芒格补充道：“顺便说一句，我们真的没什么好抱怨的，因为我们精心挑选了一些每年都能获利不菲的企业。”

芒格告诉伯克希尔 - 哈撒韦的股东美国有许多企业能够产生大量的现金，但无法大规模扩大再生产。如果强行扩张，只会白白浪费资金。这样的企业一般无法让大多数公司产生收购的意愿，但这样的企业在伯克希尔 - 哈撒韦是受欢迎的，因为他和巴菲特可以利用这些企业产生的资金，将其安排到有利可图的投资上。

伯克希尔 - 哈撒韦不支付股息的原因也是如此，当巴菲特相信保留利润可以为股东创造更多的市场价值时，公司就会保留，否则就没有必要保留。

芒格表示：“我们从喜诗糖果学到了很多，你的思考和操作方式必须包含经得起时间考验的价值观。这些经验让我们更明智地在其他地方投资，并且做出了很多更好的决策。因此，我们从与喜诗糖果的关系中获益匪浅。”

尽管喜诗糖果在伯克希尔-哈撒韦的大家庭中处于显眼的地位，但对于伯克希尔-哈撒韦的股东而言，它的价值比重并不大。考虑到其销售额，即使喜诗糖果现在价值 10 亿美元，它在伯克希尔-哈撒韦市值中的占比也不到 2%。

第 12 章

计划生育推动者

Charlie Munger

在真刀真枪的意义上，芒格没有敌人。他的敌人是就更广泛的意义而言，因为嫉妒而产生的。他的个性独特，但并不适合所有人。

——奥蒂斯·布思

一生崇拜富兰克林

在18世纪，英国国王乔治将美国殖民地开拓者本杰明·富兰克林称为“美国最危险的人”，但是当富兰克林1757年初到达英国时，却受到了热烈的欢迎。在伦敦安顿下来后，富兰克林意识到英国人对美国殖民地知之甚少，于是他常常幽默地指出英国人的错误。富兰克林写道：“如果只看英国的报纸，你会认为美国一年所产的羊毛连做一双袜子都不够，实际上却完全相反，美国所产的羊毛不可胜数。”

在英国的16年中，富兰克林的创新才华令英国人惊叹。他发明了双变焦眼镜、航海用的24小时钟表，并呼吁采用夏令时。但更令伦敦居民感到震惊的是他在泰晤士河中游泳，并一丝不挂地使用哑铃健身。最终，由于政治分歧以及某些人嫉妒其受欢迎程度，富兰克林被逐出英国。

1776年，富兰克林坐船到法国，出任美国驻法大使，美国这位最著名的人物再次受到了热烈的欢迎。根据1999年法国驻美大使弗朗索瓦·布戎·德·埃斯唐（Francois Bujon de I’Estang）的描述，富兰克林拥有“法国人崇敬的品质，如开朗、机智、幽默…… 有人说他被禁止参与起草《独立宣言》，因为人们担心他会在起草文件时将笑话隐藏其中”。

巴菲特经常拿芒格开玩笑，称他经常引用《穷理查年鉴》

中的话，并到处宣扬富兰克林的道德箴言。他们之间的经典对话往往是这样的：

> 巴菲特开玩笑说：芒格在年轻时过于崇拜富兰克林，认为省下一分钱就是弄丢了一分钱。
>
> 芒格说：我也可以告诉大家很多关于巴菲特的事，是他让我常常想到富兰克林，我可以告诉大家很多关于富兰克林的事。*

芒格说："我是一个传记迷，我认为当你打算教授人们一些行之有效的概念时，将这些概念与首创者的生活和个性联系在一起会有所帮助。例如，你把亚当·斯密当朋友，我认为你能更好地学习经济学。与已故的名人交朋友，这听起来很有趣。在一生中与那些有正确观点的已故的名人交朋友，我认为这在生活中会更有效，在教育中也会更有效，这比仅仅刻板地教授基本概念要好得多。"

芒格认真研究过爱因斯坦、达尔文和牛顿的生平和著作，但他最喜欢的名人始终是富兰克林，这与巴菲特第一位真正的导师格雷厄姆一致。芒格认为富兰克林是那个时代美国最好的作家、投资家、科学家、外交家、商人，同时为教育和社会福祉做出了巨大的贡献。虽然他承认富兰克林在生活中有放荡的一面，也许忽略了他的妻子。但芒格说，关于富兰克林行为不

---

* 言下之意是，他们实际上是同一类人。——译者注

端的故事恰恰反映了人们对富兰克林、当时的情境以及他所生活的时代的理解比较肤浅。

从富兰克林那里，芒格学到了一个概念：**如果能够变得更富裕，就会有更多的自由为人类社会做贡献**。芒格说："我总是更在乎成为有用的人，而不是成为富翁，但有时我会偏离这个想法。"

富兰克林的父亲是一个脂烛匠，有很多孩子。在很小的时候，为了逃避与其中一个哥哥的严苛的学徒关系，富兰克林离开波士顿前往费城。富兰克林打小就努力成为一个更好的人，过上更好的生活。后来，富兰克林的著作《穷理查年鉴》成为畅销书，令他声名大噪。富兰克林在名利双收之后把自己生命的大部分时间都献给了社会公共服务事业。

就像富兰克林一样，芒格也认识到自己对一个美好社会的理念并不总是与他人一致。虽然在巴黎期间大多数法国人觉得富兰克林很有趣、很有吸引力，但国王却非常嫉妒他，甚至对富兰克林不够尊敬。

支持计划生育

在 1998 年伯克希尔－哈撒韦的股东大会召开前的周日晚上，有几百名巴菲特和芒格的粉丝聚集在奥马哈格瑞牛排店，在那里他们看到了一个令人不安的场景。有六七名抗议者在人行道上来回走动，手里举着让人恶心的标牌。他们声称巴菲特和芒格是胎儿谋杀犯，因为两人是计划生育的长期支持者。其中一张标牌还攻击了巴菲特的慈善基金会，指责其为一种名为 RU-486 的流产药物的测试提供资金支持。

在伯克希尔－哈撒韦的股东大会上，有人问到公司对“堕胎合法化”的态度时，巴菲特解释说，根据公司的捐赠计划，股东可以自行指定慈善机构，然后根据所持有的公司股份进行捐赠。他强调：“这是股东的个人行为，有些股东指定的捐赠对象是计划生育组织。巴菲特基金会曾向计划生育组织捐款，芒格也一样，是不是也应该把他的名字写在标牌上。”

对于巴菲特开玩笑般的建议，芒格婉拒了。芒格说：“我宁愿将聚光灯转向他人。”

大多数抗议者只知道巴菲特和芒格长期慷慨地向计划生育机构以及其他致力于解决人口问题的组织捐赠，他们在很大程度上并不知道巴芒是堕胎合法化运动的先驱。多亏了芒格的支持，加州的堕胎合法化运动才有所进展，这是产生于美国最高法院审理“罗伊诉韦德案”之前的关键法律决定。

巴菲特说：“可以说芒格 99% 的朋友都是共和党人或极右翼分子，他通常也被认为是同一类人，但他的大多数朋友并不知道他支持计划生育。”

1993 年，有本畅销书名为《生活在极限之内》（*Living Within Limits*），作者是加勒特·哈丁，他可能是较早就人口问题提出警告的科学作者。芒格很欣赏哈丁，并给予他财务上的支持，这令保守派和宗教团体感到惊讶和恼怒。哈丁和其他人指出，世界人口在1804年才达到10亿人，但从50亿跃升至目前的60亿只用了12年。仅在下一个100年内，美国人口就有望从2.75亿翻倍至5.71亿。专家预计，在人口停止增长或增长逆转之前，地球上的人口可能达到100亿。如此庞大的人口规模已经对资源，特别是对粮食生产和分配产生了巨大的压力。到20世纪末，由于农产品种植和购买充足食物的困难，估计会有8亿人营养不良。

哈丁是加州大学圣巴巴拉分校的人类生态学教授，他在生物学、生态学和伦理学方面有着广泛的著述。20世纪60年代，由于哈丁在全美发表了数百场支持堕胎的演讲，因而被称为“堕胎先生”。

希尔斯是芒格的老朋友和前同事，曾和芒格一起创办律师事务所。他说芒格最初关注到有关生育权的问题是因为在报纸上读到一篇文章，该文章讲述一起即将上诉到加州最高法院的刑事案件，他立即让律所免费提供法律援助。这个案子是有关一个名叫利昂·贝洛斯（Leon Belous）的医生，他因为给一名女性推荐堕胎医生而被定罪。

对此，巴菲特回忆道：“你可以回顾一下1972年前后的贝洛斯案，我们当时围绕这起案件谈论了很多，芒格全身心投入其中。”

虽然对于一个有八个孩子并具有保守政治倾向的热爱家庭的男人来说支持堕胎合法化似乎非同寻常，但芒格还是做出了前瞻性的决定。

芒格说："对我来说，支持堕胎合法化在情感上令人难以接受，因为我对人类生命心存敬畏，但经过深思熟虑后，我发现自己需要战胜天性的这一部分。"

芒格认为女性应该有权决定是否成为母亲，于是他开始花时间和用智慧去寻求改变。他说服了巴菲特加入，巴菲特是一个在财务上寻求稳健，但在社会问题上持自由派立场的人。他们一起帮忙支付为贝洛斯医生辩护的法律费用，芒格和他的律所合伙人，特别是希尔斯和艾德勒一起完成了其他工作。

巴菲特说："芒格接手了这个案子，得到了一份来自法律权威团体的支持文件，以及一份来自医学院校教授的文件，他在这方面做出了巨大的努力。"

希尔斯是帮忙整理两份附议书的律师之一。其中一份由芒格亲自撰写，并由 17 名知名律师签署；另一份由 178 位医学院校的院长和教授联合签署。

在贝洛斯案在加州最高法院等待审理的这段时间里，芒格和巴菲特资助了一个名为"普世协会"的教会，它为妇女提供家庭规划咨询服务。这个教会由一个合法的牧师管理，该牧师之前因支持堕胎活动，有时还帮助妇女在美国之外的安全地区堕胎，因而遭到自己原先所在教会的责难。

芒格说："巴菲特和我是革命者，相当于我们创建了一所教堂作为掩护，表面上看是支持牧师的工作，他因帮助妇女堕胎而被原来的教会解雇。我先是试图说服原来的教会让他继续干，但是没成功。我打电话给巴菲特，让他帮我建立我们自己的教堂，我们做到了。多年来，这位牧师一直在负责这件事。这就是我们的贡献，试图帮助社会不强制妇女生育，不让她们陷入一种被哈丁称为‘强制母亲主义’的体制。”

当贝洛斯案由加州最高法院审理时，发生了一些情况，其中一位法官不得不回避，因为贝洛斯恰好是他的家庭医生。1969 年 9 月，贝洛斯赢得了这项具有里程碑意义的胜利，这是美国历史上第一次由一家主要的法院宣布反堕胎法违宪。那位后来加入的法官成为这次 4 ∶ 3 判决的关键投票人。自此，这项裁决不仅成为加州一直援引的法律先例，按照芒格的说法，“这也成为突破限制堕胎的一个口子”。

随着时间的推移，贝洛斯案的影响进一步扩大。贝洛斯案做出判决的两年后在“罗伊诉韦德案”中被援引。在后面这起案件中，美国最高法院确认了“女性有选择是否生育的基本权利”。

奥尔森说：“芒格不仅贡献了时间，还改变了一项慈善事业。”

事实上，法院做出裁决并不代表芒格的工作结束。在贝洛斯案之后的很多年里，他一直是洛杉矶计划生育协会的受托人和首席财务官。该协会提供计划生育服务，并在必要时介绍妇女到诊所堕胎。

芒格表示：“在为计划生育提供服务方面，我们远远领先于计划生育组织的全国办公室。洛杉矶分部想进入这个领域，但不知道如何操作。我们把我们的教堂以及还是由那位牧师负责的“普世协会”并入了洛杉矶分部。”

当初，在芒格加入计划生育组织董事会时，该组织只有一位主要的捐助者——安娜·宾·阿诺德（Anna Bing Arnold），她是富有的房地产开发商里奥·宾（Leo Bing）的遗孀。尽管她非常投入，但该组织规模小、资金匮乏。

与芒格一起担任董事的布思说：“我们一直都缺乏资金。”董事会扩大了捐助者群体，但与往常一样，当芒格在场时不时会有相左的意见。“有一次，我们声明不会交会员费，我说：‘你们没有做出贡献，我们不会支付会员费。’但是最终，我们还是重新加入了总会。”

尽管遭到了来自抗议者的压力以及一些反堕胎活动分子有时令人担忧的骚扰，但是多年以来，芒格在解决堕胎和人口问题上的热情并没有改变。

基思·拉塞尔（Keith Russell）是一位备受爱戴的洛杉矶产科医生，是芒格在堕胎权斗争中的坚定盟友。芒格的儿子巴里回忆说，有一次，在为拉塞尔举办的聚会上，一个人举杯代表所有由拉塞尔接生的新生儿表示感谢，而芒格却举起酒杯说：“我想为那些没有出生的胎儿向拉塞尔表示感谢。”

1990 年，芒格给《财富》杂志写了一封措辞尖锐的信，声称他们有一篇针对保罗·埃里奇和安妮·埃里奇的著作《人口爆炸》的评论有失偏颇。芒格说，这位评论员“认为，随着人口的理想增长和技术的更快发展，人类福利将继续改善”。但是，事情并没那么简单。在一个受物理规律限制的有限世界系统中，两个变量（人口和人均福利）不可能永远同时最大化。

芒格认为，这位评论员所暗示的、指望通过某些未知的技术来解决污染、水土流失等问题是毫无意义的："认真考虑过《人口爆炸》一书所描述的未来环境负担的人无法肯定地说会出现'良性人口变迁'或者在100年或更短的时间内人口增长带来的问题不会变得更糟。但有一点是肯定的，随着和平时期的人口增长，科技的发展将导致武器的更高效和更广泛传播，这可能会给人口稠密的世界带来更多的麻烦。"

巴菲特的态度也同样坚定。1994年，巴菲特说："无论是在美国还是在世界其他地方，如果每个新生儿都是父母想要的……那么我们面临的问题将大大减少。最接近这种理想的方法就是进行计划生育，在女性能够自己决定生不生之前，我们这个社会还不能算是一个平等的社会。"

第 13 章

《布法罗晚报》

Charlie Munger

你在患难之日若胆怯，你的力量就渺小。

——《圣经》箴言

重金收购

芒格的孩子永远不会忘记1977年的夏天，那一年芒格和巴菲特买下了《布法罗晚报》。在他们位于明尼苏达州湖畔的小木屋旁，孩子们赶忙搜罗身上的硬币，然后跟着父亲一起去码头对面的电话亭，帮他将硬币投入电话机，好让父亲和巴菲特一起规划对《布法罗晚报》的运营。

女儿莫莉回忆说："收购《布法罗晚报》在当时可是一件大事。"

莫莉表示，随着收购东部地区一份知名的报纸，巴菲特和芒格的事业上升到新的高度。他们正在拓展更广泛的领域，摆脱了小型地区性公司的形象，他们的公司渐渐成为更具知名度的公司。有些公司具有很高的知名度，如果你父亲收购了这样的公司，当你向别人解释你父亲的工作时就不会太费时间，收购这样的公司标志着一种新趋势的开始。

收购《布法罗晚报》的资金源于蓝筹印花的浮存金，这是在蓝筹印花的众多投资中最令人印象深刻的收购活动之一，但在很长一段时间内也是最令人头疼的收购活动之一。

《布法罗晚报》是一份创办于1880年的报纸，多年来一直由巴特勒家族经营。1974年在巴特勒家族的掌门人凯特·罗宾逊·巴特勒去世后，这份传统的保守派报纸由遗产管理人出售。但是，直到 1977 年新年后的第一个周六，巴菲特和芒格才到康涅狄格州的韦斯顿，与报纸经纪人文森特·曼诺谈判。巴菲特最初给出了 3 000 万美元的价格，但被拒绝了。他们随后将出价提高到了 3 200 万美元，考虑到《布法罗晚报》在 1976 年只有 170 万美元的税前利润，这个价格已经非常高了。然而，这个价格又被拒绝了。于是，巴菲特和芒格离开了现场，进行了短暂的商谈。一会儿，他们拿着一份黄色法律文件回来，上面写着 3 250 万美元的价格。这是一个大胆的举动，因为这个收购价几乎相当于伯克希尔－哈撒韦当时净资产的 25%。

谈妥了价格后，巴菲特和芒格即刻飞往纽约州西部就合同细节进一步谈判。当他们抵达时，正值当地有史以来最严重的暴风雪。对于已经习惯了加州气候的芒格来说，这种严寒气候令他感到震惊。在写给凯瑟琳·格雷厄姆的一封信中，芒格形容布法罗是"一个这样的城市，在这里，乔治·华盛顿的雕像穿着共济会的围裙。风刮得如此猛烈，以至邮箱里的信件都是向上飘舞而不是往下掉落"。

当参观报社的办公室和印刷厂时，芒格发现这些地方都是刚刚翻新过的样子，于是发怒道："为什么一家报社需要造一座宫殿来发行报纸？"巴菲特更是开玩笑地将报社的办公楼称为"泰姬陵"。

一直以来，芒格对建筑设计充满热情，这导致他对报社的建筑设计极度厌恶。报社大楼的设计出自一位著名的建筑师之手，当初因为他开着与巴特勒夫人同款的劳斯莱斯轿车，从而给对方留下了深刻的印象。他给这座建筑物设计了很大的阳台，但布法罗经常刮大风，这些阳台根本用不上，而且由于采用一种堪称“手工艺术”的建造方法，导致不可挽回的漏水问题，而这些问题带来了巨大的费用开支。总之，这一切与芒格心目中的成功设计相去甚远。

但是到了2000年，这座位于布法罗日渐老旧的市中心的方型建筑物尽管看起来非常朴素，里面倒是相当宽敞，与其他大都市日报的设施相比也不再显得那么豪华。

对于投资报业，巴菲特并不感到陌生。1973年巴菲特向凯瑟琳·格雷厄姆领导下的《华盛顿邮报》投入了大量资金，当时的《华盛顿邮报》就像此时的《布法罗晚报》一样，面临着艰难的商业挑战。无论是面对《华盛顿邮报》还是《布法罗晚报》，芒格和巴菲特都证明了他们以公平交易为荣，同时他们会在艰苦的境况下坚定不移。

当蓝筹印花收购《布法罗晚报》时，该报在纽约州西部拥有坚实的读者基础，尽管所在的城市正逐渐成为一个典型的工业城市。这份报纸还有其他一些问题，例如和《华盛顿邮报》一样，存在几个极度活跃的工会。它还在当地有一个强有力的竞争对手——《布法罗快报》，这也是一份历史悠久的报纸，著名作家马克·吐温担任过该报编辑。此外，《布法罗晚报》没有周日版，虽然在平日的销量是竞争对手的四倍，但竞争对手盈利颇丰的周日版让它得以继续屹立不倒。

生死对决

《布法罗晚报》的新主人知道，从长远来看，在布法罗这个城市最终只能有一份报纸存活下来，而他们刚刚收购的报纸要么消亡，要么独活。《布法罗晚报》显然需要发行周日版，情况已经是迫在眉睫。在蓝筹印花买下这份报纸后，巴菲特和芒格取消了报纸名称中的“晚报”字样*，并且开始发行周日版。起初，周日版报纸是免费送给当前订户的，在书报摊上价格每份也只要 30 美分，而当地其他报纸和周日版报纸售价为 50 美分。

由于向订户和广告商提供特别的优惠，对手《布法罗快报》提起了针对《布法罗晚报》的诉讼，声称后者违反了《谢尔曼反托拉斯法》。1977 年 11 月 9 日，一名地区法官认定情况属实，于是颁布了禁制令，完全禁止周日版的发行。

对此，老友阿尔·马歇尔评价说：“他们在买下那份报纸的同时引来了一场官司，但我从不认为他们会输。”

芒格的眼光独到，在和巴菲特一起收购《布法罗晚报》时，他就知道这是一笔好买卖，他的法律常识和判断力发挥了作用。他非常清楚推出周日版不会很容易，而且可能会引发一

---

* 为了论述方便，下文还是使用《布法罗晚报》这一名称。——译者注

场传统的报纸战。

虽然芒格和他的律师团队尽了最大的努力，但是法院的禁制令仍然持续了两年之久。于是他们在洛杉矶的一位名叫欧内斯特·扎克的朋友也被请来帮忙，他们一起在布法罗进行法律斗争。这场斗争异常艰苦，也让扎克感到筋疲力尽。当他备感疲惫时不免会有些沮丧抱怨，每当这个时候，芒格就会提醒他："哦，这对你有好处。"

遭遇噩耗从不抱怨

在这场旷日持久的法律和商业斗争期间，人们开始注意到，52 岁的芒格出现了视力问题。同事德纳姆说："如果你和芒格一起工作，到他的办公室谈论任何情况，你会发现他很擅长阅读文件，很多人不会读得那么全面，但对他来说现在阅读变得越来越困难。他依然会努力坚持读完，但对如此注重阅读的芒格来说，他一定非常担心这种情况。"

即便如此，德纳姆说："他非常坚强。我认为他感到非常沮丧，但他没有把这个问题带来的烦恼带给其他人。"

最终，芒格不得不承认，他已经无法再像以前一样阅读文件，并提醒同事不要再像过去那样依赖他来发现错误。芒格告诉德纳姆，现在仔细审查文件的责任落到了他的肩上。

在还比较年轻的时候，芒格就发现自己患有白内障，情况挺严重且发展迅速。虽然这种眼部问题可能是由于长时间暴露于加州的阳光而没有佩戴太阳镜，但芒格怀疑更可能的原因是在他还很小的时候使用的日光灯。芒格说，他当时迷上了那盏灯，在没有做好眼部保护的情况下频繁地使用它，没有意识到可能会导致不良后果。

即使健康问题不断恶化，芒格仍会继续通过电话商讨工作问题，对巴菲特而言这种情况起初似乎并不严重。巴菲特非常惊讶于芒格从来都不抱怨他遇到的问题。

芒格的女儿莫莉回忆道："这真是太可怕了，他的视力越来越糟糕，他开船也看不清路，几乎撞上了码头。由于视力不断恶化，最终他不得不接受手术，他害怕变成盲人。"

在此期间，经历了五年的艰苦斗争，《布法罗晚报》的诉讼问题开始得到解决。上诉法院推翻了禁制令，认为没有证据表明《布法罗晚报》有恶意意图。

奥尔森表示："最初法官认为《布法罗晚报》免费送报纸四周的行为违反了公平竞争原则。而推翻该裁定的法官却认为，他在案子中找不到任何违反公平竞争原则的地方。对于这个案子，芒格非常自信，准备随时支持律师团队把它处理好。"

1979 年，无论是《布法罗快报》还是《布法罗晚报》，双方都在经济上遭受了不小的损失。这时，《布法罗晚报》的亏损达到了 460 万美元，这对来自内布拉斯加州和加州的巴芒而言是一笔不小的钱。芒格回忆说："我自己默默地算了算成本，算了算我个人的份额以及芒格家族能够承受损失的确切金额。”

在20世纪80年代初，美国经历了一次严重的经济衰退，这使得情况变得更加糟糕。在这场新闻市场争夺战进行到一半的时候，《布法罗快报》最终被出售给了明尼阿波利斯的考尔斯家族，最终该报不得不举起了白旗，于1982年9月19日停刊。

尽管由于竞争对手减少，在读者和广告商方面的竞争不再那么激烈，但《布法罗晚报》的盈利增长还是有点缓慢。20世纪80年代，由于伯利恒钢铁公司的许多工厂关闭，布法罗这座城市失去了23%的制造业工作机会。在此期间，当地的失业率超过了15%，一个接一个的零售商关门大吉，广告收入随之下降。1981年至1982年，运营利润减半，未来几年的前景也不乐观。布法罗受到经济衰退的影响比全美大多数城市都要严重。但经济衰退并不是唯一的负面影响，整个报业都面临着来自电视和其他新闻媒体的竞争。

此时的芒格一直在努力应对完全失明的可能性，同时他坚持认为蓝筹印花的管理层应该就股东们承担的机会成本负责，而这些成本远远超过了报告的损失。1981年，他写信给蓝筹印花的股东们：“如果我们没有购买《布法罗晚报》，不用承担它现在的亏损，我们现在会拥有价值约为7 000万美元的资产，并获得每年超过1 000万美元的盈利。无论未来在布法罗发生什么，我们几乎可以肯定的是，如果没有进行这项收购，我们现在的经济状况会好很多。”

然而，没过多久，事实就证明了芒格不是一名合格的预测者。布法罗的经济开始好转，报业的利润得以提升。美国与加拿大之间的自由贸易协定也帮助布法罗重振了经济，现在许多加拿大的公司都以布法罗为在美国的业务中心。受益于这样的大背景，《布法罗晚报》的利润不断增长。

在《布法罗晚报》事件中，巴菲特一直处于前线，他在解决竞争问题和与报业工会的冲突中发挥了重要的作用。芒格在大多数时间都处于幕后，但他与合作伙伴保持着联系，讨论商业和法律策略。

斯坦·利普西曾是《奥马哈太阳报》的负责人，该报也属于巴菲特的商业版图。在利普西的领导下，《奥马哈太阳报》因披露慈善机构“男童之家”的丑闻而荣膺1973年的新闻界大奖——普利策奖。利普西作为新闻出版的专业人士，应巴菲特的邀请前往布法罗，帮忙度过最艰难的时期，最终留下来负责《布法罗晚报》的运营。利普西对芒格的评价是：“芒格在购买《布法罗晚报》的过程中参与了很多工作。”

利普西表示，虽然经历了一个艰难的时期，但“我从未见过芒格发脾气。如果巴菲特和芒格下定了决心，他们就会坚定不移，即使周围的人不支持”。

今天，《布法罗晚报》作为布法罗唯一的日报，服务纽约州西部的10个郡，有8个平日版、3个周末版。这个地区约80%的人在星期日阅读该报，约64%的人在平日阅读该报，这使得《布法罗晚报》在市场渗透率方面排在全美前50名之列。《布法罗晚报》宣称其新闻报道占版面的比例要高得多，超过任何一个同行。每日发行近30万份，公司现在的收入约为1.57亿美元，税前利润达到5 300万美元。据说，这是美国最赚钱的报纸，资产回报率高达91.2%。

尽管早期对报业表现出浓厚的兴趣，但巴菲特和芒格表示，由于电视和互联网技术改变了人们获取信息的方式，报业不再是他们曾经认为的“坚不可摧”的行业。事实上，芒格称，互联网将加剧竞争，并使所有报业公司难以实现盈利。

丧失视力并失去母亲

在《布法罗晚报》取得成功之前，在女儿温迪的记忆中，父亲相貌英俊、衣着典雅、视力非常好。她说：“我有一个电影明星般的父亲，我只是想让人们知道他并不总是戴着厚厚的眼镜，那只是他接受眼部手术之后的样子。”

尽管《布法罗晚报》的问题得以解决，但芒格丧失了一只眼睛的视力，还失去了他的母亲。

1978年，当明确会丧失视力时，芒格在洛杉矶的慈善撒玛利亚医院接受了他所描述的传统白内障手术。

芒格说：“这都是25年前的事了，当时已经发明了新的更好的手术技术，但我没有关注到，只是听从医生的建议选择了他擅长的传统手术。新型手术的并发症发生率不到2%，而我接受的手术则有 5% 的并发症发生率。至于给我做第一次手术的医生是谁，我就不说他的名字了，他是个非常好的人，是我们家的眼科医生。是我犯了错，这是我自己的责任。”

在手术后，芒格遭遇了一种罕见且毁灭性的并发症。

芒格解释说：“我的眼睛出现了上皮细胞向下生长的情况，外部的一些细胞进入了眼内，这种情况在新型手术中几乎是不可能的。当这种情况发生时，来自外部的细胞会不断增殖，逐渐占据眼睛内部，导致眼压增大，最终可能导致视神经死亡。”

这种状况类似于癌症，不过这种生长不会扩散到眼外。痛苦令芒格难以忍受，以至他认为一只失明的眼睛所带来的疼痛比失明更糟糕。1980 年，芒格接受了医生的建议，摘除了左眼，装上了一只义眼。

芒格说：“进行摘除手术时的痛苦你简直无法想象。我就像一只受伤的动物，在那几天里度日如年，非常难受。我感到非常疼痛、非常恶心，当护士来给我洗澡时，我甚至都无法忍受。”

在芒格左眼出现问题的同时，他的右眼也逐渐形成白内障。芒格非常清楚自己不想再经历同样的痛苦，因此，他决定采取一种绝对风险最小的策略来对待右眼。

“我告诉医生只需将混浊的晶状体拿掉即可，我会戴上白内障眼镜，不必放入人工晶状体。”芒格说。在他小的时候，老年人普遍都戴白内障眼镜。

“你现在几乎看不到有人戴白内障眼镜了。我可能拥有地球上的最后一副。”芒格说。在他的办公桌上还放着一个文件夹，里面是各种医疗报告，他自己用黄色笔记本写的笔记，以及其他详细信息。

除了像瓶底一样厚的新眼镜外，芒格说：“生活没有什么变化。虽然周边视觉缺失，但前方视觉非常好。”1999 年，芒格测试了他右眼的视力，配上眼镜后，他的视力达到了 20/15，相当不错。

尽管左眼失明，芒格仍然会亲自开车，并学会了如何通过数后视镜中的车辆来推断在哪一辆之后会有一个时间间隙来变换车道。他开着一辆配备强劲引擎的雷克萨斯，因为这使他在必要时可以快速行动。他还可以做出所谓的“加州停车”动作，也就是在需要减速时可以减到接近停止，然后在道路通畅时快速驶出。不过，这种开车习惯可能与他的视力无关。

根据芒格曾经的同事阿尔·马歇尔的说法，即使在他视力良好的时候，他也从来不是一个好司机，因为他通常会想着其他事情，而不是专心致志地开车。

“他以前总是在后备箱里备着一加仑的汽油，但这一点也不安全，”马歇尔说，“之所以这么做，就是因为他总是忘记加油。”

有一次，芒格一家和马歇尔一家在夏威夷度假，芒格正在驾驶一辆租来的汽车。他聊得很兴奋，手舞足蹈，四处观望。马歇尔抬头看到前方一座桥已经被冲毁。马歇尔见状大喊：“停车！”芒格非但没有减速，还问“为什么”。马歇尔被吓得说不出话来，好在芒格终于发现了问题，在离悬崖边不远的地方急刹车停了下来。

“当他失去视力时，他以务实的方式处理这件事，”奥蒂斯·布思回忆说，“他买了一些盲文书来看看是否适合他。”

当他后来发现自己有足够的视力来阅读时，他放弃了学习盲文的想法。

哈尔说：“对于一个喜欢阅读的人来说，失去视力是一件令人难以忍受的事情，更何况他是一个读书成瘾的人。在我们的每一所房子里，他的椅子旁都会有三本、四本或五本书，床头也一样。他有一些想要读的东西，但他不看小说，他看的都是商业类、传记类、历史类或科学类的书，都是些以事实为依据的书。”

当芒格打高尔夫球、旅行和阅读时，有时候假眼的确会带来不便。布思表示，当芒格去机动车管理局更新驾照时，他需要接受视力检查。

布思说：“芒格告诉检查员他只有一只眼睛失明，检查员说他必须出示医生的证明信。芒格说：‘哦，见鬼，我自己就可以证明。这是只假眼，我可以把它拿出来放在柜台上给你看。’检查员仍然坚持要医生的证明信，直到芒格要求和主管谈谈。这花了大约半小时才解决。”

******

在这段时间里发生了很多事情，在芒格的父亲离世 15 年后，芒格的母亲图迪去世了。生前，她和埃德温·戴维斯医生的遗孀多萝西·戴维斯经常一起打发时间，尤其喜欢去旅行。

根据戴维斯医生的女儿薇拉的说法："我母亲和图迪曾一起去法国，回到家的时候她们都有些不舒服。在机场，她们会轮流推着轮椅。"

芒格的女儿表示，她的祖母努力保持自己的智力优势，并随着时代的变化不断学习。"祖母带着我和她在奥马哈孀居的朋友一起出去吃晚饭，其中一位说'今年夏天，我想重读托尔斯泰'。她不是那种让你记住做饼干之类事情的祖母，你会记得她说过的话。我的表兄罗杰是个嬉皮士。有一次祖母正和朋友在欧洲旅行，这种旅行她经常参加，她问其中一个新朋友：'你的孙子会不会烤面包？'如果那个女人说会，她们会相视一笑，因为由此你就会知道她们的孙子都属于嬉皮士一类的人。"

在母亲的葬礼上，芒格看着他的姑姑以及母亲生前的好友，想起了自己的先辈。他知道母亲度过的一生是"幸福的人生"。

第 14 章

芒格向储贷行业开战

Charlie Munger

如果你把葡萄干和粪便混在一起，得到的只能是粪便。

——查理・芒格，2000 年 5 月的
伯克希尔 - 哈撒韦股东大会

芒格的个人秀

威斯科金融的前身仅仅是一个名为互惠储蓄的小型储贷机构的母公司，总部位于加州的帕萨迪纳。但是，自从芒格和巴菲特收购威斯科金融，这家公司就成为大家议论的焦点。然而，随着时间的推移，威斯科金融和其大股东伯克希尔－哈撒韦一样，从最初的业务渐渐涉足不同的行业。伯克希尔－哈撒韦是巴菲特和芒格共同的大型杰作，而威斯科金融则是芒格在巴菲特的帮助下打造的小型精品，更多地展现了芒格自己。

1974 年，在蓝筹印花购买了威斯科金融的一些股票后不久，巴菲特和芒格便开始卷入一场战斗。另一家加州储蓄银行提出了不可接受的收购意向，接着美国证券交易委员会（SEC）对巴菲特、芒格等人的交易结构展开了调查（见第 10 章）。SEC 的调查让事情变得麻烦，但最终伯克希尔－哈撒韦进行了重组，成为一家具有一定规模的控股公司，这倒是坏事变好事了。

自此，芒格和一些在储贷行业有影响力的同行与监管机构产生严重的分歧，这导致威斯科金融进行了一番重大的改组，最终被完全改造成一个类似于伯克希尔－哈撒韦的控股公司。

1976 年，威斯科金融及其控股股东蓝筹印花被并入伯克希尔－哈撒韦。然而，巴菲特表示："由于历史遗留问题，蓝筹印花在 70 年代买进的威斯科金融股票一直持有到现在，目前我们还持有 80.1% 的股份。”

透过公司股权的变迁可以清楚地看到，由于伯克希尔－哈撒韦持有蓝筹印花 100% 的股份，并且因为巴菲特持有伯克希尔－哈撒韦超过 35% 的股份，是最大股东，他实际控制了威斯科金融。然而，就像伯克希尔－哈撒韦的其他子公司一样，巴菲特并不直接参与蓝筹印花或威斯科金融的管理，尽管他还出任威斯科金融保险公司和精密钢业仓储公司的董事，后两者是威斯科金融的全资子公司。

现在，芒格是威斯科金融的董事长，他住的地方离公司总部不远。更重要的是，有个人很喜欢芒格，这个人叫贝蒂·彼得斯。正是彼得斯家族当年创立了威斯科金融，这个家族目前仍然拥有威斯科金融约 1.3% 的股份。

芒格担任伯克希尔－哈撒韦的副董事长和蓝筹印花的董事长，每年领取 10 万美元的报酬，但他担任威斯科金融的董事长没有报酬。此外，芒格现在还从开市客领取董事酬金。之前，他也曾从所罗门兄弟和全美航空领取董事酬金，伯克希尔－哈撒韦持有这两家公司的大量股票。

近年来，每年的威斯科金融股东大会成了芒格的个人秀，相较于巴菲特在伯克希尔－哈撒韦股东大会上的耀眼光芒甚至有过之而无不及。在相当长的一段时间内，威斯科金融的股东大会都在加州帕萨迪纳举办，具体地点是在科罗拉多大道上一家 20 世纪 50 年代老旧风格的自助餐厅里。随着每年来参会的人数越来越多，加之宴会厅显得长而窄、有些褪色的花卉壁纸和颜色暗淡的地毯，让这里看起来显得更加拥挤。

每年，威斯科金融股东大会都被安排在伯克希尔－哈撒韦股东大会之后的两周左右。1997 年的威斯科金融股东大会大约有 100 人出席，芒格嘀咕："这群人中有相当数量是如痴如醉的狂热分子。一旦你吸引这样一群人，参会人数每年都会增加，因为没有人会离开。"

芒格的判断是正确的。1997 年，这家餐厅倒闭了。1998 年，威斯科金融的股东大会挪到了帕萨迪纳一家名为麦考密克·施密特的海鲜餐厅。然而，这家餐厅的空间依然不够大，无法容纳这么多的参会人员。1998 年，参会人数翻了一倍；到了 1999 年，有 500～600 人参会。有很多忠实的参会者，例如来自弗吉尼亚州的安瓦尔夫妇、来自亚拉巴马州的基尔帕特里克一家、来自加州埃尔卡洪的朱琳·克劳利等。他们都有多次的参会经历，财经行业的许多分析师、投资顾问和机构投资者也会出现在现场。

在这家海鲜餐厅里，芒格对股东们说："我想为这个房间的奢华向股东们道歉，你们中的许多人参加过我们最早在老旧的自助餐厅举办的年度股东大会。后来，我们挪到了一家相当朴素的自助餐厅里开会，那个地方是我们租给自助餐厅的。那家自助餐厅后来倒闭了，那栋楼现在也空置了。"

芒格解释说，清理空置的餐厅并布置所需的费用比租一个房间几个小时还要高。

他开玩笑说："我知道，你们中会有很多人对股东大会在这么豪华的房间里举行感到失望，即便单位面积的参会人数创造了一个新的纪录。”

阴云遍布的储贷行业

芒格显然是威斯科金融股东大会上的主角，在 1999 年的会议上，股东们在三个小时的时间内热烈地与这位 75 岁的老人交流。但是芒格并非在一夜之间成为人们关注的焦点，他开始引起商界以及投资者的注意是在 20 世纪 80 年代。

就像巴菲特每年给伯克希尔 - 哈撒韦的股东写信一样，芒格每年都会给威斯科金融的股东写信。威斯科金融的年报是单独发布的，其中部分内容也会附在伯克希尔 - 哈撒韦年报的后面。芒格在早期写的信中做了两件事。首先，他描述了威斯科金融在并入伯克希尔 - 哈撒韦之后的演变。同时，他提醒股东，当然也是提醒任何愿意聆听的人，储贷行业即将面临一场风暴。在得到巴菲特的支持后，他最终发表了一份大胆的公开声明，引起了整个储贷行业的关注，但对该行业的领袖并未产生多大的影响。

储贷行业在美国的历史可以追溯到数百年前。在二战结束后，随着退伍军人蜂拥购房时代的来临，该行业渐渐变得炙手可热。从战后的房地产繁荣一直到 20 世纪 80 年代中期，储贷行业都是一个蓬勃发展的行业，特别是在加州。

在该行业的大部分历史中，监管机构允许储贷机构就存折账户、定期存款或其他储蓄账户提供比银行更高的利率。作为交换，储贷行业被要求将大部分资金用于发放住房抵押贷款。同时，该行业被禁止发放商业贷款，也不能提供大多数其他金融服务。然而，在20世纪80年代初发生了几件事。

在这个时期，金融经纪公司和共同基金公司（统称非银行金融机构）开始以不受监管的利率提供货币市场账户服务，而当时里根总统执政时期的政策旨在减少政府对经济的干预，于是开始对储贷行业解除管制，其中第一步是放宽该行业的贷款和投资范围。

虽然芒格谈不上是监管政策的拥护者，但他认为放松监管的时机以及政策妥协是危险的。芒格对存款保险费的增加和对储贷行业的法规变更感到恼火，特别是对新同行——非银行金融机构——几乎没有任何监管限制。这些机构提供的货币市场基金不需要遵守存款保险法的要求，不需要像储贷行业那样需要维护分支机构。芒格指出，运营货币市场基金的成本要比效率最高的储贷机构成本低50%以上。这些非银行金融机构正在吸走曾经属于储贷行业的资金来源。随着有利可图的“奶油”被吸走，储贷行业的利润遭到了严重的挤压。与此同时，存款保险制度让储贷行业的经营者认为他们可以承受更多的风险来缓解压力。

在1983年给股东的信中，芒格写道：“美国政府的一个机构（联邦存款保险公司，FDIC）仍然像以前一样为储贷行业的储蓄账户提供保险，但由于放宽了贷款和投资范围，结果可能是许多储贷机构变得更加大胆。在完全竞争但受存款保险保护的机构中，可能会出现格雷欣法则现象（即劣币驱逐良币）。如果胆大妄为胜过了保守稳妥，最终会有大量因冒险扩张信贷而导致破产的情况发生。"

基于上述认知，芒格和巴菲特开始让威斯科金融以及下属子公司从储贷业务中撤出，为即将发生的事情做准备。1987 年 10 月 1 日，威斯科金融以 1 亿美元的价格购买了所罗门兄弟新发行的 100 000 股 A 类可转换优先股。这是一项总额为 7 亿美元的交易的一部分，其中伯克希尔 – 哈撒韦认购了 6 亿美元，威斯科金融参与了部分认购。除了 9% 的股息外，每股优先股可以在 1990 年 10 月 31 日或之后转换为 26.3 股所罗门兄弟的普通股。行权条件为所罗门兄弟的股价不低于 38 美元。如果顺利，威斯科金融和伯克希尔 – 哈撒韦均会从中获利。

但是，命运似乎是在嘲笑他们。刚刚认购没多久，1987 年 10 月 19 日，美股经历了近代史以来最糟糕的一天，发生了著名的黑色星期一大崩盘。所罗门兄弟在这场崩盘中遭受重创，股价跌至最低 16.62 美元。幸运的是，到 1989 年底，所罗门兄弟的股价回升到了 23.38 美元。

为了进一步使威斯科金融从传统的储贷业务中摆脱出来，1988 年，芒格和巴菲特采取了新的行动。在经过长达三小时的讨价还价之后，他们决定提升这家子公司在联邦住房贷款抵押公司（通常称为房地美）中的股份，尽管相对于房地美整体而言比例并不大。

房地美是一家将住房抵押贷款打包成证券进行销售，从而在房贷市场提供流动性的公司。该公司通过向客户收取费用和差价获得利润，这样就避免了大部分的利率变动风险。此外，该公司还提供住房抵押贷款保险服务。房地美成立于1938年，当初的目标是通过为住房抵押贷款提供二级市场以降低购房成本。经过多年的发展，房地美的性质已悄然发生变化。在1970年信贷危机期间，国会制定了一项规定，该公司的所有权持有人仅限于参与性贷款人，即储贷行业。后来，房地美转为由私人持有，股东主要是机构投资者。1988年，房地美在纽约证券交易所挂牌上市。

房地美是仅有的两家联邦特许公司之一，其业务是将住房抵押贷款打包成证券并出售。另一家是通常被称为房利美的联邦国民抵押贷款协会。两房的历史中均有隐约可见的来自联邦政府的支持，为芒格和巴菲特提供了他们所喜欢的竞争优势。

根据当时的法律规定，只有储贷行业的业内机构才可以合法持有房地美的股票。于是，威斯科金融通过旗下的子公司互惠储蓄以7 200万美元购买了2 880万股房地美股票，这是当时法律所允许的投资房地美股票的上限，正是这项投资在之后发生的储贷行业大崩溃中为威斯科金融筑起了一道防火墙。1999年底，房地美的市值达到13.8亿美元。

芒格说："我们从储贷行业转向投资房利美股票的经历表明，在一生中，迅速采纳一些简单的逻辑，并采取一些措施抓住机会，往往会极大地增加财富。那些始终好奇、喜欢挑战、寻找机会并等待时机的人，一定会遇到几次显而易见的重大机会。当这种重大机会出现时，你需要倾其所有，大胆下注，压上你的全部资源。”*

曾经有类似的购买房利美股票的机会时，巴菲特和芒格都有些犹豫不决。后来，巴菲特表示，他们应该以同样的大手笔买入房利美的股票。

巴菲特说：“我最大的失误可能是错过房利美，因为我们手中有储贷公司，这使我们有资格在房利美首次上市时购买 4% 的股份。我们有过经验，应该遵循同样的理由购买更多的房利美股票。我当时在干什么呢？犹豫不决呗。”

芒格的锋芒

1989 年，储贷行业阴云密布，各地纷纷传来倒闭的消息。对此，布什政府推出了一个大规模的救助计划。芒格将这一过程比作“漫长的切维·切斯（Chevy Chase）电影”，他对那些以自我为中心的行业领袖以及那些游说华盛顿官员的人毫不客气，这些人只是试图通过维持糟糕的局面来苟延残喘而已。

对此，巴菲特评价说：“芒格和我都认为正在发生的事情

---

* 芒格的意思也就是巴菲特所说的“天上下金子，你应该用桶去接”。——译者注

非常可怕，我们不打算参与其中，我们的看法一致。”

在20世纪80年代初，像大多数储贷公司一样，威斯科金融旗下的子公司互惠储蓄也是强大的游说组织美国储贷机构联盟的成员之一。芒格向该联盟发出了措辞尖锐的信函，抗议该组织阻挠行业改革，这一举动震惊了整个储贷行业以及它的储户。

这封信写于1989年5月30日，详情如下：

先生们：

这封信是告诉大家，我们的子公司互惠储蓄正式退出美国储贷机构联盟。

互惠储蓄的两个大股东分别是威斯科金融和伯克希尔-哈撒韦，前者在美国证券交易所（ASE）挂牌，后者在纽约证券交易所（NYSE）挂牌，它们均无意再与该联盟有任何关联。

我们的互惠储蓄作为该联盟多年的成员，现在做出退出的决定并非任性随意，我们认为目前的游说行为漏洞百出，实属可耻，因此我们不愿继续保有该联盟的成员身份。

储贷行业已经形成美国金融机构历史上最大的混乱局面，虽然这个混乱局面有许多原因，但我们在最近一次股东年度报告中尽可能公正地总结了这些原因。具体而言，有如下几个原因：

（1）多年以来，由于该联盟持续且成功的游说，由一小撮骗子和傻瓜控制的受保机构延滞了监管政策的推进。

（2）做假账使得许多受保机构看起来比实际情况更稳。

（3）受保机构实际的资本充足率不足以支持其对储户的承诺，从而使问题变得更加严重。

摆在国会面前的形势很严峻，如果将其比作癌症，将该联盟比作要命的致癌物，并非不公平。就像对待癌症一样，如果国会缺乏智慧和勇气来消除引发问题的原因，我们面临的困境将会再次出现。

此外，尽管进行真正的立法改革已是迫在眉睫，令人痛苦的重新调整无可避免，但该联盟最近的游说努力依然会阻挠最低限度的改革。例如，该联盟支持：

（1）延续会计准则，允许“商誉”作为资产计入。而实际上，在金融机构中它们应该被视作“空气”。

（2）在实际运营中争取资本最小化，以达到依赖联邦存款保险公司来维持运作的目的。

在全国性灾难面前，该联盟的游说行为显然助长了此次危机，但其却固执地主张宽松的会计准则、不充足的资本金，实际上，许多受保机构管理不到位。面对储贷行业出现的危机局面，该联盟的做法与埃克森对瓦尔迪兹号油轮发生泄漏事件做出的回应如出一辙，那就是尽管出了问题，船长照样可以饮酒。这简直荒唐。

如果该联盟效仿某家制造业企业向国会公开道歉的明智做法，那样会更好。由于该联盟长期以来明显误导政府，给纳税人带来了巨大的损失，因此公开道歉是必要的，而不是在错误的道路上越走越远。

我们知道有这样一种观点，即一个行业协会或联盟的成员不会被要求遵守高标准，它们只需像他人一样行事即可。按照这种观点，每个行业都会有这么一个协会，它不是提供真相、原因或让人变得谦恭，而是自嗨般地胡言乱语和进行政治捐款，以平衡其他行业协会在立法环境的错误行为。但现在，就我们所看到的情况，当像该联盟这样的协会在每个国会选区都能获得有力的支持时，它们便具有了巨大的危害国家的能力。因此，该联盟应该以完全不同的方式履行自己的公共职责，就像棒球大联盟在“黑袜”丑闻后所进行的改革一样。此外，正如该联盟过去的短视行为造成了今天整个行业的混乱，该联盟当前的短视行为会在将来继续造成不良的影响。

巴菲特和我都相信这一点，因此我们不仅让我们旗下的子公司退出该联盟，而且作为一项小小的抗议措施，我们还会将此信函提交给各大媒体发布，希望引起社会关注。

诚挚的

查理·芒格

然而，美国储贷机构联盟还是获得了多数人的支持，并得到政府高层的支持。该联盟发言人吉姆·格罗尔对《华盛顿邮报》说，他不会就芒格的信件展开辩论，但补充道："我认为我们代表了成员的意见，我可以向你肯定，尽管有人因为我们的努力而退出，但之所以有更多的成员退出，是因为他们认为联盟没有努力去改变布什政府的计划。"

顺便说一句，芒格对储贷行业的不满并不意味着他反对存款保险制度，这与其他批评者不同。对于芒格而言，不满并不意味着全盘否定。他说："我希望银行受到保险的保护，这样一来，银行恐慌就会变得毫无必要。"

在芒格带领互惠储蓄退出该联盟的那一年，美国国会也提出了有关储贷行业立法改革的建议。

第二年，芒格写道："去年，威斯科金融年报公布时，国会正在考虑修订储贷行业的法规。很明显，该行业很快就会被'重新监管'，以避免再次引起由纳税人承担的存款保险损失。引发这一立法行动的是此前的一场损失大潮，现在看来损失可能超过1 500亿美元。这些损失是由以下原因造成的：（1）联邦存款保险允许自由设定利率来吸引存款，导致储贷行业和银行业之间的利率竞争加剧；（2）宽松的资产配置规定；（3）在监管机构不反对的情况下，允许不合规者控制关键岗位；（4）在某些区域出现了大面积的房地产灾难；（5）储贷行业游说团体以及某些屈从于最卑劣从业者的国会议员持续保护和增加不稳健因素。"

芒格那封宣布要退出美国储贷机构联盟的信，引起了广泛的关注，并对严格的立法发挥了积极的作用。对此，芒格感到非常自豪。就像他在堕胎合法化问题上的立场一样，芒格走上了与他的共和党友人不一样的道路。美国储贷机构联盟的高层以总统里根的加州支持者为主，根据传统，联邦住房贷款银行的负责人一般由总统任命。基于这种传统，这个任命就落到了曾是加州储贷行业大亨的戈登·卢斯头上。卢斯是里根的老朋友，也是一个重要的共和党捐款人。

芒格在抨击政府和业界领袖对储贷危机的应对不力的同时，帮忙解决了《布法罗晚报》的法律问题，即便左眼的手术失败，导致视力受损。1989年，他写了那封措辞尖锐的信，退出了美国储贷机构联盟。与此同时，他最爱的妹妹玛丽在多年饱受帕金森病困扰之后，最终离世。

在威斯科金融1989年的年度报告中，芒格表示，如果一切顺利，旗下子公司互惠储蓄将继续从事储贷业务，但如果出现问题，则会完全退出该业务。尽管他乐观地认为立法改革会带来改善，但事实并非尽如人意。芒格对储贷行业的不满不断增加，他称一些被储贷机构用来交易的新型金融工具很荒谬。

“即便我们选择投资住房抵押贷款证券，我们也不打算购买任何复杂的金融资产。就像尽管我们热爱喜剧，但我们还是希望避免过于复杂的东西。华尔街人士将这类金融资产进行无穷无尽的划分，直至不可再分。我们避免购买这类金融资产的部分原因是我们厌恶复杂性。我们也担心州政府和联邦政府的那些调查员，他们没有物理学的博士学位，他们会一一审查我们的选择是否合理，并以成本加一定百分比的方式向我们收费，以反映附加值。现代金融的一些奇妙之处我们也无法理解，这是一个令人迷茫的时代，我们渴望与大多数人一样能够搞清楚到底发生了什么。”

在 1989 年，有大约 2 800 家储贷机构是美国储贷机构联盟的成员，然而，该联盟最终还是瓦解了，芒格的悲观预测成为现实。最终，储贷危机成为美国历史上最大的金融丑闻之一，解决这场危机花费了近十年的时间。一些分析师声称，这场危机让纳税人损失了 1 万亿美元，分摊到每个美国人头上相当于 4 000 美元。

******

除了这一切的荒谬之外，芒格意识到新的联邦法规会对威斯科金融旗下的互惠储蓄产生负面影响，虽然后者与大多数同行有着很大的不同，而且这种不同持续了相当长的时间。

根据修订后的储贷行业监管新规，互惠储蓄需要出售高质量的优先股组合，这些优先股每年带来的股息率可达 10.8%。该组合在 1989 年底的账面价值为 4 110 万美元。出售行为会带来约 870 万美元的利润，但这也剥夺了未来从这些投资中继续获得高收益的机会。

其中就包括所罗门兄弟的优先股，每年提供 9% 的分红，而且提供税收优惠。这些优先股的买入价为 2 600 万美元。尽管芒格认为出售这些优先股也能获利，但他更愿意以自己的方式来处理这些股票。

根据法律规定，互惠储蓄需要将 3 亿美元资产中的 70% 投资于房地产贷款。此外，存款保险费须相应增加。芒格告诉股东：“到 20 世纪 90 年代中期，新的保险费率是存款金额的 0.23%，多年以来的标准是存款金额的 0.083%，所以采用新规将使公司的年度盈利下降约 20 万美元。如果它仍然按照过去的办法执行，则会有更高的盈利。”

1992 年，互惠储蓄放弃了作为储贷机构的特许经营权，并将许多资产清算。由此，威斯科金融成为一家不再受储贷法规监管的金融控股公司。芒格解释说，由于涉及金融资本，互惠储蓄占用了他太多的时间。约有 3 亿美元的资本被转移给威斯科金融保险公司，该公司与伯克希尔 - 哈撒韦旗下的国民赔偿保险公司合作，从事巨灾险业务，该业务也被称为“超级猫”业务。威斯科金融保险公司保留了互惠储蓄原本持有的房地美股票。但互惠储蓄此前已将价值 9 200 万美元的贷款组合和价值 2.3 亿美元的存款业务出售给同行森菲德金融公司，后者接管了互惠储蓄旗下两个分支机构的运营。

在威斯科金融将大部分资产投入保险业务时，伯克希尔 - 哈撒韦的保险公司在资本方面已经成为世界上最大的财产保险公司之一。对于威斯科金融来说这是一个不错的业务选择，对于芒格和巴菲特来说这适合他们。芒格说：“我们为什么不继续做我们擅长且没那么复杂的事情呢？”

努力不变蠢，而不是努力变聪明

虽然芒格让威斯科金融退出了储贷业务，但他并不认为其作为控股公司会更容易运营，因为现在很难找到好的收购机会。

芒格说："对于不从事杠杆收购的威斯科金融来说，要找到好的收购机会一直很困难。"这种游戏变得越来越像是去明尼苏达州的利奇湖钓大梭鱼，芒格最早的商业伙伴埃德·霍斯金斯曾与他的印第安人向导有以下对话：

> "有人从这湖里捕到过这种鱼吗？"霍斯金斯问。
>
> "从这湖里捕到的比从明尼苏达州其他所有地方加起来的都多，这个湖因此而出名。"向导回答。
>
> "你在这里干了多长时间？"
>
> "19 年。"
>
> "那你捕到过多少？"
>
> "一条也没有。"

芒格说："威斯科金融始终在努力，从那些显而易见的事情中获利，而不是从晦涩深奥的事情中获利。像我们这样的人一直试图通过努力来保持不变蠢，而不是试图变聪明，这让我们获得了不少长期的、令人惊讶的优势。有些谚语是很有智慧的，例如'淹死的都是会游泳的'。"

不过，有些被威斯科金融收购的企业表现不佳，例如新美国电气。该公司起源于加州理工学院电气工程师格伦·米切尔发现的一个投资机会。芒格与其相识，并认为他具有商业上的天赋。

芒格建议米切尔买下这家公司，并同意参与其中。由于当时芒格个人手头上的现金不足，所以他和古瑞恩一道通过新美国基金投资了这家公司。多年来，新美国电气一直是棵摇钱树，向南加州的房屋建造商和移动房公园开发商销售电器设备。

一直到后来新美国基金清算，这家电气公司依然是一棵摇钱树，芒格向米切尔提供了三个选择：（1）将该公司的股份分配给新美国基金的持有人，这会让新美国电气成为一家由米切尔控股的小型上市公司；（2）以米切尔希望的任何方式，将新美国电气的股份全部出售；（3）由威斯科金融出面，按照一个巴菲特愿意的价格购买新美国电气 80% 的股份，其中 70% 来自新美国基金、10% 来自米切尔，其余 20% 的股份由米切尔自己保留。米切尔选择了第三种方案。

然而，该公司的业务状况很快发生了变化，米切尔的选择似乎对他来说不太理想，对威斯科金融来说也不太有利，但对像芒格这样的新美国基金持有人来说是有利的。因为次年该公司遭遇了加州房地产的周期性下跌，跌去了约 30%。

芒格说：“这是自大萧条以来南加州最严重的经济衰退，新美国电气遭受重创。威斯科金融在这项投资上的损失适中，我们之所以能够以有限的损失转手出去，并不是因为我料事如神，如果我有这种本领的话，我就绝对不会参与。这件事很令人尴尬。”

时间会治愈一切

除了持有房地美的一些股票和一些优先股之外，互惠储蓄原来还持有的 MS 房地产公司留了下来，账面净值约为 1 300 万美元。MS 房地产公司管理着位于加州帕萨迪纳市中心的一座办公楼，以及一个位于阿普兰市的小型购物中心。它属于威斯科金融的房地产板块，是芒格在圣巴巴拉开发房地产项目“芒格山庄”（又称蒙特西托海边牧场）时的责任人。

根据当时的情况，威斯科金融的业务可以分为几个板块：投资、保险子公司持有的证券以及自身的业务。在一年当中，威斯科金融有 47% 的净利润来自所持有的证券实现的收益。

1999 年底，按市值计算，威斯科金融的合并资产负债表包含 28 亿美元的上市证券。占比最大的是房地美的股票，价值 19 亿美元，数量达 2 880 万股，是 1988 年以 7 170 万美元购买的。占比第二大和第三大的分别为可口可乐和吉列的股票，价值合计为 8 亿美元。与伯克希尔 - 哈撒韦一样，威斯科金融也持有旅行者集团、全美航空的优先股，以及美国运通和富国银行的少量股票。

威斯科金融的业务可分为两大类：保险和实业。该公司有四个主要子公司：威斯科金融保险公司（Wes-FIC，总部位于奥马哈的巨灾险再保险公司）、堪萨斯银行家担保公司（KBSC）、精密钢业和考特商业服务公司。

到 1999 年底，仅子公司威斯科金融保险公司就持有价值 25 亿美元的投资资产，芒格称其为“一家成本很低但实力很强的保险公司……”然而，芒格经常这样提醒股东：“由于威斯科金融保险公司从事的是巨灾险再保险业务，每年这类业务的业绩会发生巨大的波动，所以不适合胆小的人，公司未来会不可避免地经历一些令人不快的年头。”

威斯科金融在芒格的带领下一路寻找合适的收购目标，1996 年以 8 000 万美元收购了 KBSC。这家公司成立于 1909 年，位于堪萨斯州托皮卡，其业务是为大约 1 200 家银行提供担保，包括内布拉斯加州 70% 的银行。最初，KBSC 主要是为存款提供担保服务。

1979 年，威斯科金融还拥有一家名为精密钢业的公司，该公司是一家钢铁产品供应商，有两个工厂，分别位于伊利诺伊州富兰克林公园和北卡罗来纳州夏洛特。不过，拥有这样一家公司似乎与威斯科金融的风格完全不符。

2000 年 2 月，威斯科金融以 4.67 亿美元收购了考特商业服务公司，该公司是考特家具租赁公司的母公司。

截至 1999 年，威斯科金融连续五年的营收增长率为 11.8%，每股利润增长率更是高达 27.64%。1999 年的回报率为

19.6%，之前三年的累计回报率达 58.7%，五年的累计回报率为 27.5%。虽然伯克希尔－哈撒韦不派发股息，但威斯科金融就像伯克希尔－哈撒韦拥有的其他公司一样派发股息。

芒格解释说："威斯科金融的派息政策以少数股权持有人的偏好为准。"这里指的是贝蒂·彼得斯。"至少我们了解那些将我们带入公司的股东的意愿，因此我们这么做仅仅是遵从了他们的想法。当然，你可以说'这好像有些奇怪'，嗯，你是对的。"

对此，巴菲特则进一步解释道："顺便说一下，在伯克希尔－哈撒韦，我们拥有三四家持股比例超过 80% 的公司，这些公司其余的股份由其他几个人所有，而威斯科金融有所不同，它的少数股权由多数人共同持有。无论是哪种情况，我们都会告诉这些小股东，股息政策由他们决定。在股息政策方面，税收政策对我们没什么影响，但对这些小股东有影响。他们有很多要考虑的因素，所以我们会让他们来选择股息政策。"

由于伯克希尔－哈撒韦持有威斯科金融大量的股份，同时威斯科金融的创始人家族也持有不少，所以威斯科金融的股票在股市上的交易量不大，它在美国证券交易所平均每天只有 1 300 股的交易量。公司大约有 5 000 名股东。

许多投资者会仔细研究威斯科金融的 10-Q 表格，以了解巴菲特在伯克希尔－哈撒韦的投资风格。虽然芒格不推荐这种做法，但对于试图追随巴菲特的人而言，这似乎合情合理，因为伯克希尔－哈撒韦和威斯科金融的持股情况有很多相同之处。

分析师有时将威斯科金融称为迷你版伯克希尔-哈撒韦或“经济舱版”伯克希尔-哈撒韦，二者非常相似，但威斯科金融的股价要低得多，相对于伯克希尔-哈撒韦的A股股价在40 000美元和90 000美元之间，威斯科金融的股价在220美元和350美元之间。蓝筹印花最初以约6美元的价格购买了威斯科金融的股票，后来价格大约为17美元。

芒格不喜欢拿威斯科金融与伯克希尔-哈撒韦比较，并提醒说：“威斯科金融并不像伯克希尔-哈撒韦一样优秀，也不是一个规模更小、成长更快的迷你版。相反，威斯科金融每一美元的账面资产所产生的内在价值远不如伯克希尔-哈撒韦。近年来，就资产的内在价值而言，威斯科金融与伯克希尔-哈撒韦的差距甚至越来越大。”

按照芒格的说法，这从来就不是他们的本意：“在某种程度上，我们的确在伯克希尔-哈撒韦和威斯科金融打造了一种崇拜。你可以说这是一种好的崇拜，大家彼此喜欢，我们就是这样的感觉。但在某种程度上，一些追随者对我们所做的事情非常感兴趣，他们觉得跟随我们很放心，我认为这对威斯科金融和伯克希尔-哈撒韦的股价也产生了影响。”

为了让大家保持正确的思路，芒格的做法与伯克希尔-哈撒韦有所不同，在每年的年报中，他会为威斯科金融的股东计算公司的内在价值。在1998年底，芒格表示威斯科金融的内在价值为每股342美元。当时，公司的股价为每股354美元，高于内在价值4%左右。

对于告诉股东股票被高估这件事，芒格没有任何顾虑。早在 1993 年他就曾这么说："如果这家公司被清算的话，连一只猩猩都能算出股票被高估了多少。我一直在提醒大家，但他们仍然不断买入股票。"

1999 年 6 月，芒格告诉股东公司的每股价值为 294 美元，较前一年有所下降。这种变化是基于威斯科金融所持有的股票的价格波动，这些波动带来了账面盈亏的变化。到 1999 年底，威斯科金融股价接近 52 周内的最低点 253 美元，对于那些经历了这一年股价飙升到 353 美元高点的投资者来说，这实在是令人失望。威斯科金融股价的下跌部分归因于持有的房地美股票。在连续两年上涨超过 50% 之后，由于利率上升，房地美的股价下跌明显。该股票在 1999 年 12 月至 2000 年 2 月的 14 个月内下跌了 30%。

股价的下跌并没有扰乱芒格的平静，他说："我已经 76 岁了，我经历过多个低迷期。如果你活得足够长，你就不会再追随那些时不时流行的投资时尚。"

芒格认为计算威斯科金融的内在价值为股东提供了参考，但这并不适用于伯克希尔 – 哈撒韦的股东，因为这两家公司有很大的区别。

芒格说："威斯科金融的规模相对较小，清盘也方便，不像伯克希尔 – 哈撒韦有那么大的规模，因此计算资产价值相对容易。你可以想象一下如果清算这样的公司并把支票寄给所有的股东会是怎样的情况。"

威斯科金融之所以能够吸引一群追随者，部分原因是伯克希尔-哈撒韦的影响力，部分原因是两家公司拥有一些相同的投资组合，部分原因则是芒格非同寻常的个性。

每次开股东大会，芒格虽然反感愚蠢的问题，但他还是非常愿意坐下来与大家交流几个小时，回答股东和媒体提出的问题。观众似乎也很享受这种交流，他们会一直聊到芒格实在没有时间，必须赶去参加紧随其后的董事会为止。

在 1999 年的股东大会上，当时股价波动很大，芒格向威斯科金融的股东解释说，一些问题当下看来可能很重大，但随着时间的推移，这些所谓的重大问题将变得微不足道。这就是长期投资终会有回报的原因，因为时间会治愈一切。他举例说："公司曾将账户从太平洋证券转到美洲银行，但在那里发现对不上账，银行方面没有人能解释清楚。于是，我们关闭了账户，并进行了一些相应的账目调整。五年之后，谁还会记得这件事……"

第 15 章

绽放的伯克希尔 - 哈撒韦

Charlie Munger

如果你要学开车，仅仅懂得如何踩油门是不够的。在你正确了解整个系统之前，你必须了解四五件事情。我认为有些事情更重要，在我们所处的领域，理解规模优势很重要，包括经验多寡、工厂效率、租赁经验等。例如亚当 · 斯密提到过的大头针工厂是一个很重要的例子，但它只是其中之一。

——查理 · 芒格

巴芒联手打造伯克希尔－哈撒韦

镜头转向洛杉矶的法庭现场，芒格被要求到法庭作证，因为洛杉矶一家小型法律出版商控告每日新闻集团存在不正当竞争行为。为了证明芒格在企业估值方面的经验，律师奥尔森首先确认了芒格的身份，确认他是伯克希尔－哈撒韦的副董事长、威斯科金融的董事长以及蓝筹印花的前董事长。他的证词简要概述了伯克希尔－哈撒韦是如何发展成一个21世纪的公司的。

问：芒格先生，在公司发展过程中，您是否有买卖其他公司的机会？

答：在我们已经完成的交易中，我们买进的公司比卖掉的多。由于我们过去的成功，所以一直在以买进为主。到目前为止，我想我们买进的公司超过了100家，至于卖掉的公司，也许我们卖掉了2家。我们可不喜欢所谓的“金拉米式”的管理，我们不喜欢频繁地交易，我们的风格是买进然后持有。

问：能请您向陪审团简单描述在进行收购之前分析一家公司时你们的工作流程吗？

答：当然可以。当你分析一家公司以便做出收购决策时，首先要看财务数据，但这仅仅是一个开始。如果你只是根据财务数据做出判断，你会犯下一个又一个可怕的错误。我们必须彻底理解财务数据及其含义，并提出很多具有洞见的问题，以便能够判断实际情况。

问：这些问题是不是你用于评估特定行业或业务总体环境的指引？

答：是的，我们会做这样的考虑。但就具体公司而言，我们更看重公司的质量。我们偶尔也会买入一些糟糕行业的公司，但前提是我们非常欣赏这家公司的管理层，非常欣赏公司的运营方式。

问：所以，你们在评估时也会考虑管理层的因素，是吗？

答：当然。

******

当芒格和巴菲特最终相遇时，他们都还很年轻，芒格35岁左右，巴菲特不到30岁。正如芒格的妻子南希所说的那样，他们两人都是急性子。在他们开始合作后，取得成功的速度更快了。巴菲特妥善处理了老师格雷厄姆关闭合伙企业时所接收的东海岸客户，并继续招募新的投资人，这些人大多来自家乡内布拉斯加。同时，芒格开始将加州的投资人介绍给巴菲特。

阿尔·马歇尔是芒格多年来的房地产开发兼投资伙伴。他说道："在所有人意识到巴菲特是一个了不起的天才之前，芒格就已经确认了这一点。如果我当初完全听从芒格对巴菲特的判断，我现在会更富有。”

与此相反，有一个人完全听从了芒格的建议，他就是老朋友奥蒂斯·布思。布思最初来到芒格的律所办公室是请芒格帮忙购买一家印刷厂，最终他成了芒格在房地产开发项目中的合伙人，他们一起开发了两个利润丰厚的公寓项目。1963 年，芒格建议他去见一见巴菲特。

布思回忆说：“在加入芒格的合伙企业一两年后，他告诉我一些有关巴菲特的故事，并展示了巴菲特从 1957 年开始的投资记录。1963 年或 1964 年，我前往奥马哈，在那待了一个晚上，和巴菲特聊了聊投资的事情。”

两个人彻夜畅谈。“之后不久，我就写了一张支票，成为他的投资人。由于合伙企业每年只开放一次，那一年我投了 50 万美元，第二年又追加了 50 万美元，一共投了 100 万美元。在我投入第一个 50 万美元之后就赚了，所以第二年实际的投资金额应该不到 50 万美元。此外，我还投入芒格的合伙企业 100 万美元。”

此后，巴菲特的合伙企业又持续了大约五年时间。在 20 世纪 50 年代末和 60 年代初，巴菲特开始买入一家陷入困境的、在新英格兰地区经营纺织品、手帕和西装衬里面料的制造公司。与大家一般认为的相反，伯克希尔 - 哈撒韦实际上从未制造过衬衫。巴菲特最初是从一家纽约投资公司手里买进伯克希尔 - 哈撒韦的股票。这家公司名叫特威迪·布朗，是一家与格雷厄姆有关系并以严格的价值投资方法而闻名的投资公司，办公地点靠近纽约的大中央车站。芒格开玩笑说，巴菲特“在年轻没钱的时候常去那个地方逛”。

1969 年，巴菲特解散了他的合伙企业，他的解释是股市过热，很难找到物美价廉的股票。关于投资人的资金如何处理，巴菲特有几个建议。其中之一是可以加入他的朋友鲁安的红杉基金（现在，该基金不再接受新的投资），或者也可以像他自己一样操作。

在解散合伙企业的时候，巴菲特已经累积了足够多的伯克希尔－哈撒韦的股份，足以控制该公司，他将合伙企业的很多资金和自己大部分的个人资产都投入了伯克希尔－哈撒韦。对于投资人来说，这将是信仰的一次飞跃，因为没人清楚巴菲特将会带领这家公司走向何方。后来人们可以看到，在接下来的二十年中，巴菲特一直试图将伯克希尔－哈撒韦打造成一个既有生产业务又有投资业务的企业。但是，芒格将伯克希尔－哈撒韦描述为“一家规模小而且注定要失败的新英格兰纺织企业”，他说得没错。

根据巴菲特的说法，他认为当初收购伯克希尔－哈撒韦是他投资生涯中最糟糕的决策之一。经过种种努力，迫于无奈，巴菲特最终还是放弃了将纺织业务扭亏为盈的想法。1985 年，他清算了纺织业务，完全集中于投资和持有其他公司。即使是忠诚的早期投资人，也会对重新调整后的伯克希尔－哈撒韦的惊人表现感到惊讶。

在那些由芒格引荐给巴菲特的投资人中，例如奥蒂斯·布思、阿尔·马歇尔和李克·古瑞恩，大多数人来自西海岸。布思的财富净值估计有14亿美元，现在住在洛杉矶贝尔艾尔区一座古堡式的大宅，邻居是迪士尼董事长迈克尔·艾斯纳。古瑞恩一家住在贝弗利山庄一座西班牙殖民风格的庄园，可以俯瞰山脉、林木和洛杉矶的城市景观。马歇尔和他的妻子玛莎住在加州著名的棕榈泉，在他们建有高尔夫球场的大宅中享受着退休生活。

在1976年至1986年发生了一系列事件。芒格和巴菲特结束了各自的合伙企业，蓝筹印花及其子公司并入伯克希尔－哈撒韦，一切都变得更简单。作为一家拥有保险子公司以及其他一系列子公司的控股公司，伯克希尔－哈撒韦不像一般基金公司或养老金机构那样受到基金行业规则的约束，必须进行多元化运营。该公司拥有数家财务强健的控股公司，以及一系列由精选股构成的投资组合，持股集中度非常高。至此，芒格和巴菲特为公司打下了坚实的基础，我们今天所知的伯克希尔－哈撒韦正在形成。

即使简化了公司的结构，还是有许多事情、许多交易交织在一起，收购的速度令人眼花缭乱。在芒格和巴菲特最初联手的两年里，伯克希尔－哈撒韦的主要持股包括美国广播公司（ABC）、盖可保险（GEICO）的普通股和优先股以及安可保险的股份。此外，他们还全面收购了内布拉斯加家具城和奥马哈最著名的珠宝公司波仙珠宝。他们还持有广告公司埃培智和奥美以及《波士顿环球报》的股份，后来这三家公司的股票都被出售了。

还在上大学的时候，巴菲特就曾买入盖可保险的股票，但后来卖掉了。当 1976 年他再次买入该公司的股票时，盖可保险正深陷于管理不善的泥潭，一位高管甚至自杀身亡，公司濒临破产。尽管巴菲特一般不会买入那些需要拯救的公司，但他认为盖可保险依然具有根本性的优势，并相信在严格的纪律和执行正确的方向下，公司可以存活下去并重现繁荣。巴菲特在 1963 年对美国运通做出了类似的决策，并取得了良好的效果。

在 1976 年至 1981 年，伯克希尔 - 哈撒韦向盖可保险投资了 4 500 万美元。1995 年，这笔投资的价值已经超过 19 亿美元。最终，伯克希尔 - 哈撒韦收购了盖可保险 100% 的股权。在整个过程中，芒格表示并没有什么特别的策略，有的只是观察和等待时机。

芒格说："我们的原则是等待合适的时机，你也可以说这是纯粹的机会主义。我们没有什么刻板的总体规划，如果有的话，那一定是他们把它藏了起来，不让我看到。我们不仅没有总体规划，甚至也没有总体规划师。"

1985 年，芒格和巴菲特以 3.15 亿美元的价格买下了斯考特 & 费策，卖家是著名的公司掠食者、以敌意收购闻名的伊万 · 博斯基。斯考特 & 费策是一家集团公司，旗下业务包括知名度颇高的《世界百科全书》和柯比真空吸尘器。

在 1989 年下半年，伯克希尔 - 哈撒韦进行了三笔大的交易，这表明伯克希尔-哈撒韦在商场上已经成为一个经验丰富的竞争者。他们进行了13亿美元的投资，涉及吉列、全美航空和冠军国际等公司。1989年7月，巴菲特和芒格一起与吉列的董事长科尔曼·莫克勒进行了谈判。伯克希尔-哈撒韦出资6亿美元购买吉列的优先股，后来全部转换为普通股。对于芒格和巴菲特而言，这家公司具有一种朴实淳厚的历史吸引力。吉列成立于1901年，创始人是金·吉列，公司的第一间办公室位于波士顿海滨的一个海鲜市场附近，当时叫作美国安全剃须刀公司。1904年，该公司更名为吉列安全剃须刀公司。在全世界范围内，吉列剃须刀占有40%的市场份额。除了剃须刀业务外，吉列还拥有立可白、缤乐美、华特曼钢笔和欧乐-B牙刷等品牌。1996年，吉列以78亿美元的价格收购了金霸王电池，这是吉列有史以来最大的一次收购。

吉列的净利润在1985年之后以惊人的速度15.9%增长，在20世纪90年代后期，公司投入巨额研发资金开发了一款新的剃须刀，虽然销售尚可，但并不如预期。最终，公司利润下降，拖累吉列的股价，这也成为伯克希尔-哈撒韦股价下降的因素之一。

巴芒的放手管理风格

有些分析师认为伯克希尔-哈撒韦近似于一只封闭式基金，

对此芒格持有不同看法。他说："不，伯克希尔 - 哈撒韦从来就不是一只封闭式基金。我们更喜欢经营公司而不是在股市上交易证券。伯克希尔 - 哈撒韦持有很多股票以及大型公司，我们用保险浮存金去投资股票，我们从一开始就是这样做的。我们的投资产生现金流，然后用这些现金流去购买那些能带来现金流的公司。我们喜欢这样的结构体系，为什么要改变呢？"

早在读研究生的时候，巴菲特就从格雷厄姆那里学习了保险的基础知识，那时格雷厄姆还担任盖可保险的董事长。现在，巴菲特在伯克希尔 - 哈撒韦充分运用了这些专业知识。早在芒格和巴菲特购买蓝筹印花的股票之时，伯克希尔 - 哈撒韦就开始了在保险业务方面的首次实质性尝试，以大约 860 万美元的价格收购了位于奥马哈的国民赔偿保险公司。后来，伯克希尔 - 哈撒韦的许多大型投资都是通过国民赔偿保险公司进行的。

在这期间，芒格一直在推动购买质量优异的公司，即购买那些具有长期强劲的盈利潜力且麻烦更少的公司。

芒格说："一个人在一生中如果能抓住几次重大的投资机会，就可以获得巨大的收获，彻底解决问题。这样，你既可以减少交易成本，又可以少听那些简直是胡说八道的建议…… 如果你这样做的话，政府的税收制度会每年额外奖励你 1%～3% 的复利收益。"

从喜诗糖果开始，芒格就推动巴菲特朝着为优质公司支付溢价的方向前进。根据多年好友奥尔森的观察，他说："芒格推动巴菲特投资那些具有可持续价值的公司，例如可口可乐，在这个方面芒格厥功至伟。这与芒格自己的生活方式是一致的，他不追求速胜，他追求的是长期成功。”

1988 年，伯克希尔－哈撒韦开始买入可口可乐的股票，大约在六个月的时间内购买了该公司 7% 的股份，平均每股价格为 5.46 美元，总投资额达 10.2 亿美元。对咖啡因软饮料

巴菲特、芒格和南希抵达巴菲特圈子聚会现场

上瘾的巴菲特坚信可口可乐是一家具有卓越长期前景的优质公司。巴菲特对可口可乐是如此看好，以至他甚至放弃了以前喜爱的百事可乐。

巴菲特的多年老友、《布法罗晚报》的出版人斯坦·利普西回忆道：“在许多时候是芒格提升了巴菲特的思考维度，例如追求更强大的特许经营权。他们可以在任何层面上交流，当你遇见一个在思想和生活上处在更高层次的人时，你不仅可以实现智力上的交流，还可以得到互补的想法。”

当然，当涉及具体投资时，芒格并不总是赞同巴菲特的决策，有时这对芒格是有利的。巴菲特在 1978 年至 1980 年卖出伯克希尔 – 哈撒韦持有的大都会通讯公司股票后，有些后悔。然而，芒格保留了一些个人持有的股票，后来这些股票赚了不少。

尽管取得了骄人的成就，巴菲特和芒格也有过许多投资想法最后没有成功的经历。在购买《华盛顿邮报》的股票之前，巴菲特和芒格曾去拜访该报的老板凯瑟琳·格雷厄姆，询问她是否有兴趣一起收购《纽约客》杂志。但当时凯瑟琳压根不知道这两个来自波托马克河西岸的家伙是什么人，所以毫不犹豫地拒绝了他们的提议。

凯瑟琳回忆说：“那时候，经常有人来谈项目合作。我当时在考虑是否应该成为《纽约客》杂志的合作伙伴，至少当时我不打算这么做，因为我认为它需要一个新的编辑，而我不知道应该选谁去，于是我让他们去见弗里茨·比贝（Fritz Beebe）。”

尽管未能收购《纽约客》杂志等于错失了一个机会，但这可能算不上是一个太大的损失。**在发展的过程中，犯错和误判**

是发展的组成部分。巴菲特在1977年致伯克希尔-哈撒韦股东的信中写道："在过去的十年里，我们犯了一些重大的错误，无论是在产品方面还是在人员方面。在这样的过程中，虽然犯了一些错，但依然能取得相当令人满意的整体表现，这令人欣慰。从某种意义来说，这种表现与我们的纺织业务相反。在这项业务上，即使有非常好的管理团队，也可能仅仅是表现平平。在这个过程中，我们的管理层所得到的一个教训就是，**在投资中重要的是应该进入顺风行业而不是逆风行业**。虽然有时我们会很不幸地需要重新学习。"

从20世纪80年代直至20世纪末，巴菲特和芒格展示了一系列杰出的谈判本领。当他们购买一家公司时，通常会让原来的管理层留任，并且收购过程不会有太多的繁文缛节。在收购完成之后，他们所做的仅仅是将子公司的利润集中到伯克希尔-哈撒韦，并将资本配置到效率最高、效果最好的地方。

芒格说："**对于那些我们收购的企业，我们最大的贡献是不加干预**。"他们不会干扰那些有效管理者的工作，尤其是那些具有特质的管理者。

芒格说："诚信、智慧、经验和专注，这些都是企业运营良好所需的因素。在这些年里，我们非常幸运，能够让这些神奇的伙伴加入我们的团队，并与他们共事。我认为我们已经做得非常好，很难做得更好。"

约翰·诺斯（John Nauss）是一个具有财产保险持证资格的从业者，他在一份保险业出版物上发表文章，写道："巴菲特和芒格表示，他们放手让旗下的管理团队专注于业务运营或关注其他因素而不干涉。但实际上，他们做得更好，他们为企业创造了也许是最好的运营环境，这种环境包括正确的评估，避免大量的会议和文件，因为他们对业务了如指掌，还包括资本的获取、精准有效的薪酬机制以及充分发挥个人的长项。”诺斯认为这些方法值得企业界更多的关注。

极简主义造就优秀的公司

芒格和巴菲特都表示，他们会将成本控制在最低限度，为伯克希尔 – 哈撒韦的子公司树立榜样。伯克希尔 – 哈撒韦的总部很简单，员工少而精，公司费用与其他公司相比，仅有后者的 1/250。

芒格说：“像我们这种规模的公司，我不知道哪家公司的管理成本会比我们更低。我们喜欢这种极简的方式。一旦一家公司开始变得复杂，就很难刹住车。”

“事实上，巴菲特曾考虑以重置成本四分之一的价格购买一座大楼。虽然这个想法很诱人，但最终他还是决定放弃，因为拥有如此豪华的办公环境会让每个人产生错觉。所以，我们今天依然在非常简朴的办公室中运营着我们的保险业务。”

有一次，伯克希尔 – 哈撒韦因一项收购而被要求提交“工作流程的相关文件”，对此，芒格说：“我们没有文件，我们也没有相应的员工岗位。”

但是，正如芒格经常说的那样，伯克希尔－哈撒韦的这种模式并不适合所有公司。他说：“我们将权力下放到旗下子公司，直到接近完全放手的程度……我们的模式未必适合所有人，但它适合我们和加入我们的人。但对于拥有其他管理风格的公司，例如通用电气，我们不会评头论足，它们制订计划、执行计划等，它们也做得很好，但这不是我们的风格。”他补充说：“伯克希尔－哈撒韦的资产已经精巧地组合在一起，以至不需要总部不断地输出日常智慧。”

伯克希尔－哈撒韦的股票是有史以来表现最好的股票之一。在过去的 34 年中，它的股票只有 5 年跑输标准普尔 500 指数的表现，而它的每股净资产从未出现下降。一个投资者如果在 1965 年投入 1 万美元买了伯克希尔－哈撒韦的股票，到 1998 年 12 月 1 日就会变成 5 100 万美元，而如果同期投资标准普尔 500 指数，那么只有 13.299 万美元。1999 年，根据著名投行潘恩韦博的保险行业分析师爱丽丝·施罗德的估计，伯克希尔－哈撒韦的每股内在价值应为 9.225 3 万美元。即便使用更为保守的估值方法，宝普斯特基金的赛思·克拉曼认为，伯克希尔－哈撒韦的每股内在价值也在 6.2 万～7.3 万美元。当时，伯克希尔－哈撒韦的股价从历史高点 9 万美元下跌到了大约 6.56 万美元，而且在进一步下跌。

对于这样一家有着如此优秀记录的公司，股东自然会非常忠诚，有些家庭已经连续两代、三代、四代人持有巴菲特公司的股票。例如戴维斯医生一家，不仅埃德温·戴维斯医生和他的妻子受益于伯克希尔–哈撒韦，他们的子女和家人同样受益。再如，薇拉和李·西曼自 1957 年以来一直投资伯克希尔–哈撒韦。西曼坚称："人们一直都在说伯克希尔–哈撒韦的股价太高，我说是啊，还会涨得更高。**赚钱的方法是选一只好股并一直持有。**"

伯克希尔 – 哈撒韦股东大会的奥妙

随着时间的推移，伯克希尔–哈撒韦的投资越来越多，每年股东大会的参会人数也不断增长。《布法罗晚报》的出版人斯坦·利普西说："我还记得最初的时候伯克希尔–哈撒韦的股东大会出席人数很少，巴菲特曾开玩笑说：'我们就当是开个董事会吧（实际上像是一个午餐会），然后说让大家都来吧，凑个热闹。'"当时情况就是这样。

两人的老朋友奥蒂斯·布思在 1970 年参加了伯克希尔–哈撒韦的股东大会，当时他偶然从东海岸回来，正巧遇到巴菲特，巴菲特建议他在奥马哈多待几天。布思回忆道："当时股东大会的现场只有 6 个人或 8 个人，包括弗雷德·斯坦拜克（Fred Stanback）、古瑞恩、芒格和其他一些人。等聊完了，我们一起去吃饭。"

根据《布法罗晚报》出版人、老朋友斯坦·利普西的说法，大约是在1990年，在某种程度上，伯克希尔-哈撒韦、巴菲特以及芒格在社会上的名声越来越响亮。“我第一次听到芒格说他对受人追捧感到担忧，就像对电影明星、摇滚明星那样的追捧，那是十多年前我们在博物馆见面的时候。”就是通过这次见面，利普西更深入地了解了芒格的个性。“我租了一辆普通型号的车，然后我注意到芒格租了一辆更小的车。”

1985年，参加伯克希尔-哈撒韦股东大会的人数是250人，到1999年时，达到了11 000多人。奥马哈的大部分人都会为伯克希尔-哈撒韦的周末盛会做好准备，巴菲特最喜欢的格瑞牛排店会专门订购3 000磅的菲力牛排和T骨牛排，以供预计中的1 500人在那里用餐。

在参加伯克希尔-哈撒韦股东大会的人中可能会有一些极为低调的重量级人物，其中包括美国联邦通讯委员会前主席纽顿·米诺（Newton Minnow），微软创始人比尔·盖茨（有时还有他的父亲），迪士尼的迈克尔·艾斯纳，阿比盖尔·范·布伦（Abigail Van Buren），以及芝加哥亿万富翁莱斯特·克朗（Lester Crown）等。

参会人数不断增加，对此巴菲特乐见其成，他喜欢看到股东们踊跃前来，并且努力做好展示。在会上，关于公司业务的讨论实际上只有5～10分钟，但是问答环节经常持续6个小时，有时股东会提出多达80个问题。在会上，芒格通常是巴菲特的配角，扮演着毒舌的角色。尽管如此，芒格对伯克希尔-哈撒韦依然具有强大的影响力。1997年，伯克希尔-哈撒韦的律师奥尔森被任命为公司董事会成员。

巴菲特和芒格坐在主席台上，宣扬着公司智慧，正如芒格经常喜欢提醒人们的那样，面对现实的世界。在会上，曾有一位股东抱怨说再也没有像可口可乐那样具有强大特许经营权的企业，这意味着伯克希尔－哈撒韦在未来的发展越来越难。芒格回答说："你为什么会觉得遇到这样重大的机会是容易的呢？一辈子如果能抓住两三次这样的机会，就足以让你的家庭变得非常富裕。"

芒格和巴菲特一样，是伯克希尔－哈撒韦旗下产品的拥趸，他也喝可口可乐，尽管没有巴菲特那么多。与巴菲特不喝酒不同，芒格不介意偶尔来杯啤酒或白酒以代替可乐。在1994年的股东大会上，芒格还为旗下的《世界百科全书》做了广告：

> 在伯克希尔－哈撒韦的所有产品中，我对这项产品的推荐比其他任何产品都要多……《世界百科全书》是一项非常了不起的人类成就，能够编辑出一套既易读又包含如此多智慧的百科全书是一件非常了不起的事情。

芒格虽然像其他投资者一样为伯克希尔－哈撒韦的成功感到自豪，但他还是忍不住要告诉每个人伯克希尔－哈撒韦是如何走到今天的。

在一个由芒格主持的股东大会周末晚宴上，他这么告诉一群朋友："每年都有这么多人来参加聚会，这真是太棒了。我们为什么要这么做呢？大家聚在一起这很有趣，的确如此。但这也是以一种微妙的方式说‘我很富有’，以一种巧妙的方式说‘我很聪明’。”

芒格接着说，随着最早一批股东的年纪越来越大并将股份分配给他们的继承人，股东人数增长到难以控制的程度。芒格建议每个人都带着未婚的孩子和孙子参加年会，并举办舞会，让伯克希尔－哈撒韦的继承人见面交流并结合，从而让股份集中在更少的家庭中。芒格经常会开一些多少令人感到不解的玩笑，这是其中的一个。

喜欢送股票的芒格

伯克希尔－哈撒韦变得越来越大、越来越有影响力，芒格也变得越来越富有，但对于芒格的家人而言，他们的生活一如既往，没有太大变化。对于女儿艾米莉来说，父亲是蓝筹印花的董事长，而蓝筹印花就是大家去商店买东西时得到并贴在积分册上的小贴纸。

艾米莉说：“我不记得伯克希尔－哈撒韦是从什么时候开始发展到一个与众不同的水平，我的父母非常低调，注重隐私，不想大肆宣扬。我的父亲是一个生活极其规律的人，所以一切习惯都与原来一模一样，我们也从未有过生长在富裕家庭的感觉。”

虽然在奥马哈、在星光熠熠的洛杉矶以及在整个西海岸逐渐成为名人，但在其他方面芒格并没有引起全社会的太多关注。

按照女儿艾米莉的说法就是："随着时间的推移，我们的生活方式并没有发生什么变化。直到在 1989 年上法学院时，我才意识到学校商学院的一些社团组织认出了我。"

艾米莉说他们对父亲所从事的职业缺乏兴趣"可能与 20 世纪 60 年代和 70 年代这一时间段有关。我上的大学非常自由，到处几乎是一种反商主义的氛围。有很多关于邪恶美国公司的讨论。我们所在的大学更注重公共服务或公共政策方向，这与温迪和莫莉上大学时的氛围已经完全不同"。

如果艾米莉的同学倾向于研究伯克希尔－哈撒韦，他们无疑会感到惊讶，因为该公司的运营方式与其他巨头截然不同。芒格和巴菲特一直坚持让自己的薪酬保持在较低水平。他们每人每年只拿 10 万美元的薪酬，外加一些来自非控股公司的董事酬金。芒格在 1998 年的董事酬金大约为 8.13 万美元。巴芒的巨额财富来自他们自己持有的伯克希尔－哈撒韦股份，巴菲特的持股比例要比芒格大很多，但芒格的持股比例相较于一般人也不低。

巴菲特说："芒格一家超过 90% 的净资产投到了伯克希尔－哈撒韦的股票上，我们夫妇则超过了 99%。"

虽然巴菲特表示自己几乎永远不会出售股票，但芒格有时会这样做。事实上，在 1993 年至 1997 年，他出售了价值 2 500 万美元的伯克希尔－哈撒韦股票。此外，芒格还送出去数百股，包括将一股A股送给《影响力》一书的作者罗伯特·西奥迪尼，只是因为芒格喜欢他和他的作品。

芒格说："在过去几年中，我送出了伯克希尔－哈撒韦相当大一部分股票。我送出去不少……因为我认为这是正确的行为方式。我也曾卖掉一些，因为我有自己的事业。"

******

芒格认为，从他个人的职业生涯和伯克希尔－哈撒韦的发展中，人们可以学到一些经验和教训，而且这些是可以学习的，只要人们不把简单与容易混淆，尽管他并不认为每个人都能学会。

芒格说："**对于一些简单而重要的伟大思想，人们往往低估了它们的重要性**。我认为，伯克希尔－哈撒韦是一家教授正确的思维体系并让人获得启蒙的企业，其主要价值在于证明一些伟大的思想的确行之有效。我认为我们使用的筛选方式非常实用，因为它们是如此简单。"

即便如此，在评价伯克希尔－哈撒韦时，芒格说："我知道它会表现不错，但没想到会这么好。"

芒格的孩子表示，他们会继续从父亲的榜样中受益。女儿莫莉说："这是一个丰富的宝库，有太多的东西值得学习。如果你坚持不懈，一直努力，你的生活一定会变得更好。"

第 16 章

伯克希尔–哈撒韦羽翼渐丰的 90 年代

Charlie Munger

投资其实是一场预测游戏，比的是谁能更好地预测未来。如何才能做到这一点？其中一种方法是将你的尝试控制在自己擅长的领域。如果你试图预测所有的事情，过多的尝试会因为缺乏专业化而失败。

——查理·芒格

现金收购或股票收购的利弊

芒格的法律界同行德纳姆曾表示："关于从事法律工作，芒格有一句格言，那就是最好的法律资源来自你的办公桌。"德纳姆表示，就是遵循这一理念，他与芒格、巴菲特和伯克希尔-哈撒韦的工作关系"自然而然地发展了起来"。

实际上，在20世纪70—80年代，芒格的律所是与主要客户伯克希尔-哈撒韦一同成长的。伯克希尔-哈撒韦在90年代崭露头角，一步一步发展壮大，其企业身份和在商界的地位得到越来越多的认可。从那时起，芒格和巴菲特常常发现自己是众人关注的焦点，常常处于聚光灯下。90年代初期，伯克希尔-哈撒韦拥有一系列由杰出企业和优质证券构成的投资组合。不仅企业自身的运营带来了大量现金，旗下保险公司也积累了大量浮存金，为巴菲特和芒格的事业提供了资金。收购依然在进行中，而且他们投资的对象大多是高质量的公司。

巴菲特说："芒格会提醒我专注于那些拥有强劲的盈利增长能力的优秀企业，前提是你能够确信这些能力是实实在在的，而不是有待证实的，例如像德州仪器或宝丽来那样。"

在此期间，巴菲特继续运用他从格雷厄姆那里学到的套利技巧，偶尔进行短期投资。伯克希尔-哈撒韦在1989年至1990年购买了RJR纳贝斯克的垃圾债，在1989年至1991年购买了富国银行的股份，在 1991 年收购了北美领先的鞋类制造商——H.H. 布朗鞋业公司（该公司随后又收购了洛威尔鞋业公司）。

1992 年，巴菲特收购了通用动力 14% 的股份，该公司主要由他的长期好友、芝加哥的克朗家族拥有。通用动力传统上从事军工业务，在冷战结束后业务受到了沉重的打击，管理层正在就新业务板块进行大规模重组。随后发生了一系列事情，包括东欧的战事和有一次该公司以荷兰式拍卖的方式进行股票回购。巴菲特投资该公司后，通用动力的股价表现没有令人失望，从巴菲特买入时的 11 美元飙升到了 43.5 美元，后来巴菲特将股份出售，获利不菲。同年，伯克希尔－哈撒韦收购了中央州立保险公司（Central States Indemnity）82% 的股份，这是一家信用保险公司。

1993 年，伯克希尔－哈撒韦获得了美国联邦贸易委员会（FTC）的许可，将自身对著名投行所罗门兄弟的持股比例提高至 25%。同年，伯克希尔－哈撒韦通过发行股票的方式收购了德克斯特鞋业公司，扩大了鞋类业务板块。1995 年，伯克希尔－哈撒韦通过购买 R.C. 威力家居和黑尔斯博格钻石公司，进一步扩大了家居用品和珠宝业务板块。

这时候，巴菲特和芒格开始受到批评家的抨击，尤其是《华尔街日报》，因为他们在投资方面获得的交易条件比其他投资者更有利。在一些情况下，这些交易附有有利的特别条款，例如在所罗门兄弟和全美航空，这些投资并非在公开市场上完成。在这些情况下，伯克希尔－哈撒韦被管理层称为白衣骑士，要么使公司免于敌意收购的威胁，要么提供公司所急需的资金。交易是经过谈判达成的，通常采取优先股的形式，这些优先股既有债券提供固定利息的功能，又有以指定价格转换为普通股的功能。

对此，芒格的看法是，伯克希尔-哈撒韦获得其他人无法获得的附加条款是理所应当且合适的，因为伯克希尔-哈撒韦"带来的不仅仅是资金"。在这个过程中，巴菲特还会提供建议和专业知识，而且会以"有耐心的"资本鼓励、支持管理层追求长期战略目标。正如芒格所指出的那样，当公司的股价上涨时，其他股东也会从中受益。

收购清单列举了伯克希尔-哈撒韦在 20 世纪 90 年代早期的一部分收购活动，它们均显示出一个模式。伯克希尔-哈撒韦一直坚持将投资专注于巴菲特和芒格最了解的行业范围，尤其注重在保险领域的布局。

在 20 世纪的最后十年，芒格和巴菲特在投资中首选的策略是尽可能收购整家公司。当伯克希尔-哈撒韦 100% 拥有一家公司时，可以自由安排旗下公司的利润。随着这一策略的执行，伯克希尔-哈撒韦的投资结构发生了重大转变。1996 年初，伯克希尔-哈撒韦的股票投资组合达到了 299 亿美元总资产的 76%；到 1999 年第一季度末，公司总资产达到 1 240 亿美元，而股票投资组合仅占 32%。在这三年中，伯克希尔-哈撒韦花费 273 亿美元收购了 7 家公司。在 2000 年的股东大会上，芒格和巴菲特解释说，通过 100% 拥有一家公司，他们可以将股市波动或伯克希尔－哈撒韦股价波动的影响降至最低。

伯克希尔－哈撒韦的现金及其等价物约为0.366亿美元，公司拥有AAA信用等级赋予了芒格和巴菲特强大的收购能力。著名投行潘恩韦伯的保险行业分析师爱丽丝·施罗德和格里高利·拉苹指出，伯克希尔－哈撒韦已成为企业主或企业创始人打算持续经营的公司的“首选买家”，同时将公司卖给伯克希尔－哈撒韦可以帮助公司从筹集资金和分配资本的束缚中解脱出来。伯克希尔－哈撒韦面对的卖家还包括私人持股或紧密控股的公司，这些公司的大股东想要全部或部分变现股权时，伯克希尔－哈撒韦也是最佳的交易对象。这些公司的大股东将自己的股权兑换成伯克希尔－哈撒韦的股权，这样的交易还会提供税收优惠。在完成交易之后，如果他们需要资金，可以选择出售伯克希尔－哈撒韦的股票。

在收购交易中，伯克希尔－哈撒韦更倾向于使用现金，但在必要的情况下也会采取股票收购的形式。许多家族在拥有一家公司的大量股份时通常会选择股票交易的形式，以避免税务损失，因为如果采取现金交易的形式，需要将大部分财富上缴美国国税局（IRS）。

芒格说：“伯克希尔－哈撒韦最近的收购是以股票收购为主，这并非巧合，当前在市场上进行现金收购很困难。”

潘恩韦伯的两位分析师的分析这样写道：“在进行收购时，伯克希尔－哈撒韦有能力随时动用资金来完成计划，无须经历烦琐的流程或撰写详尽的说明书，这意味着好的投资想法会首先被提交到总部奥马哈。我们相信：（1）伯克希尔－哈撒韦通常只会给它想要购买的企业一次接触的机会；（2）没有人能在第二次与伯克希尔－哈撒韦打交道时获得更好的价格。这也使得伯克希尔－哈撒韦在收购企业时具有强大的优势。”

规模之锚巨型目标

高品质的保险业务和高额的保险浮存金是推动伯克希尔－哈撒韦持续飞速发展的力量。正如早些时候提到的，巴菲特第一次接触到保险知识可以追溯到他在哥伦比亚大学上学时期，当时他发现自己的老师格雷厄姆是盖可保险的董事长。伯克希尔－哈撒韦于1967年首次投资860万美元，涉足保险行业。到了20世纪90年代末，在保险行业的投资已经超过100亿美元。芒格说，伯克希尔－哈撒韦旗下的保险公司之所以表现很好，是因为采取了保守稳健的商业策略。在1993年威斯科金融的股东大会上，当被问到为什么伯克希尔－哈撒韦不扩大保险业务时，考虑到公司的规模，芒格回答道：

> 每当人们谈起伯克希尔－哈撒韦，他们会说：“天啊，你们公司的规模这么大，为什么不扩大保险业务呢？其他公司都这么做。根据评级机构的标准，你们完全可以将业务量翻一番。”当他们看到我们有100亿美元的保险资本

> 金时就会问："这应该是每年 200 亿美元的生意，为什么你们只做了 10 亿美元的生意？"但接下来…… 会有人问道："为什么去年所有的同行都亏了，而你们没亏？"也许这些看似不同的问题是相关的。

芒格认为伯克希尔 - 哈撒韦所承保的巨灾险非常考验公司的实力，但他认为伯克希尔 - 哈撒韦已经是评估风险和处理风险的专家。芒格说，加州地震可能会导致公司面临高达 6 亿美元的险损，这的确"令人烦恼"。1994 年发生在加州北岭的地震造成了巨大的损失，具体数额公司没有透露。然而，那一年，伯克希尔 - 哈撒韦的保险部门依然从保险业务中获得了 1.299 亿美元的净利润，外加 4.194 亿美元的投资收益。

芒格说："如果我们遇到真正的巨大灾难，比如一周内发生两次安德鲁飓风那种级别的巨大灾难，那么伯克希尔 - 哈撒韦将会面临非常不愉快的一年。"

芒格和巴菲特都一再提醒股东，随着伯克希尔 - 哈撒韦资产的不断增长，维持像过去 20 年一样优异的增长率将越来越困难，无论是利润的增长还是股价的增长。

芒格解释道："当发展达到某个点的时候，规模将会成为一个锚，它会拖累你的表现。对于这一点，我们一直都很清楚。想象一下，你持有 100 亿美元的股票，当持股达到 100 亿美元之巨时，要如何才能取得难以置信的复合收益率。"

然而，他们确实找到了目标。将投资的大都会通讯公司股票卖给迪士尼后，巴菲特口袋里有了大约 20 亿美元。这时，他开始与盖可保险的联席董事长辛普森合作。在此之前，伯克希尔－哈撒韦已经持有盖可保险一半的股份，他们商讨收购剩余的一半股份。有几个棘手的问题需要解决，包括盖可保险有支付股息的传统，而伯克希尔－哈撒韦几乎从来不派息，这样一来就需要好好讨论怎么操作才算是公平的交易。

这场谈判持续了 7 个月，纽约的著名投行摩根士丹利被请来为交易设定一个公平的价格。摩根士丹利表示，根据现金流和其他衡量标准，盖可保险的每股价值应该在 50.80～73.43 美元。最终，摩根士丹利认为 70 美元是一个合理的价格。巴菲特听了之后表示想和芒格再商量一下。当天晚些时候，他向盖可保险的股东给出了每股 70 美元的现金收购提案。

最终，伯克希尔－哈撒韦斥资 23 亿美元收购了盖可保险的另一半股份。通过完全控股，伯克希尔－哈撒韦还收获了辛普森这位职业经理人，许多人由此将辛普森视为巴菲特的接班人。内向腼腆、毕业于普林斯顿大学的辛普森在盖可保险负责保险浮存金的投资，收购完成之后，辛普森继续负责这项工作，盖可保险的固定收益投资组合由伯克希尔－哈撒韦总部管理。辛普森至少从 1980 年起就一直在击败市场，其投资记录几乎与巴菲特一样优秀。然而，在 1997 年、1998 年和 1999 年，辛普森的投资回报率未能跟上标准普尔 500 指数的表现，这意味着辛普森不但没获得奖金，甚至还欠公司钱。

在 20 世纪 90 年代中期，辛普森的名字逐渐为投资者所熟知，甚至有些股东向当时已经 60 多岁的巴菲特施压，要求他透露接班人计划。巴菲特非正式地提到了一些候选人的名字，其中就包括辛普森。然而，芒格表示，巴菲特并非暗示辛普森一定会接他的班，只是表示如果有需要，辛普森可以立即就位。芒格说："我们完全可以直接任命接班人，而不必采用一些模糊的间接方式。"

在完全收购盖可保险几年后，伯克希尔－哈撒韦干了一件令整个保险界震惊的事，那就是动用 220 亿美元收购了通用再保险（Gen Re），巩固了在保险行业的领军者地位。一些分析师将这次巨额收购描述为伯克希尔－哈撒韦发展史上的"分水岭"，巴菲特本人也说"我们正在创造诺克斯堡（Fort Knox）"。

1998 年，伯克希尔－哈撒韦的股价接近历史最高点，当时巴菲特以换股的方式收购了这家再保险巨头。

巴芒的好友奥蒂斯·布思说："巴菲特具有非常惊人的把握时机的本领，他在伯克希尔－哈撒韦的股价很高时以换股的方式收购了通用再保险。"

不过，芒格指出当时通用再保险的股价也不低，这种市场整体高估的情形必然会经历一番调整。

这次收购交易导致大量机构投资者成为伯克希尔－哈撒韦的股东，因为通用再保险 70% 的股份由共同基金、保险公司和养老金机构持有。

伯克希尔－哈撒韦一直在朝这个方向发展，现在它成为一家以财险业务为主的公司，79% 的营业收入和运营利润来自保险行业。按照保费规模，它是美国第四大财险公司。它旗下的盖可保险凭借 40 亿美元的收入位居美国第七大汽车保险公司，并在总体排名中居第 18 位。通用再保险专注于为保险公司提供保障，所以它被称为再保险公司。根据保费收入和盈利规模，通用再保险是美国最大的再保险公司，也是全球第三大再保险公司，1997 年的营业收入达到 83 亿美元。除此之外，伯克希尔－哈撒韦旗下的国民赔偿保险公司是美国最知名的巨灾险承保人，该公司的领导人阿吉特·贾恩不但是保险天才，也是巴菲特的桥牌玩伴。

收购通用再保险使伯克希尔－哈撒韦的净资产总值达到了 560 亿美元之巨，在所有美国公司中位居第一，同时该公司在股市上的总市值达到了 1 200 亿美元。当然，伯克希尔－哈撒韦的保险浮存金还在不断增长。据估计，伯克希尔－哈撒韦 1998 年从所有保险业务中获得的浮存金接近 230 亿美元，到 2008 年会加速增长到近 530 亿美元。

然而，事情并非总是一帆风顺。在伯克希尔－哈撒韦收购通用再保险之后，两人没过多久就发现这家公司在承保方面犯了一个影响短期利润的错误。但是，芒格和巴菲特并未怨天尤人，经验告诉他们，从长远来看这家再保险公司依然是一个绝佳的投资机会。

痛恨航空股

公众对芒格和巴菲特的期望非常高，所以备受瞩目的更多的是那些陷于麻烦的交易，而不是一帆风顺的交易。

1990 年，巴菲特和芒格购买了全美航空价值 3.58 亿美元的优先股。根据协议，这些优先股可转换为 12% 的普通股，两人随即加入了全美航空的董事会。全美航空将这些股份出售给伯克希尔－哈撒韦是因为急需融资，同时抵御来自恶意收购者的风险。

全美航空是由大湖中央、摩霍克、皮德蒙特和西南太平洋等几家航空公司合并而成，在合并之初它便跻身于美国一流航空公司之列。但是，在经历了一个令人印象深刻的开局之后，全美航空遇到了严重的问题。

芒格和巴菲特这次陷入了真正的麻烦。在伯克希尔－哈撒韦 1991 年的股东大会上，芒格声称一家航空公司的“边际成本插上了翅膀”*。他对已经倒闭的东部航空表示了不满，因为在其为生存而奋斗时其他航空公司也被严重拖累。他认为破产法院的法官应该更早地关闭东部航空。芒格解释说，一旦一家航空公司申请破产，它就可以在不理会债务的情况下继续运

* 这是指边际成本很高。——译者注

营，因此它可以比财务稳健的航空公司更具竞争力。

在航空业面临去监管化的浪潮中，竞争变得混乱无序，就像当年储贷行业去监管化时所经历的一样。除了要面对东部航空低廉票价的竞争，全美航空在1991年至1994年还经历了一系列致命的坠机事故，这些事故打击了员工的士气和乘客的忠诚度。1994年全美航空在宾夕法尼亚州发生了一起坠机事故，造成132人身亡。经过一系列调查，美国国家运输安全委员会将该事故描述为“一次无法控制的俯冲并与地面相撞”。

1994年，全美航空停止了优先股的红利支付。同年，伯克希尔–哈撒韦对这家公司的投资进行了减记，税前账面损失达2.695亿美元。到1995年，伯克希尔–哈撒韦对在全美航空的持股仅估值为0.86亿美元，而这些股票的买入成本是3.58亿美元。

由于诉讼、运营问题尤其是劳工问题异常棘手，巴芒两人在担任全美航空董事两年后宣布辞职。当时，全美航空无法就成本节约从工会那里获得让步，因此芒格和巴菲特于1995年辞去了董事职务。

当一位投资者请芒格解释伯克希尔–哈撒韦对全美航空的投资时，芒格回答：“我很高兴你给了我一个展示自己的谦卑的机会……（在这个案例上）我们没有机会展示我们最充满智慧的一面。”

1996年，巴菲特试图出售全美航空的股份，但幸运的是，他未能成功。在接下来的一年中，全美航空报告了公司历史上最好的季度利润，虽然扭转困局就像愚公移山一样困难，但这家公司还是扭转了颓势。

巴菲特打趣道："在芒格和我离开董事会后，全美航空的命运突然开始掉头向上。"这个玩笑的意思是说如果巴芒远离某些事情，或许这些事情会变得更好。全美航空最终支付了拖欠的优先股股息，并在 1998 年 2 月 3 日赎回了伯克希尔 - 哈撒韦手中价值 3.58 亿美元的优先股。

对于这段经历，芒格回忆道："这是一次令人不悦的经历，你就只能坐在那里眼睁睁地看着投资净值不断消失，1.5 亿美元、2 亿美元，眼睁睁地看着很多曾经属于你的宝贵资金消失……那些工会只会从自己的角度看待现实。那些竞争对手，包括破产的竞争对手，他们在拒绝偿付债权人的同时，却在亏损的情况下不断破坏我们的正常业务，总之，这是一次非常不愉快的经历。所有这些都表明，这是一个高杠杆行业，因此，当整个行业出现转机时，全美航空也出现了转机…… 对伯克希尔 - 哈撒韦来说，结果虽然还不错，但我们再也不希望有这样的经历。"

******

巴菲特一直说航空业对那些旅行爱好者来说不可或缺，但对投资者来说是一场灾难。然而，他却不止一次被航空股所吸引，其中让人最为困惑的是伯克希尔 - 哈撒韦持有西南太平洋集团 20% 股份。这项投资可以追溯到芒格当年在太平洋海岸证券交易所的工作经历，是他将巴菲特介绍给古瑞恩。他们三人后来一起合作，投资了蓝筹印花、喜诗糖果以及一些其他项目。

古瑞恩曾是西南太平洋航空的主要股东和董事之一。1987年该公司的主体业务被卖给了全美航空，但其余的业务组成了西南太平洋集团。西南太平洋集团拥有7亿美元的资产，主要业务是出租剩下的飞机，其中一些飞机被出租给全美航空。此外，西南太平洋集团还拥有一家旅行社、一家石油和天然气勘探公司、一家废品回收公司和一家油料交易分销公司。

1990年，伯克希尔－哈撒韦以1 868万美元的价格收购了西南太平洋集团11.04%的股份，一共603 275股，平均买入价为每股30.96美元。在初次买入4个月后，巴菲特进行增持，持股比例达到了22.5%。

一些专家认为，巴菲特当初购买这些股票是为了帮出任该公司副董事长的古瑞恩摆脱困境。多年来，古瑞恩的财务状况一直起伏不定。有一次，他被迫以相对较低的价格出售5 700股伯克希尔－哈撒韦的股票以偿还银行债务。

古瑞恩说："一个来自纽约的经纪人打电话给巴菲特，说他手里有西南太平洋集团大约20%的股份，价格看起来便宜，于是巴菲特买下了这些股票，他相信我有回天之术。但西南太平洋集团对伯克希尔－哈撒韦来说是一项没有多大意义的资产，在账面上只有大约2 000万美元，占比之小以至你甚至感觉不到它的存在。由于各种原因，这是他最糟糕的投资之一，对我来说也一样。”

芒格的前律所合伙人查克·里克绍尔也参与了对西南太平洋集团的投资。他说：“我们从出售航空股中赚到了些钱，然后又投出去，这些投资情况不一，有的不好，有的更糟。”

伯克希尔 – 哈撒韦依然持有这些股份，虽然在全美航空的情况恢复后西南太平洋集团的业务状况也开始好转，但该公司依然存在很多问题。公司的盈利情况不稳定，几次尝试进行多元化都以失败告终。1999 年，公司的一位董事兼大股东约瑟夫·S. 皮里内亚辞职并抗议该公司的管理政策。皮里内亚建议董事会把公司出售，这位来自纽约西福德的会计师抱怨道：“你看，公司的每股账面净值是 13 美元，但是股价现在才 8 美元。”

******

为了减轻商务旅行的负担，巴菲特买了一架私人飞机，芒格则继续搭乘普通的商业航班，并批评巴菲特铺张浪费。巴菲特将这架公务机取名为“不可原谅号”，以回应芒格的批评，但他也表示曾认真考虑是否将飞机命名为“芒格号”。

后来，伯克希尔 – 哈撒韦以 15 亿美元股票加现金的方式收购了飞安国际，芒格则改变了他的观点。他告诉股东：“在飞安国际创始人的提议下，我们将公司飞机的名字从‘不可原谅号’改为‘不可或缺号’。”

飞安国际是伯克希尔 – 哈撒韦旗下最大的非保险企业，这家公司的飞行学校曾因约翰·肯尼迪在此学习飞行而声名大噪。该公司成立于1951年，由飞行员阿尔·尤尔茨基创立，他当年是抵押了自己的房屋创办了这家公司，总部位于纽约法拉盛。飞安国际使用先进的模拟器和其他培训设备，为飞机和船只的驾驶员提供高科技培训。公司拥有约500名员工，约90%的培训市场由长期合同锁定。客户通常是航空公司和政府，这些客户包括空客、贝尔直升机、波音、英国宇航、雷神、塞考斯基、利尔喷气机、洛克希德、塞斯纳、湾流等。飞安国际1997年的净利润为0.844亿美元，占伯克希尔-哈撒韦非保险业务税后利润的28%。

巴菲特大手笔买入白银却结果平平

20世纪的最后十年对伯克希尔-哈撒韦而言是一个强劲的成长期。公司的一些投资非常出色，其中许多似乎是可预见的，但也有例外，例如1998年，当时巴菲特依然在寻找那些被低估的资产。当时，人们发现白银市场上似乎有大动作，于是猜测四起、议论纷纷，但没有人将白银市场的交易与奥马哈联系起来。

伯克希尔-哈撒韦从不披露其具体投资，除非法规有要求。但是，当时白银市场中纷争不断，包括针对某些白银交易商的法律诉讼，以及有人向监管机构投诉某些交易商在操纵市场。面对这种状况，巴菲特和芒格站了出来，承认自己一直在大量收购这种贵金属。巴菲特透露，公司在 1997 年 7 月 25 日至 1998 年 1 月 12 日买入了 1.297 1 亿盎司的白银。

伯克希尔－哈撒韦发布的新闻稿称："十多年前，公司 CEO 巴菲特首次购买白银，并预计美国政府将令这种金属退出货币体系。自那以来，他一直在关注白银的基本面，但他管理的任何企业都没有持有过白银。最近几年，广泛的报道显示，由于用户需求旺盛，远远超出矿山产能和回收力度，库存大幅下降。因此，去年夏天，巴菲特和芒格得出结论，只有价格高于目前水平才有可能恢复供需均衡。"

在 1998 年的伯克希尔－哈撒韦股东大会上，芒格解释说公司以 6.5 亿美元购买了全球大约 20% 的白银，可能对白银市场产生了影响，这是巴菲特的一次非典型性投资，对公司的整体影响很小。

芒格说："整个事件对伯克希尔－哈撒韦未来的影响，就像巴菲特打桥牌的影响差不多，几乎可以忽略不计。"

芒格也提醒大家注意，伯克希尔－哈撒韦的确买了白银、航空公司的可转换优先股，但它采取的任何行动并不意味着每个人都应该这样做。

芒格说："将伯克希尔－哈撒韦视为所有美国公司的正确模式将是一个巨大的错误。如果每家美国公司都忽然之间试图将自己变成伯克希尔－哈撒韦的翻版，那将是一场绝对的灾难。"

他们在1997年夏以每盎司4.60～4.80美元的价格购买了白银。到1998年2月，价格上涨到每盎司7美元，达到了九年来的高点，但到年底时价格回落到每盎司5美元左右，并且自那以后价格相对平稳。芒格不愿透露伯克希尔－哈撒韦的白银仓位，但他表示根据当前的价格可以“非常明显地”看出白银的价格表现尚未实现预期。

迷恋开市客

芒格和巴菲特这对搭档时不时会引发投资界的惊叹，芒格有时也会有自己的想法，即便没有巴菲特的参与。例如对开市客的投资，这是一家总部位于华盛顿州伊萨卡的仓储店。

芒格说：“我非常欣赏这家公司，以至我违反了自己‘绝不参与外部董事会’的原则。在我有生之年，很难想象有人可以对零售业做出如此多的改变，为顾客增加更多的幸福感。”

芒格认为，通过以接近成本的价格销售优质商品，开市客构建了如此忠诚的客户群，以至这可以被视为一种特许经营权。“如果你和你的家人迷上了去逛开市客，这种迷恋会持续终身。”

芒格喜欢开市客的原因之一，是他非常欣赏该公司的总裁辛尔格。辛尔格的办公室没有隔墙，他与来来往往的员工没有距离感。辛尔格也是公司董事长，他曾在加州圣迭戈师从企业家索尔·普锐斯（Sol Price），后者创立了仓储店的概念。普锐斯最初开设了费马特仓储店，然后将其出售给一家德国公司，但这家德国公司似乎不太适应这个概念，无法维持仓储店的运营。普锐斯随后又创建了普锐斯俱乐部仓储店，他以这种形式将“简单包装”的概念提升到了更高的层次。普锐斯俱乐部仓储店后来被开市客收购。在仓储店这种业态中，开市客现在是仅次于沃尔玛山姆会员店的第二大存在。

芒格非常欣赏开市客关于纸巾的一个故事，他认为这可以说是代表了商业道德的典范。开市客旗下一个品牌名为柯克兰德（Kirkland），该品牌有一系列产品，开市客致力于使自己品牌的品质不亚于最畅销的同类产品。所以，当自己品牌的纸巾不能达到要求时便撤回了该产品，不断尝试，直到达标才再次上架。

开市客的总裁辛尼格补充说，虽然芒格已经是 76 岁的高龄，但他从未错过公司任何一次董事会。“他是真的相信我们的公司，他非常热爱开市客。”

鉴于芒格拥有股份并且在董事会任职，曾经有人问巴菲特为什么伯克希尔 - 哈撒韦没有购买开市客的更多股票。

对此，巴菲特回答说：“是的，你说得对，我们的确应该买入更多的股票。如果芒格平时也待在奥马哈，我们可能会拥有更多的股票。芒格一直告诉我开市客的运营很棒，但是我大约用了十年的时间才终于搞明白他的意思，所以我们持有的开市客股票不多。”

巴菲特说："实际上，我们曾打算通过场外协议的形式购买更多的股票，但我犯了自己最常犯的错误……后来，当我们开始买进的时候，股价就涨了，于是我们没有继续跟进，没有继续买入更多……如果开市客的股价保持在我们购买时 15 美元左右的水平，我们会买入更多。但当它上升到 15.125 美元时，谁会愿意多付这 0.125 美元呢，尤其是在知道之前是 15 美元的情况下。这是我的错，我犯过很多次这样的错误，这挺烦人的。"

1999 年 2 月，芒格和几位家庭成员买入一家公司 8%～9% 的股份，这家公司就是总部位于加州圣迭戈的普锐斯实业，是一家房地产投资信托基金公司，旗下一共有 31 个购物中心，这些房地产都是从原来的普锐斯俱乐部仓储店时代留下来的，其中一些租给开市客作为主力店在运营。这家公司一共有 2 370 万股优先股，芒格和家人持有其中的大约 200 万股。

像芒格一样，巴菲特也有自己的个人账户，也会进行一些独立的投资。例如在 1999 年夏季，他购买了加州一家小型电子企业贝尔工业 5.3% 的股份。2000 年 1 月，在有消息透露巴菲特购买了这家公司的股份后，他悄悄地出售了这些股份，获得了 50% 的投资回报，赚了 100 万美元。

******

巴菲特和芒格不止一次提醒人们，伯克希尔－哈撒韦也会像其他许多企业一样，在发展过程中经历艰难时刻。由于他们经常这样说，以至股东和分析师都不再当真。然而，他们说的是真的。1998 年，伯克希尔 - 哈撒韦发布的财报显示盈利较上一年下降了 24%，因为投资收益减少了一半以上。但这并不意味着伯克希尔 - 哈撒韦实际亏损了这么多。1997 年净利润降到 19.02 亿美元，折合每股净利润为 1 542 美元，而上一年这两个数字分别为 24.89 亿美元和 2 065 美元。

在其历史上，伯克希尔 - 哈撒韦的短期收益也并非一直稳定，部分原因是保险业务的最终结果通常波动较大，部分原因是芒格和巴菲特**愿意为了长期目标而放弃短期收益**。在新旧世纪交替之际，伯克希尔 - 哈撒韦旗下的通用再保险正在重组，以更好地符合整体理念，盖可保险则正在为爆发式增长做准备。

伯克希尔 - 哈撒韦的股价在 1999 年下跌了 19.9%，这是近十年来的第一次下跌，在接下来的 2000 年初，股价继续下跌，现实就是这样。芒格告诫投资者要安排好自己的财务情况，以便**无论市场发生什么疯狂的事情，他们都能留在游戏中不被淘汰**。他警告说，如果你无法承受伯克希尔 - 哈撒韦（或任何一只股票）下跌 50% 的情况，你可能就不应该持有它。股价下跌可能会损害巴芒在公众心目中的个人形象，但这种所谓的个人声望下降对他们而言可能反而是一种有益的解脱，因为他们经常被邀请发表演讲、提供建议或为数以百计的各种慈善机构捐款。

尽管市场有波动，在 1999 年伯克希尔 - 哈撒韦仍然是一家强大的公司。按运营收入计算，它在《财富》500 强榜单中排在第 75 位；如果以扣除投资收益之后的净利润来衡量，则排在第54位。但有些投资者担心，在20世纪的最后一年，伯克希尔－哈撒韦的利润会大幅下降。果然，1999年公司的净利润虽然相对可观，但仅为15亿美元，还不到1998年的一半。每股账面价值仅增长了0.5%，相对于标准普尔500指数而言，跑输了20.5%。

芒格对伯克希尔－哈撒韦的未来保持乐观，从长期来看此言不谬。他给出了非常简单的理由："从根本来说，我们拥有一批很棒的企业，我们的浮存金在不断增长，我们持有的股票也取得了良好的业绩，这些因素都没有消失。"事实也的确如此，2000年第一季度，伯克希尔－哈撒韦的净利润增长了49%。

随着公司的发展，芒格和巴菲特之间的关系有所改变。在20世纪70年代和80年代，他们每天会商讨很多次。

巴菲特说："我们现在的交流不再像以前那么频繁了，25年前我们谈得更多的是前瞻性的想法。有一段时间，我们平均每天都要交流一次甚至更多，每次通话很长的时间。他现在主要的时间都花在学校和医院上，那里是他现在主要的工作场所，这些不是我们要讨论的事情。芒格对伯克希尔－哈撒韦的参与度略比我低，但如果有什么大事或特别的事情发生，我们还是会交流。他非常理解我们的业务和原则，虽然并不像我一样参与其中，但他对公司的了解非常透彻。"

虽然巴菲特已经年近70，而芒格比他年长6岁多，但他们都没有退休的意愿。

芒格说："巴菲特喜欢这个游戏，我也很喜欢。即使是在别人认为艰难的时刻，我们也会乐在其中。"

第17章

所罗门兄弟

Charlie Munger

芒格说，随着年龄的增长，你对老朋友的包容度会越来越高，但对新朋友的包容度却相反。

——沃伦·巴菲特

危机爆发

华尔街著名的投行所罗门兄弟出事了，当巴菲特接到电话时，他正在太浩湖畔的一家餐厅里。巴菲特是站在一个电话亭里接的这通电话，那里嘈杂得很，当时是晚上 10：30。几个小时前，伯克希尔－哈撒韦的副董事长、所罗门兄弟的董事芒格就已经收到消息，当时他正在明尼苏达州的家中与家人共进晚餐。

在通常情况下，没有什么事能打断芒格在湖边的度假时光，但 1991 年的夏天非同寻常。他接到电话后迅速采取行动，这种情形等于告诉家人事情严重。

女儿温迪说："父亲从不让我们看出他正在承受压力，但是这次他完全被卷入，全身心投入这件事情。那是我们第一次看到他在用于度假的明星岛上还穿着西装。"

在伯克希尔－哈撒韦的历史上，最令人痛苦且公开的一段窘境由此揭开。根据报道，所罗门兄弟被指控涉及 122 亿美元的国债"空头套利"违规，而伯克希尔－哈撒韦持有该公司相当大比例的优先股。

这个被广泛报道的事件的主角是一个 34 岁的债券交易员，名叫保尔·W. 莫泽。他在 1990 年 12 月和 1991 年 2 月进行了超出法律许可范围的国债交易。此外，莫泽在所罗门兄弟客户的账户上进行了秘密的、未经授权的交易，然后将这些交易转移到所罗门兄弟自己的账户上。

1991 年 8 月 8 日星期四，芒格第一次从所罗门兄弟的董事长托马斯·施特劳斯和内部律师唐纳德·费尔斯坦那里得知这个消息。从第一通电话开始，芒格就怀疑所罗门兄弟的官方说法是不完整的。

当时，巴菲特正在太浩湖畔与伯克希尔－哈撒韦旗下一家子公司的一群高管共进晚餐。根据大致的细节和平稳的语气，巴菲特认为这件事并未引发极端的危机。直到星期六，在与明星岛上的芒格通了电话后，巴菲特才意识到事态的严重性。所罗门兄弟的律师向芒格提供了一份发言要点，这是一份内部文件，所罗门兄弟的高管将会在媒体采访中使用，属于即将发布的新闻稿要点。要点指出："有一部分问题从 4 月底就已经知晓。"芒格反对使用这种模糊的语气，并要求明示当时到底是谁知晓了情况。

尽管芒格对发言要点的措辞提出了质疑，但该律师解释说，管理层和律师们担心不同的措辞会对公司的财务情况产生不利影响，并影响公司每日到期的数十亿美元短期债务的滚动交易。如果引发这种情况，将是非常危险的，因为所罗门兄弟业务的杠杆率很高，公司本身的资本金只有 40 亿美元。除了短期债务外，所罗门兄弟还依赖 160 亿美元的中期债务、银行债务和商业票据等杠杆。

在《财富》杂志对所罗门兄弟事件的报道中，记者卡罗尔·卢米斯写道："所罗门兄弟这样的做法是告诉其董事和监管机构，管理层已经知晓交易员莫泽的不当行为，但极力避免公开这一点。芒格不喜欢这样的做法，认为这种行为既不坦诚也不明智。不过，由于他不认为自己是'融资'方面的专家，因而并未反对。"

对于所罗门兄弟的CEO约翰·古特弗伦德（John Gutfruend），芒格和巴菲特一向非常尊敬并且关系融洽，但芒格对其试图掩盖个人责任的行为感到愤怒。芒格承认，当晚"我们没有看到他要垮台"。

然而，从最初的那一刻起，芒格就确定所罗门兄弟产生了严重的问题。毕竟，关乎2.2万亿美元的国债是美国金融体系的基础。所罗门兄弟是美国国债的一级经销商，全美大约只有40家公司拥有这种特权，它们可以向联邦政府购买票据、债券，然后转售给客户。美国和世界其他地方的个人、企业与政府投资美国国债，是因为他们相信美国政府及其公共财政系统。然而，这个系统本身的运作基于一种脆弱的信任，一些专家担心所罗门兄弟的违规行为将毁掉美国证券市场在全球的声誉，进而推升政府的债务融资成本。

芒格和巴菲特继续就发生的问题沟通，并计划在接下来的周三（8月14日）通过电话会议召开董事会。在电话会议上，董事会拿出了第二份新闻稿，长达3页。董事会成员一致反对其中的一句话，该句话声称管理层由于来自"其他业务的压力"未能在近4个月内向监管机构寻求帮助。董事会认为这种苍白的借口没有说服力，于是更改了这句话。最终，芒格和巴菲特得知管理层早在去年 4 月就开会，并知晓某些违规行为的存在，也明白应立即向监管机构报告，但出于某种无法解释的原因，公司团队中没有人这样做。

在夏末，《纽约时报》和《华尔街日报》开始在头版头条报道所罗门兄弟事件，紧张气氛逐渐升级。与此同时，所罗门兄弟的股票在股市上遭到大规模抛售。周五，芒格穿上西装，乘坐飞机前往纽约，开始了他生命中最繁忙的第一段时光。

华尔街顶级投行

所罗门兄弟成立于 1910 年，是美国规模最大、盈利最多、最受人尊敬的投行之一。巴菲特和芒格与所罗门兄弟的关系可以追溯到多年以前，当时所罗门兄弟为伯克希尔 - 哈撒韦提供投行和券商经纪服务。1987 年，所罗门兄弟成为著名的企业掠夺者罗纳德 · O. 佩雷尔曼的敌意收购目标，佩雷尔曼是露华浓的董事长。紧急之下，所罗门兄弟的 CEO 联系巴菲特，恳请伯克希尔 - 哈撒韦出手帮忙以避免公司被收购的命运。

伯克希尔 - 哈撒韦的首席律师德纳姆记得，他第一次与所罗门兄弟有关是在周末。一个周六的早上，他接到了一通电话。他回忆说："当时，我刚刚指导完足球比赛回到家，他们通知我达成了一项收购协议，问我能否立即着手工作。于是，我立刻去了办公室，召集人手立刻开始干活。协议是在周一签署的，那次交易比平时的每一次交易都更加紧张，但这是与巴芒一起工作的典型场景，因为他们之间的合作很紧密。他们是美国最聪明、最有创造力的企业家，他们总是能想出新的方法来投资，他们之间有高度的信任，平等相处，很少意见相左。如果他们有分歧，他们会坐下来坦诚交流。”

1987 年秋，伯克希尔 - 哈撒韦投了 7 亿美元买入所罗门兄弟的可转换优先股，这是当时伯克希尔 - 哈撒韦最大的一笔投资。该优先股每年支付 9% 的股息，在三年后可以按照 38 美元 / 股的价格转换成普通股。当时所罗门兄弟的普通股价格大约是 30 美元。如果选择不转换，这些股票将从 1995 年开始在 5 年内由所罗门兄弟赎回。此外，该交易还规定了一个为期 7 年的“静默期”，在此期间巴菲特同意不再买进所罗门兄弟的更多股票。

通过这笔投资，实际上伯克希尔 - 哈撒韦已经以 7 亿美元持有所罗门兄弟 12% 的股份，成为该公司最大的股东。由于南非一家综合企业集团的子公司——矿业资源有限公司持有所罗门兄弟 12% 的股份，该交易被设定为，伯克希尔花 7 亿美元买下这家公司持有的股份。所罗门兄弟的 CEO 担心这些股份会落入敌意收购者佩雷尔曼或其他不友好的收购者手中。

复杂的情形也令各色人等各怀心思，一些股东感到不满，他们认为自己也应该有机会考虑敌意收购者的提议。此外，所罗门兄弟的一些高管认为，这项交易是一项“优惠的交易”，让巴菲特在所罗门兄弟处于弱势时占到了便宜。但是，客观来说，这项交易还是为股东带来了相当大的好处，因为它增强了所罗门兄弟的资本实力，提供了财务上的缓冲机会，并使管理层进入了出于自身原因选择的人际关系环境当中。

作为协议的一部分，巴菲特和芒格都成了所罗门兄弟的董事会成员。

芒格说："我们当时预见了一些事情，当我们买下美国广播公司和所罗门兄弟的大量股份时，巴菲特建议我加入美国广播公司的董事会。我说'你绝对不需要我去那儿'。如果所罗门兄弟真的遇到麻烦，我一个人可不够，需要我们两个人。"

对于伯克希尔－哈撒韦投资所罗门兄弟这件事，华尔街的老手们感到惊讶和不解，因为一直以来对投行的工作性质以及高管高额的薪酬和奢华的生活方式，巴菲特和芒格都持抨击态度。在 1982 年致股东的信中，巴菲特指责投资银行家为了最大化收入会提供任何建议。他形象地比喻说："**不要问你的理发师你是否需要理发**。"

巴菲特后来解释说，他明白对所罗门兄弟的投资可能并非一项完美的投资，但由于很难找到更合适的对象来配置手头的现金，而且鉴于过去有过良好的合作经历，特别是 1976 年到 1981 年伯克希尔－哈撒韦最初收购盖可保险 50% 股份的那段时间双方的合作非常愉快。

不过，巴菲特和芒格的商业理念与华尔街的确存在冲突，他们身上带有的中西部保守稳健的特征给所罗门兄弟带来了冲击。

小芒格回忆道："当他们加入所罗门兄弟的董事会时，公司当时有顶级名厨随时待命。但是，当巴菲特坐下来喝可乐、吃汉堡时，所罗门兄弟的公司文化多少发生了一些变化。"

其实在国债丑闻发生之前，就有传闻称巴菲特和芒格对所罗门兄弟的管理层感到不满，但在伯克希尔-哈撒韦1987年的年报中，巴菲特试图平息这些传闻："对投行业务的方向或未来盈利能力，我们没有特别的意见。对所罗门兄弟CEO古特弗伦德的能力和正直，我们满怀信心。"

巴菲特说古特弗伦德有时会建议客户不参与某些交易，即使这些交易对公司而言可能会带来不菲的收入，对此他评价说："在华尔街，这种超越狭隘自我的行为并不多见。"

古特弗伦德在1987年发生的一件事给巴芒留下了深刻的印象，那一年所罗门兄弟遭受了巨额的交易亏损，之后进行重组并裁掉了800名员工。那一年，古特弗伦德拒绝了公司发给自己的价值约200万美元的奖金。此外，在1989年利润下降时，他自愿减薪50万美元，只拿350万美元。

在20世纪90年代，巴菲特和芒格开始对所罗门兄弟内部管理的混乱、流程的缺失深感不安。例如，在董事会会议上，董事们拿到的都是信息陈旧的资产负债表，这令大家非常不满。

1991年8月，对这些问题的关注达到了顶峰。由于来自监管机构的压力，所罗门兄弟披露了其在国债竞标中的违规行为。有公司抱怨所罗门兄弟在价值高达122.6亿美元的国债竞标中攫取了超额单位，然后通过推高价格来挤压竞争对手，于是政府开始调查。

对于引发丑闻的交易员莫泽而言，他声称自己遭到了不公正的指控，并声称自己只是因“一时冲动”犯了一个错，在 1991 年 2 月的国债拍卖中违反规定而已。莫泽辩称自己被当作了替罪羊，他告诉《华尔街日报》，当进行交易时，他只是按照公司的要求，出价购买价值 15 亿美元的国债，但这个数量大大超出了相关规定的上限。为了防止像所罗门兄弟这样的大玩家独占市场，联邦储备委员会曾在 1990 年颁布一项规定，禁止任何一家公司在任何一次拍卖中购买超过财政部国债供给总额的 35%。

后来的调查和法庭的案卷表明，莫泽在 1990 年和 1991 年参与了多起违规交易。显然，由于担心自己即将暴露，他在 4 月向公司副董事长约翰·梅里韦瑟坦白了一些违规行为。但公司高层在得知问题时的反应却使公司雪上加霜，越陷越深。

芒格说：“当时，这位副董事长找到 CEO 说：‘这个问题我有责任向你报告。’他这么做实际上是将球踢给了对方，以保护自己。但这位副董事长还说：‘我希望你能找到一种方法来挽救这个出色的年轻人（保罗·M. 莫泽）。’CEO 找来首席法务谈了谈，对方告诉他可以立即向纽约联邦储备银行报告并求情。但 CEO 有些犹豫不决，考虑‘我要怎样做才能保住利润中心、保住这名员工’等。他一直拖到纽约联邦储备银行找来才向董事会披露了详情。这样太被动了，他的首席法务应该直截了当地告诉他：'如果你不按照我的要求去做，你会失去工作、失去声誉、失去地位，你的妻子会生气，你的孩子会因你感到羞愧。说出真相，全部说出来，尽快说出来。'本来应该被解雇的是那个交易员，但结果是公司的CEO被解雇了。"

所罗门兄弟的副董事长约翰·梅里韦瑟一向被认为是债券交易高手，他精通市场的技术运作。作为所罗门兄弟薪酬最高的高管之一，据报道，他一年的薪酬高达8 900万美元，而公司CEO只有350万美元的薪酬。尽管梅里韦瑟、施特劳斯和莫泽这些人让所罗门兄弟深陷泥潭，但CEO古特弗伦德的行为最让芒格和巴菲特感到困惑，甚至失望。

财经作家罗杰·洛文斯坦写道："对于芒格而言，古特弗伦德唤起了所罗门兄弟文化最高贵的一面，特别是它宁愿冒损失资本的风险也不赚昧心钱，他拥有一种新一代高管所缺乏的壮士气度。"

古特弗伦德是一位坚定意志的企业家，他在所罗门兄弟工作了38年，其中13年担任公司掌舵人。这位CEO虽然脾气粗暴，对媒体的容忍度很低，但他被认为是所罗门兄弟在投行界崛起的功臣。每天早晨他都会告诉所罗门兄弟的新员工要"准备好与熊搏斗"。

但与其一贯的大胆行动相比，古特弗伦德在这个事件中表现出了芒格所描述的"吮拇指式"的犹豫不决。在8月的董事会会议上，当人们了解到他一直在隐瞒所罗门兄弟在运营中至关重要的信息时，这位CEO在董事会的信誉荡然无存。

被抛弃的华尔街之王

8 月 17 日星期六，芒格从明尼苏达州飞往纽约，与巴菲特会面。两人立即与所罗门兄弟包括 CEO 在内的高管进行了会谈，会谈一直持续到晚上 11 点。最终决定，重中之重是全面披露整个事件的真相以及相关人员。

巴菲特说："芒格坚持要披露全部真相，我们不知道会发生什么。他周六下午开始工作，一直持续到周日，紧接着周一和我一起去了华盛顿。"

巴菲特和芒格立即召集了芒格原来律所的高级律师奥尔森和德纳姆，让他们来协助处理复杂的法律问题以及应对一群盛怒的联邦监管机构官员，后者正打算提起刑事诉讼。奥尔森表示，芒格为控制局势做出了巨大的贡献。他说："这非常重要，因为它早在 8 月 18 日就发生了。芒格出席了至关重要的董事会会议。那天中午，他们决定放弃董事会和前任律师之间的特权协议，这是所罗门兄弟没有被提起刑事诉讼的原因，巴菲特和芒格一起做出了这个决定。我们以最快的速度提供我们所能获得的一切资料。最终，监管机构官员决定不起诉。于是，我们更有信心了，新的领导层将从根本上消除腐败，不使问题恶化。"

直到与美国证券交易委员会（SEC）主席理查德 · 布里登会面，巴菲特和芒格才了解到背后发生的更多情况。最终，他们得知所罗门兄弟 CEO 收到了纽约联邦储备银行主席杰拉德·科里根的一封信，信中称所罗门兄弟在竞标过程中的不规范行为使所罗门兄弟一直以来与联邦储备银行之间的业务关系受到质疑，要求所罗门兄弟在十天之内提供所有它所知的“违规、违法以及疏失”行为信息。按照正常的逻辑，所罗门兄弟的董事应该了解这封信的内容。

芒格回忆了所罗门兄弟 CEO 的做法：“他把这封信交给了外部律师，但却没有把副本发送给董事。在那次危机中，我们没有了解到所有的事实，仅仅是得到了一些含糊的信息。如果我们事先知道这些信息，我们会做出不同的决策。”

芒格说纽约联邦储备银行给所罗门兄弟的信息是非常明确的，那就是“原来的管理层，你们的时代结束了，我们不再信任你们，我们不能再让你们做主承销商。随着我们的认知提高，我们的观点也发生了变化”。对于 CEO 没有向董事会提交全面完整的信息这一事实，“我们没法宽恕”。

1991 年 8 月 18 日，所罗门兄弟 CEO 古特弗伦德和董事长施特劳斯辞职。这对曾被《商业周刊》誉为“华尔街之王”的古特弗伦德来说是一个悲惨的结局。

对所罗门兄弟的惩罚

由于上述事件的影响，所罗门兄弟在股市上被暂停交易，并差点被政府下令关闭，所罗门兄弟的律师开始着手准备公司的破产工作。在一周的时间内，所罗门兄弟的股价从 36 美元以上暴跌至 27 美元以下。市场上对所罗门兄弟债券的大量抛售使公司不得不暂停自家证券的交易，这是前所未有的动作。为了阻止这场灾难，必须让公众相信所罗门兄弟不会破产。两位律师奥尔森和德纳姆在帮所罗门兄弟渡过这个丑闻难关中扮演了重要的角色，使它避免了更大的损失。

巴菲特在所罗门兄弟 1992 年的年报中写道："至少有五个机构——美国证券交易委员会、纽约联邦储备银行、财政部、纽约南区联邦检察院和司法部反垄断司——对所罗门兄弟存在的严重问题表示关切。"

巴菲特说，如果不能有效解决这些法律问题，影响将是可怕的。"如果所罗门兄弟宣布破产，那么会有接近 10 亿美元的交易无法清算。这里充满了戏剧性、人性和恐惧，就像一台末日机器。"

参议员丹尼尔·莫伊尼汉飞到纽约，看看是否能帮上忙，因为纽约有 9 000 个工作岗位岌岌可危。伯克希尔 - 哈撒韦拥有的《布法罗晚报》就在莫伊尼汉所代表的那个州。芒格说："我们对他说，纽约联邦储备银行主席（杰拉德·科里根）是一个强势的人，他讨厌政界人物的介入。我们让莫伊尼汉回到他的办公室，不要管这件事，他照做了。"

当时，巴菲特负责与管理层沟通，德纳姆回忆说："芒格则后退一步，思考更广泛的法律问题。他的思路快速且深入，具有战略性。周末，在纽约，大家做出了最终的决定，所罗门兄弟的总法律顾问应该辞职。周六早上，巴菲特给我打来电话，问我是否可以出任总法律顾问。”

但古特弗伦德、施特劳斯和总法律顾问等公司高管的辞职并不足以让监管机构满意。现在，有必要任命新的管理层，监管机构和公众都认为必须有新的管理层，而且他们必须具备很高的道德水准、值得信赖。巴菲特显然是候选人，芒格告诉他这份工作会令人发疯，但这只是警告，芒格并没有坚持。

芒格说：“当巴菲特意识到这个问题时，他自己表示愿意，大家也接受，因为巴菲特的名声很好。尼克·布雷迪（财政部长）有所让步，这是一个充分的信号。基于布雷迪的让步，我们知道这能帮我们挽回声誉。”

在巴菲特前往华盛顿在国会听证会就所罗门兄弟的丑闻作证后，芒格决定回家，发挥远程顾问的作用，除非他需要以所罗门兄弟董事会成员的身份出席。巴菲特说：“芒格知道我在尽我所能，有些事情由不得自己。我们所能做的就是希望他们不会置公司于死地。”

律师德纳姆说，即使回到加州，芒格仍然与自己保持着联系。“之后，我们讨论了一些问题和战略。芒格是一名非常投入的董事，他对最佳的处理方式有自己的看法。”

同样作为所罗门兄弟董事的辛普森评价说担任所罗门兄弟的董事是一件非常令人紧张的事情，但是这对年近七十的芒格而言，似乎没什么影响。

辛普森观察道："健康状况和年龄问题根本没有降低芒格的效率。他下了飞机（从洛杉矶来）就直接去参加所罗门兄弟的会议，态度犀利。所罗门兄弟的会议是在下午召开的，第二天早上又有一场会议，第二天芒格就已经在回家的路上了。"

辛普森回忆道："很多时候，我们都会住在西区的千禧年酒店。我们会一起吃一顿晚餐，然后再走回去。"有时候，芒格的妻子南希也会来，两人一起去看他们的儿子巴里。他是一名自由摄影师，住在曼哈顿翠贝卡社区。如果芒格夫妇一起去旅行，他们会住在上东区的卡莱尔酒店。

辛普森说："在所罗门兄弟，我们没有太多的社交活动，无论做什么事情都是直截了当。我们需要处理的问题、考虑的因素很多。这对每个人来说都是一段戏剧性的时光，我相信巴菲特和芒格遇到的情况比他们预想的要多得多。"

辛普森在所罗门兄弟董事会任职五年，其中有四年还担任了审计委员会主席，芒格是审计委员会成员。辛普森说："芒格是一个非常积极的、会发出质疑声的成员。"所罗门兄弟的审计委员会由一群积极主动、直截了当的人构成。我们每次的会议至少会开三个小时，对很多管理人员来说芒格是一个令人痛苦的家伙，他会揪住一些棘手的问题不放。有很多复杂的问题涉及会计、管理、衍生品和风险管理。想象一下一群人指出皇帝没穿衣服的样子。一般而言，管理层总是喜欢呈现出积极的一面，很少会有人专门指出有哪些陷阱、风险等。我怀疑大家都认为芒格是个怪人。例如，当事情看起来不错时他会提醒说：‘你还没有看表外项目的问题以及佣金呢。’了解一家企业的运营是很累人的，而且令人紧张。我记得从这里到洛杉矶有很多往返航班，每趟航班五六个小时。他把整个时间都花在了阅读审计材料上，他以质疑和思考的方式为公司增加了很多价值。”

当大家士气低落时，芒格还会为大家打气。律师奥尔森回忆说：“我觉得我快要累死了。然后我碰到芒格，他会说‘你行的’。”

最终，所罗门兄弟的案件以和解的方式解决，被处以相对较轻的2.9亿美元的罚款，没有面临刑事指控。所罗门兄弟还被允许保留作为政府债券主承销商的身份，可以继续从事利润丰厚的业务。巴菲特认为在这个过程中奥尔森和德纳姆两位律师有很大的功劳。

作为和解方案的一部分，所罗门兄弟承认在1991年的几次国债拍卖中存在不当行为，投标数量远超单家公司被允许的35%国债交易上限。所罗门兄弟还承认，在未获授权的情况下，以客户的名义投标，从而使公司能够购买超出规定的数量。交易员莫泽于8月被停职，后来承认对监管机构撒谎，在监狱里服刑4个月。

至于最终的决议，公司董事辛普森说：“这种情形比股东们预期的要好很多，如果他们知道真相的话，他们应该对结果很满意。”

尽管公司的许多人认为这次和解几乎是一个奇迹，但所罗门兄弟还是没有摆脱困境。面临的困难、持续的管理问题仍然存在，最重要的是在巴菲特之后谁来管理公司。

巴菲特和芒格是美国企业界薪酬最低的管理者，他们对所罗门兄弟的薪酬制度很不满。巴菲特指出，1990 年证券部门有 106 人的平均收入超过 100 万美元，尽管该部门的整体收益并不理想。巴菲特在公司的季度报告中写道："为股东创造了平庸回报的员工应该明白自己的薪酬也会有所体现。"

然而，在巴菲特执掌所罗门兄弟期间，芒格对他使用那架"不可原谅号"公务机却变得更加宽容。芒格说，如果说只有一位 CEO 有权乘坐私人飞机的话，那一定是巴菲特。"他是美国企业界最有资格的人。"

******

巴菲特在所罗门兄弟公司干了整整 9 个月，漫长且精疲力尽，他并不打算无限期地干下去。有传言称会由华尔街人士接手巴菲特的工作，例如美国基金的 CEO 约翰·伯恩或美联储前主席保罗·沃尔克都有可能被任命。1992 年，巴菲特任命出生于得克萨斯州的德纳姆为该公司的董事长和 CEO，这让金融界有些意外。

所罗门兄弟事件刚一爆发，德纳姆就在三天之内到达纽约，担任外部法律顾问。当所罗门兄弟需要解雇原来的总法律顾问时，德纳姆接过了这个职位。后来，他意识到这种情况可能会持续很长一段时间，于是在巴特里公园城附近买了一套公寓。这对德纳姆来说并不是一件容易的事，因为他的妻子是加州一名资深学者，在加州工作。重建所罗门兄弟是一项艰巨的任务，有些问题的解决，如发放过多的奖金，从来没能令芒格和巴菲特完全满意。

德纳姆说："事实证明，所罗门兄弟的问题很麻烦，而且比我想象的麻烦。我自己很清楚，与家人分开并到那里工作已经够辛苦的了，而且可能会有一个糟糕的结局，对提升职业生涯也没什么好处。好在政府问题得到解决，该公司显然能存活下来。在担任 CEO 的那段时间，在很多方面都非常有趣和具有挑战性。好的时候比坏的时候多，而且有了一个合意的结局。"

德纳姆的妻子也搬到了纽约，夫妻团圆。1997 年，德纳姆的工作终于完成了。所罗门兄弟以 90 亿美元的价格被卖给了旅行者集团，德纳姆又回到了律所。他的妻子曾经是福特汉姆大学的教职人员，在他们搬回洛杉矶后，他的妻子被任命为太平洋橡树学院和儿童学校的校长。

经过这次收购，伯克希尔 - 哈撒韦持有的所罗门兄弟股份变成了 3% 的旅行者集团股份，价值 17 亿美元。1998 年，旅行者集团与花旗集团合并，成为全球最大的金融服务公司，提供银行服务、证券销售服务和保险服务。

横空出世的长期资本管理公司及其陨落

所罗门兄弟终于渡过了困境，公司的大多数高管都幸免于难。在 CEO 古特弗伦德下台的那天，他的律师在加州与巴菲特和芒格见了面，试图就遣散费进行谈判。尽管巴菲特和芒格说他们仍然喜欢古特弗伦德，但关于他能得到多少遣散费的问题还是引发了争议。所罗门兄弟董事会开出的价码是 860 万美元，但他要求更多，一些报道称高达 5 500 万美元。于是，这位 CEO 就福利、股票期权和法律费用等问题与公司展开了争论，他说公司欠他这些。不过，他运气不佳，最终仲裁小组做出了不利于他的裁决，没有任何遣散费、没有期权、没有奖金，什么都没有。

根据与美国证券交易委员会达成的协议，古特弗伦德同意支付 10 万美元的民事罚款，同时在未经美国证券交易委员会特别批准的情况下不得经营证券公司。对此，他本人这样告诉《商业周刊》记者："我没有做任何违法的事，也没有因此被指控。"

离开所罗门兄弟后，古特弗伦德自己创业，在公司中他既是顾问又是投资者，该公司拥有 5 000 万美元的资本金。同时，作为备受争议的三边委员会的成员，他仍然在高层任职。

至于副董事长约翰·梅里韦瑟，他最终被停职三个月，并因在所罗门兄弟事件中的角色被罚款 5 万美元。当梅里韦瑟准备回到所罗门兄弟时，由巴菲特任命的负责管理投行业务的德里克·毛姆给了他一份工作，只是责任比以前的要少。梅里韦瑟拒绝了这一提议，并带领一群从所罗门兄弟出来的人在康涅狄格州的格林威治成立了一个新的对冲基金公司，公司的绰号是"所罗门之北"或"梦之队"。

即使是在古特弗伦德时期，所罗门兄弟的气氛一直就存有争议，经过此次事件也并没有完全改变。交易员和华尔街内部人士对新管理层的风格持批评态度，尤其是后者试图限制公司交易员那极高的工资和奖金，因为薪酬的增长速度超过了公司的收益增长速度。

一些心怀不满的员工离开了所罗门兄弟，包括梅里韦瑟团队的核心成员加入了他的新公司，那是一个吸引人但不幸的公司——长期资本管理公司（LTCM）。

LTCM 是一个极其复杂的存在，它采用大宗商品交易商普遍青睐的布莱克-斯科尔斯风险模型，加上其他数学模型，在国际资本市场上追求安全和盈利的交易。梅里韦瑟组建了一个团队，其中包括两位开发并改进了这个公式的教授迈伦·斯科尔斯和罗伯特·默顿，以及美联储前官员大卫·马林斯。当然，还有来自所罗门兄弟的交易天才。

投资 LTCM 的最低门槛是 1 000 万美元，但由于该团队卓越的资历和人脉，他们很快就筹到了 30 亿美元。LTCM 在头三年的回报率非常高：第一年 20%，第二年 43%，第三年 41%。

1997 年，即第四年，LTCM 的回报率为 17%，有所下降。同年，泰国爆发了一场房地产危机，并迅速蔓延至整个亚洲。次年 8 月，俄罗斯拖欠国际债务，引发了全球金融市场的恐慌。LTCM 的数学模型遭到沉重的打击，导致一天就损失了 5 亿美元。9 月，梅里韦瑟致信投资者，称该基金当年的损失已经达到 25 亿美元，相当于资产的 52%。尽管持有一些有价值的资产，但是由于 LTCM 的杠杆率很高，一旦到期结算，公司就会立刻陷入困境。一些知情人称该基金的全球投资达到了令人惊恐的 1.25 万亿美元，非常接近美国政府的年度预算。很显然，一旦 LTCM 崩溃，全世界将会受到影响。

LTCM 的问题爆发的时候，巴菲特和好友、微软创始人比尔·盖茨正在野外旅行。巴菲特从来都不是一个技术人员，他与外界的唯一接触方式是一部卫星电话。此时，芒格在夏威夷度假，使用的也是不方便的卫星电话，所以他们从未讨论过是否应该救助 LTCM。

后来，巴菲特提出以 2.5 亿美元接手境况不佳的 LTCM 的投资组合，并提出重组方案是伯克希尔 – 哈撒韦出资 30 亿美元、保险巨头美国国际集团出资 7 亿美元以及投资银行高盛出资 3 亿美元，但不承担 LTCM 的或有负债，梅里韦瑟和他的团队也不能留任。梅里韦瑟拒绝了这一方案，不久之后，在联邦储备银行的压力下，LTCM 被一个由 14 家商业银行组成的财团接手。如果 LTCM 破产，这些银行自己也会承担一些损失。这 14 家银行一共注入了 36 亿美元。梅里韦瑟和他的员工仍然持有 10% 的股份，并将在一个监督委员会的监督下运营公司。有了足够的资金进行投资，梅里韦瑟得以克服困难，到 1999 年年中期公司恢复，他偿还了银行债务，几周后悄悄地关闭了该基金。然而，一些最初的投资者从未收回他们当初投入的钱。

尽管与 LTCM 的闹剧并无联系，但芒格对此持有一种看法。他说：“这只名为长期资本管理公司的对冲基金最近因对自身高杠杆的过度自信而崩溃，尽管其重要成员的智商平均达到160。**即便是聪明、勤奋工作的人，在过度自信造成的职业灾难面前也无法幸免。在通常情况下，由于他们很聪明，他们具有依赖自己才能和方法的优越感，选择更有难度的航线，然后触礁搁浅、折戟沉沙。**”

******

所罗门兄弟事件确立了芒格和巴菲特在商界诚实的形象，但同时也显示了他们强硬的作风。企业领导人，无论他们看起来地位多么稳固，在大是大非方面，最好不要和巴芒作对。

芒格说：“当所罗门兄弟事件终结时，其所表现出的行为将供后人参考。人们会足够聪明，会意识到我们将迅速反应，超级迅速，即使这意味着可能会伤及一些罪不至此的人。”

芒格说从所罗门兄弟事件中可以学到许多的经验教训，其中之一是当出现严重问题时，高管做出的反应必须既迅速又彻底。

芒格说：“当约翰·古特弗伦德看到交易员莫泽造成麻烦时，他没有向纽约联邦储备银行报告，这是一个巨大的错误，因为后者不会要他的命。面对巨大的麻烦，不要藏着掖着，不要试图掩盖。”

尽管所罗门兄弟的失败已经广为人知，但芒格说同样的事情在未来很可能会再次发生。“我们永远不会停止批评投行文化的某些方面，让人行走在数十亿美元的乌烟瘴气里很难不发生令人遗憾的行为。”

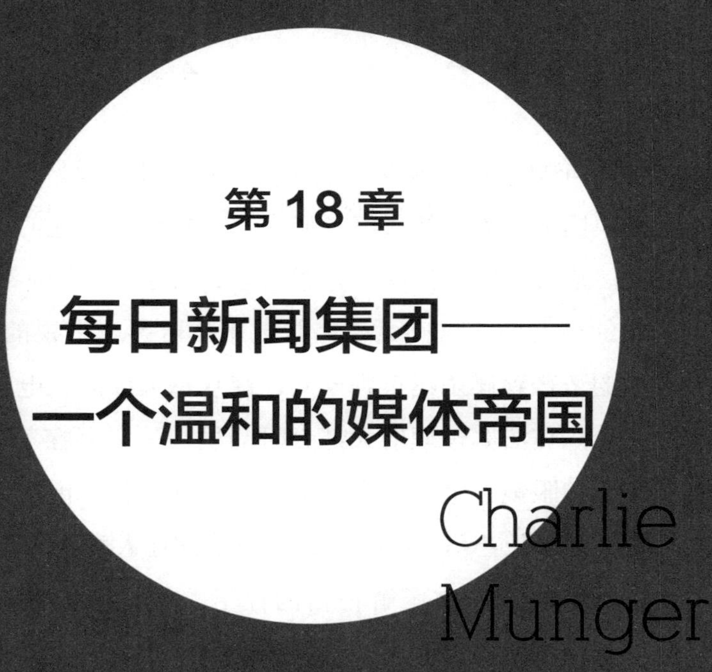

第 18 章

每日新闻集团——一个温和的媒体帝国

Charlie Munger

在我的一生中，从来没有因为谦虚而受到指责。虽然我非常欣赏谦虚这种品质，但我认为自己还没有完全拥有这种品质。

——查理·芒格

来自同行的诉讼

1999 年夏，法律专业报纸《洛杉矶每日新闻》的出版商每日新闻集团面临着同行《洛杉矶大都会新闻》提起的不公平竞争诉讼。洛杉矶联邦法院大楼很著名，位于多萝西·钱德勒音乐中心的街对面。这座大楼经常被用作电影或电视的取景地，在著名的辛普森谋杀案审判期间，观众每天都能在电视上看到这座大楼。在法庭审理的大部分时间里，一位穿着考究的老人戴着厚厚的眼镜，坐在观众席上观看审理过程，他就是每日新闻集团的董事长芒格。在最后，他被请到证人席上作证。

律师奥尔森非常了解芒格的性格，他提醒芒格在作证时仅限于直接回答问题。起初，芒格做得相当好，但渐渐地，他展现出了在伯克希尔-哈撒韦股东大会上偶尔展现出来，并每年在威斯科金融股东大会上都会展现出来的风格。这时，芒格会开始以哲学的口吻谈论他的生活、他的工作以及他对报业和新闻业的迷恋。对此，原告律师托马斯·吉拉迪（Thomas Girardi）提出异议，并询问法官："芒格的回答已经超出正常范围，难道法庭不应该让芒格直接回答问题吗？"

吉拉迪坚持认为自己从事法律工作的时间已经足够长，明白发生了什么。他说："这显然是一次有计划的预谋，芒格把陪审团要得团团转，试图表现得聪明：'我在这里亏了钱，在那里亏了钱。’但情况完全不是这样的。”

于是，法官要求芒格的代理律师奥尔森提醒当事人专注于直接回答问题。

对此，奥尔森回答说：“我会尽力的。”

即便如此，大约一小时后，原告律师再次受够了芒格，并向法官抱怨道：

> 他是个很聪明的人，我知道，大家也都知道。但我认为他的行为方式完全不合适。作为一名律师，我每次都被气得要跳起来。到目前为止的 42 个问题，他一个都没有直接回答。

很明显，芒格的风格就是这样，让他改变说话的风格几乎不可能。对于应该怎么办，法官也感到困惑。最后，法官只能要求芒格不说不相干的事情，于是庭审继续进行。

又过了半个小时，在论证“如果《洛杉矶大都会新闻》被出售，价值几何”时，坐在证人席上的芒格突然大叫：“哎哟，哎哟，哎哟。”

当芒格在某种痛苦中挣扎时，法官、律师和陪审团都在盯着他。

终于，芒格解释道：“我的腿抽筋了，这也算是衰老的暮年之美。”

面对此情此景，对方律师要求法官暂时休庭，毫无疑问，他担心芒格的身体不适会引发陪审团的同情。于是，法官让证人起身站了一会儿，以解决腿抽筋的问题。站了一会儿之后，芒格说疼痛已经消失，可以继续。

他对现场的每个人说："当你们像我一样的年纪时，你们的身体也会遇到同样的情况。"

收购《洛杉矶每日新闻》

这只不过是每日新闻集团案庭审的普通一天，对芒格来说，他已经习以为常。

芒格说："伯克希尔－哈撒韦本身几乎没有卷入什么案件，但如果你去看看我们的报纸，你会发现没有不被起诉的。各种歧视，如性别歧视、年龄歧视、种族歧视，充满争议。《洛杉矶大都会新闻》现在提起诉讼就是想让我们退出这个领域，这有点阴险。"

芒格对报业的兴趣可以追溯到在奥马哈的童年时代，当时芒格的父亲是《奥马哈世界先驱报》的首席外部法律顾问。此外，芒格家族的朋友不是主编就是编辑。总之，芒格一家人与报业渊源颇深。

对此，女儿莫莉谈到父亲时说："他非常喜欢看报纸，他喜欢看明尼苏达州的报纸。我们住在明星岛时去给爸爸买他要看的报纸可是件大事。"

芒格和巴菲特对印刷媒体都有着非凡的喜爱，这种喜爱再加上这个行业过往所展示出来的良好经济效益，促成了他们后来对《华盛顿邮报》和《布法罗晚报》的投资。但伯克希尔 - 哈撒韦只持有《华盛顿邮报》的部分股权，该报的实际控制权掌握在凯瑟琳·格雷厄姆家族手中。所以，当洛杉矶的小型法律报纸《洛杉矶每日新闻》上市时，芒格看到了拥有自己报纸的机会，并立即表现出了兴趣。这将是一份他能够产生影响力的报纸，而且正好就在他所居住的城市。

1977 年，芒格请在伯克希尔 - 哈撒韦负责《布法罗晚报》的斯坦·利普西来看一看《洛杉矶每日新闻》的情况，来指导一下业务。利普西指出，该报的版面甚至比大报要多，但遗憾的是，它的风格和内容都有些过时，需要进行现代化改造。

《洛杉矶每日新闻》在出售的消息来自芒格在太平洋海岸证券交易所时一起吃早餐的一个朋友。这个朋友恰好是芒格以前的律所合伙人，叫查克·里克绍尔。他被《洛杉矶每日新闻》的前老板请来负责出售事宜，这也是作为反垄断案和解协议的一部分。

查克说："因为我每天都和芒格一起吃早餐，我想听听他充满智慧的观点，所以我问他如何将这份报纸卖出。结果他说'我想把它买下来'。由于我们存在利益关系，所以我给他找了另一个律师作为代表。"

结果，芒格成为竞标者，最终通过自己掌控的新美国基金以大约 250 万美元的价格收购了《洛杉矶每日新闻》。1986 年 5 月，在芒格和古瑞恩将新美国基金清盘后，每日新闻集团成为一家在场外市场挂牌的上市公司，拥有数千名股东。

后来，在新美国基金清盘后，其持有的《洛杉矶每日新闻》的股票被按比例分配给了投资人。在这些获得股票的人中有布思和芒格的一些奥马哈老朋友，例如李·西曼夫妇。最终，芒格和古瑞恩成为《洛杉矶每日新闻》的最大股东，持有完全相同的股份。

芒格说："由于我有法律方面的行业背景而古瑞恩没有，所以我就顺理成章地成为公司的董事长，他是副董事长。"

惠勒－芒格合伙企业的合伙人阿尔·马歇尔成为每日新闻集团的秘书。

芒格拥有该公司大约6%的股份，他的孩子持有6%，他的孙辈另外持有6%，这样芒格家族一共持有大约18%的股份。这些股份由芒格－马歇尔合伙企业出面持有，除了芒格家族的持股之外，还包括马歇尔、布思、李·西曼夫妇的持股，以及其他一些新美国基金原始股东的持股。总的来说，芒格－马歇尔合伙企业控制着每日新闻集团34.5%的股份，古瑞恩持有18%左右，其他投资者拥有余下的部分。

该公司总裁杰拉尔德·萨尔兹曼说，尽管股东数量逐渐减少，记录在册的股东仍大约有1 700名。他说："公司董事会通过了一项在二级市场回购股份的政策，具体的执行数量依市场情况而定。例如有一年我们回购了12股，另一年我们回购了几千股。"

过了几年，芒格与古瑞恩各自有了不同的投资倾向，尽管大家仍然是朋友。古瑞恩说："我们现在唯一还在合作的就是每日新闻集团。"

在收购了《洛杉矶每日新闻》后，为了构建自己的护城河，芒格和古瑞恩陆续建立起一条与法律出版相关的产业链。随着时间的推移，每日新闻集团不仅仅是一个颇具规模的法律出版机构，更是变成了一个商业帝国，尽管还只是一个小型的地区性帝国，规模并不算大。

马歇尔说道："芒格一直都希望成为一个有抱负的媒体大亨，一直如此。"

1988 年，每日新闻集团收购了《圣何塞邮报》、《圣何塞倡导报》和《圣克鲁斯报》。收购活动一直在持续进行，到 1997 年，该公司拥有 18 份报纸，总发行量约为 3.5 万份。它的旗舰报纸《洛杉矶每日新闻》的发行量为 1.5 万份。公司还从加州律师公会手中收购了《加州律师》——该杂志拥有约 700 名付费订阅者，同时免费派送给加州的律师。除了加州，该公司在亚利桑那州、科罗拉多州、内华达州和华盛顿州都有业务。此时，每日新闻集团一共拥有 100 名记者，员工总数为 350 名。

加州是从事法律出版业务的沃土之一，该州拥有律师超过 10.5 万名，占美国律师总数的七分之一。

这时，古瑞恩和芒格都认为，这份拥有 112 年历史的报纸摆脱了弱势地位，发展成为一份有影响力的报纸，有时甚至在新闻报道方面胜过受人尊敬的《洛杉矶时报》。

尤其令芒格感到自豪的是，该报有个"每日法官简介"专栏。他说："我对此引以为豪，因为我非常欣赏法官这个岗位，如果法官的工作没有做好，那么文明社会就无法良好运行。"

尽管报纸改进了不少，对《洛杉矶每日新闻》的喜爱仍然局限在律师界。即便如此，还是有许多律师抱怨该报的资源太少，新闻报道也不够。对此，洛杉矶的另一份小型报纸《新时代》嘲讽《洛杉矶每日新闻》，将后者描述为"记者廉价的体现，以自己是一份记录当地的报纸而自豪，但对一些人来说这也意味着无望般的沉闷。也许，《洛杉矶每日新闻》陷入了永久性安全模式"。但是对别人冷嘲热讽的《新时代》甚至连自己的社论都没有，经常是转载其他媒体的作品。

一名从《洛杉矶每日新闻》跳槽到竞争对手的记者称，芒格和公司总裁萨尔兹曼都缺乏人情味，他们希望广告业务和编辑工资建立起更为紧密的联系，但对敬业的记者来说这是一个令人担忧的办报方针。他说："他们有一种商人心态，不希望发表任何不利于律所的内容或行业的负面新闻。"

与主流的《洛杉矶时报》或其他以娱乐为导向的报纸相比，《洛杉矶每日新闻》及其姊妹报在许多时候的确显得平淡无奇，因为该报的新闻多多少少是围绕一页又一页的法庭判决摘要以及律师需要的相关信息。然而，在加州，《洛杉矶每日新闻》却是大多数法律出版物自我衡量的标准。其他法律媒体试图模仿《洛杉矶每日新闻》的开庭日历、法庭规则描述及每日受理上诉报告等。

如果说《洛杉矶每日新闻》更多的是律师的工具，那么

《加州律师》的内容比它稳重的名字则显得更加生动。每日新闻集团最初购买该杂志时是与加州律师公会合作出版的。1993年，一些律师抱怨说，他们认为法律专业报道不应该与批评法律行业的报道放在一起刊登。于是，这种合办形式最终终止，加州律师公会重新出版自己的杂志。

《加州律师》的内容包括加州法律和执法的各个方面，在加州的确发生过很多令人震惊的故事。该杂志的封面上经常出现一些夺人眼球的标题，例如《欢迎你，重刑犯：现在是逃亡墨西哥的好时机》，写的是跨越墨西哥和加州边境打击美国赏金猎人的引人入胜的故事，文章还配有一张令人瞠目的蒂华纳臭名昭著的拉梅萨监狱的照片。1999 年的另一期杂志回顾了圣迭戈地方检察官接受性贿赂并在法庭上包庇当地帮派的丑闻。如果有作家打算专门写骇人听闻的真实犯罪故事，那么订阅《加州律师》将会是一个非常明智的选择，因为他会在那里发现不少故事线索。

至于每日新闻集团的业务方面，公司秘书阿尔·马歇尔称实际上日常业务是挺烦人的。他说："没有人能忍受这种煎熬，报纸并不怎么赚钱，还总是被人起诉。"这样一来二去，芒格和巴菲特都不再像以前那样喜欢投资报业。

虽然《洛杉矶每日新闻》的表现整体令人满意，但它仍然会经常遇到麻烦。由于法律广告业务利润丰厚，因此加州法律媒体之间的竞争非常激烈。如前所述，这使得《洛杉矶每日新闻》不得不在一场接一场的诉讼中为自己辩护。尽管芒格承认他投身报业更多的是为了满足个人的偏好，而不是为了赚钱，但当他认为公司的经济基础受到威胁或受到不公正的对待时，他会坚决斗争，顽强地坚持下去。

挑战芒格的人

芒格面临的挑战来自报业产业链的各个环节，最令人担忧的一次威胁发生在 1986 年，那时每日新闻集团刚上市不久。那年秋天，每日新闻集团的办公室迎来了一个胖乎乎的年轻人史蒂文·布里尔（Steven Brill）。他具有丰富的东部法律出版物的出版经验，被人称作“法律出版界的默多克”。这个人后来因为经常现身电视和杂志而全国闻名。有一天，他走进每日新闻集团的办公室，问公司是否愿意出售，他打算买下它。对此，芒格回答说：“我们没有出售的打算，无论是什么价格。”

布里尔当时 36 岁，他在北方以大约 900 万美元的价格购买了内容乏味的、具有 3 200 份发行量的《旧金山记录报》。由于《洛杉矶每日新闻》有 25% 的订户住在旧金山湾区，这一举动引起了芒格的重视。随后不久，布里尔开始打《洛杉矶每日新闻》新闻编辑室的主意。他增加了写作班子的人手，派他们去挖掘各种负面的新闻或法律界的八卦趣闻。他还向读者许诺，他会将报道范围扩大到洛杉矶以及南部地区，并暗示可能会在三年内创办一份南加州报纸。他说：“这样，大家就不用看其他报纸了。”

于是，一场关于报纸的战争开始了。每日新闻集团通过收购旧金山地区规模较小的法律报纸来增强自身实力，通常在收购之后会重新设计受欢迎的栏目、版面，扩大对北加州的覆盖范围。芒格与公司总裁萨尔兹曼联手，买下了《旧金山旗帜报》和《马林郡记者报》，两者加起来的发行量一共只有 800 份。此外，每日新闻集团还拥有《萨克拉门托日报》和总部位于奥克兰的《城际快报》。

当被问及《洛杉矶每日新闻》在旧金山湾区的扩张是不是针对布里尔时，芒格回应说：“当很多因素混合在一起时，很难区分具体是哪一种动机。但无论如何，长期而言，我们一直在考虑如何在旧金山地区做得更好。”

芒格补充说他并不担心布里尔带来的挑战，称“因为我们的《洛杉矶每日新闻》已经与作为同行的《萨克拉门托日报》共存数十年之久，仍拥有可观的利润。所以，我不认为整件事情会发展到疯狂的地步”。

******

十多年之后，芒格谈起布里尔时说：“他勇敢、聪明，他以自身的努力为新闻业的良好运行做出了贡献。但在旧金山地区竞争太激烈了，最终他卖掉了手里的所有报纸，离开了。”

1997 年，布里尔在接受《华尔街日报》的采访时也谈到了芒格。他说如果你和一个很有钱而且并不在乎钱的人战斗，这的确会让人抓狂。布里尔补充说："如果芒格花 20% 的时间来经营他的法律报纸，我们很可能就垮掉了，因为他实在是太厉害了。"

对此，芒格的回答无疑是低声轻笑，但这种反应呈现在报纸上听起来却很不顺耳。原话是这样的："我为什么要碾死一只蚂蚁呢？"

布里尔的公司主要被时代华纳持有，最终他和时代华纳的一家子公司共同推出节目《法庭电视》。当泰德·特纳将有线新闻网并入时代华纳时（特纳在有线电视方面耕耘多年，他与布里尔是多年的竞争对手），特纳在时代华纳开启了新的职业生涯。不久之后，时代华纳收购了布里尔的公司。

布里尔将自己持有的法律出版机构以及在《法庭电视》的全部股份，以大约 2 000 万美元的价格卖给了时代华纳。他的下一个项目是在 1998 年斥资 2 000 万美元推出《布里尔有话说》。这是一种集报道和评论于一体的新闻媒体，包括印刷实体和在线杂志。第一期就涉及一个有争议的故事，声称独立律师肯尼斯·斯塔尔承认向记者泄露了有关水门事件调查的信息。

后来，随着出版业的继续整合，布里尔以前的那些出版物，包括旧金山的报纸、《美国律师》和其他地区的几份法律杂志，被时代华纳以 3 亿美元的价格卖给了一家投行，名叫沃瑟斯坦–佩雷拉。

1996 年，《华尔街日报》报道称，在过去 10 年里，每日新闻集团为旗下的《旧金山日报》每年耗费 200 万美元，这是应对布里尔的高昂代价。对于这样的数字，芒格并不认同，并坚称他永远不会停办这份报纸。

来自同业的激烈竞争

在日常的运营中，每日新闻集团因各种原因不断被一批加州小报起诉，其中包括有 100 多年历史的《圣迭戈日报》。1996 年，西雅图一份刚刚创立的报纸的出版商杰夫·巴奇声称，每日新闻集团曾派总裁萨尔兹曼前往西雅图，假装有意收购他的报纸《华盛顿法律》，但在获得其商业秘密后转身就创办了一份与之竞争的报纸《华盛顿日报》，并采取倾销性的低价策略。对此，萨尔兹曼有另一个版本的说法，他称自己并没有收购对方的打算，因为对方已经濒临破产，而且拖欠了员工代扣所得税以及其他费用。无论如何，萨尔兹曼说对方在自己创办《华盛顿日报》之前就已经停刊。巴奇向全美几个不同地区的法院提起诉讼，但全部被驳回。

在《洛杉矶每日新闻》的竞争对手中，最具争议性的是由律师罗杰·格雷斯运营的《洛杉矶大都会新闻》，该报的发行量为 2 000 份。到目前为止，每日新闻集团在大多数诉讼中取得了胜利，尽管并不是全部。

在加州，《洛杉矶大都会新闻》和《洛杉矶每日新闻》之间的竞争可以追溯到 1986 年，也就是《洛杉矶每日新闻》的老编辑罗伯特·E. 沃克突然去世的那一年。芒格没有提拔沃克的副手约翰·巴比吉安，而是把总裁的职位交给了该报的首席财务官杰拉尔德·萨尔兹曼。结果，这名副手感到自己被冒犯了，于是两年后投奔《洛杉矶大都会新闻》，当上了该报副总裁兼总经理。

后来，巴比吉安指责每日新闻集团存在年龄歧视，但芒格对此予以否认。至于为什么选择提拔萨尔兹曼，芒格说："只不过恰好他是一个有才华且诚实的人而已。"

新任总裁萨尔兹曼有一双大眼睛，头发不多，表情丰富，看起来诚实可信，但他不是一个狂热的新闻从业者。自芒格和古瑞恩掌控新美国基金以来，他就一直跟着芒格。他曾在八大会计师事务所之一工作，之后离开了咨询行业，加入了新美国基金，做一些财务工作。后来，他也为芒格的律所提供咨询服务。所以，当芒格为《洛杉矶每日新闻》选择新 CEO 时，需要一个既知根知底又值得信赖的人，自然就想到了萨尔兹曼。此外，萨尔兹曼拥有公司约 1% 的股份，也就是 1.6 万到 1.7 万股。他的妻子是公司的人事总监，他的三个孩子也都在公司任职，包括《洛杉矶每日新闻》的网管雪莉·萨尔兹曼。

每日新闻集团有点像一家家族企业。1982 年，芒格的女儿艾米莉在每天下午出版发行的《每日商业》工作，这是公司旗下关于房地产行业的子报。艾米莉在那里从事报道、编辑和版面设计工作，然后回到斯坦福大学继续攻读法律学位。芒格的儿子巴里是纽约的专业自由摄影师，也曾在公司工作一段时间。

1990 年每日新闻集团收购了加州报业服务局（The California Newspaper Service Bureau），后者是一家专门负责在全州出版物上投放公告类广告的机构。对此，《洛杉矶大都会新闻》持强烈的批评态度，因为该机构日常会有大量法律公告需要刊登，通常来自一些政府机构，该机构会把所有公告刊登在自家报纸上。如果每日新闻集团正好覆盖相应的辖区，则刊登在每日新闻集团的报纸上；如果是其他辖区的法律公告，则会刊登在别的报纸上，另外收取 15% 的费用。这项业务的客户包括房利美、洛杉矶儿童服务机构以及其他被要求刊登法律公告的机构。

作为同业的竞争对手，《洛杉矶大都会新闻》在其中一起诉讼中声称《洛杉矶每日新闻》存在恶性竞争行为，指控后者对那些法律公告的广告定价低于成本，以逼迫《洛杉矶每日新闻》退出市场。《洛杉矶大都会新闻》进一步声称，《洛杉矶每日新闻》在给房利美刊登广告的过程中存在压低价格的行为，违反了在广告业务中有关“恶性竞争”的加州法律条款。对此，芒格说这种指控是错误的，因为《洛杉矶每日新闻》并没有补贴房利美等广告客户。这项诉讼涉及的金额巨大，法律专家说这可能导致《洛杉矶每日新闻》的诉讼责任超过 3 000 万美元。

1998年1月，经过三周时间的庭审，最终结案。格雷斯说，芒格在证人席上的“傲慢”和“轻蔑”行为对这个案子有着巨大的影响。尽管如此，芒格说他将在重审时再次出庭作证。他说：“我们不会输的，《洛杉矶每日新闻》不存在任何违法行为。”

不过，《国家法律期刊》报道称：“芒格先生承认，在1999年6月再次开庭时，该报会加强其辩护团队的力量。来自芒格律所的大佬罗纳德·奥尔森将与上一轮庭审的负责人布拉德利·菲利普斯一同作战。”

在第二轮庭审中，《洛杉矶每日新闻》成功为自己进行了辩护。陪审团以11∶1的票数支持芒格的报纸。然而，几周之后，《洛杉矶大都会新闻》不仅就裁决提起了上诉，还提起了额外的诉讼。

与此同时，《洛杉矶大都市新闻》在自己的企业版上将自己和《洛杉矶每日新闻》之间的斗争做了采用超大标题的主题报道。这些报道强调芒格是个富人，还刊登了一张芒格在傻笑的照片。

格雷斯写道：“1997年初，《洛杉矶大都会新闻》在起诉《洛杉矶每日新闻》的不公平商业行为时追加芒格作为被告，自那以后，芒格已经积累超过10亿美元的财富。而且，如果不是这位75岁的大亨有其他情况的话，他似乎怀有击败《洛杉矶大都会新闻》的使命。对此，我必须遗憾地说，在芒格面前，他的对手实在是不堪一击。”

1998 年，《洛杉矶大都会新闻》在报纸大战中取得了重大胜利，当时洛杉矶市政府对大批法律公告业务进行招标，结果《洛杉矶大都会新闻》赢得了这份价值 45 万美元的合同，而此前的 50 年该合同一直由《洛杉矶每日新闻》赢得。对此，《洛杉矶每日新闻》聘请了一名律师，试图在法庭上推翻这一决定。但高等法院法官罗伯特·奥布莱恩做出了偏向小型报纸的裁决，驳回了《洛杉矶每日新闻》的要求。但是，在《洛杉矶每日新闻》提起上诉后不久，该法官就被撤职了。

******

随着时代的变化，报业不再像以前那样利润丰厚。部分原因是经常会陷入法律纠纷，部分原因是企业文化和经济环境发生了变迁。首先，新闻的性质改变了。随着电视和互联网的发展，报纸的读者人数不断下降。撇开这些问题不谈，商业广告业务一直都是周期性的，在经济衰退期间，破产、拍卖之类的广告会上升，在经济强劲上升期间法律报纸的收入无疑会下降。

法律广告仍然是芒格报纸的利润之源，但收入规模渐渐呈现出萎缩的势头，因为法律公告有减少的趋势。例如，按照原来的规定非营利组织每年必须公告它们的情况，但现在不再有这样的要求。全国各地的许多政府机构都在寻求修改法律，请求允许它们在互联网上发布广告。法院也正在认真考虑这些呼声。

对此，每日新闻集团的总裁萨尔兹曼说，作为一项预防措施，“我们尽量不再依赖法律广告”。每日新闻集团旗下的报纸试图提高知名度以及拓展商业广告业务，公司已经扩展到新的相关领域。

除了《加州律师》和《众议院法律顾问》这两本杂志，每日新闻集团还在印刷业务方面取得了相当不错的效果，比如印刷法庭规则手册、司法概况和其他与法律行业相关的指南、目录和手册等。

不久前，每日新闻集团收购了一家为法院系统提供案件管理软件的公司，名为选择信息系统公司。收购完成之后，该系统公司被更名为维持技术公司。维持技术公司看起来像是每日新闻集团最有前途的新业务板块，开发了联合司法系统程序，迄今为止已经有三个国家以及美国九个州的法院系统安装了该程序。

由于新业务的发展以及加州出版活动的集中，每日新闻集团在洛杉矶原来办公楼的附近新建了一栋办公楼，办公空间几乎翻了一番。

尽管在经营上遇到一些困难，但自 1977 年芒格和古瑞恩以大约 250 万美元收购以来，每日新闻集团的净资产依然取得了大幅增长。据估计，这家不起眼的媒体企业现在的价值约为 6 500 万美元。1999 年财年的营业收入为 3 700 万美元，较前一年有所增长。但由于这一年的诉讼费用额外沉重，导致公司的净利润降为 190 万美元，较前一年下降了 40%。

市场上始终有潜在买家对收购这家媒体企业感兴趣，但芒格说每日新闻集团让他“有了社会建设的参与感”，并拥有不错的财务前景。古瑞恩说，他和芒格从事这个行业既是出于对新闻业的热爱，也是出于看好公司的收入前景。古瑞恩说：“两方面的因素都有，我们很幸运能参与其中，因为我们所有人（芒格、巴菲特以及他自己）都不需要做任何我们不想做的事情，芒格和我都喜欢这样的感觉。我们在为司法系统服务，还能赚到钱，而且每年都在增加，这个过程充满了乐趣，我们还在努力让公司变得更好。”

他接着补充说：“对于芒格而言，钱并非一切，我们更希望有机会能将社会文明向前推进一步。”

虽然芒格非常关注《洛杉矶每日新闻》发生的事情，但他说自己花在该报的时间只有 5% 或更少。尽管他随时可以在有需要的时候出现，但他将主要的工作交给了总裁萨尔兹曼，放手让后者经营公司。

芒格说：“尽管我很积极，但是速度并非我的所长，我在报纸事务上很活跃，但在报纸编辑方面并不活跃。”

每年秋天公司都会举行一场早餐会，所有董事会成员、出版商、编辑部门负责人都会参加。芒格和古瑞恩也会出席，听取公司管理层对未来一年的预期和计划。总裁萨尔兹曼说芒格和古瑞恩对讨论做出了相当大的贡献。他说：“古瑞恩抓住重点的速度可与芒格媲美，甚至更快。他们都相当快，我不需要教他们怎么做。”

偶像也有偶像

每日新闻集团的办公地点在洛杉矶的一个工业区，旁边是一个日裔聚居区，许多动作片和汽车相互追逐的影片都在这里取景，包括《蝙蝠侠》的一系列镜头。每日新闻集团的办公楼已经有十年房龄，公司环境令人愉快，舒服而朴素，距离法院以及各种政府大楼都很近。在公司大楼前有一个喷泉，里面铺满了卵石，还有一个黄铜制的海獭雕像。如果按照芒格的想法，这里应该摆放一个本杰明·富兰克林的铜像，因为那是他的偶像。

纵观富兰克林的一生，他的经历极其丰富。他做过编辑、作家、立法者、科学家、发明家（发明了富兰克林炉灶和双焦眼镜）、外交家、独立战争英雄，是美国的国父之一。有一次，在洛杉矶的圣巴巴拉，芒格对扶轮社的听众说："富兰克林的故事怎么讲都讲不完，他出身卑微而贫寒，父亲是脂烛匠，天天与陈腐的脂肪打交道。富兰克林在家中 17 个孩子里排名第 15，只上过两年学。他 84 岁离世，也许是世界上最著名的人，即便不是，应该也很接近。"

按照老朋友古瑞恩的说法，芒格对本杰明·富兰克林的喜爱有时会盖过他的常识。他说："当我们建造公司新大楼时，发现法规有一个要求，就是你必须将建筑成本的 3% 用于艺术，或者作为对城市艺术基金的捐款。于是，芒格建议说：‘为何不建一个富兰克林的雕像，把他那些名言刻在雕像基座上，这样看起来既和蔼可亲又充满智慧？’我说：‘拉倒吧！我们的员工可不想被人说教，让我们干些令人轻松愉快的事吧。’他想了一会儿，说：‘我认为你是对的。’于是，我们找来一位艺术家建了现在这个海獭雕像和喷泉。”

不过，有关富兰克林的事情并没有就此完结，古瑞恩说：“芒格还是打定主意要为富兰克林建一个半身像，于是委托一位艺术家制作了大约 20 个。我拿了一个，他带走一个放在办公室。他还送给马尔伯勒学校和哈佛－西湖中学几个，其他作为礼物送给了其他人。”

第 19 章

慈善医院

Charlie Munger

对于年轻人来说，就职业的角度而言，早年的我并不是一个好榜样，因为我对社会文明的贡献不足以回报社会对我的奖励。

——查理·芒格

原本并不美好的医院

慈善撒玛利亚医院是洛杉矶历史最悠久、最受信赖的医院之一，有一年医院在招新院长。作为候选人之一，安德鲁·利卡正在拥堵的高速公路上驾驶，他需要穿过洛杉矶市区，去和医院的董事见面。此时，交通状况并不是他所担心的，因为他一心在考虑如何应聘的事。

该医院在南加州医疗界以提供高质量的医护服务而闻名，但它同样闻名的还有经常存在的财务问题以及管理人员的高流动率。事实上，根据利卡的回忆，内部斗争和组织混乱是导致这些现象的原因。“这个地方乱得就像波黑。”

到医院后，利卡的联系人告诉他，这个问题的部分原因在董事长芒格身上，他每隔几周就召开一次执行委员会会议，几乎没有给管理层多少平静的空间。此时的利卡已经顾不上那么多，直奔医院一楼的一个小会议室，执行委员会的成员都聚集在那里。突然，门打开了，芒格大步走了进来，在会议桌的一头坐了下来。

利卡回忆说：“芒格走了进来，我觉得他甚至都没有抬头看我一下。他说：‘嗯，这家医院有很多问题，这些、那些……’他讲了 35～40 分钟。最后，他问了我一个问题，但并没有给我回答的机会。”

几分钟后，芒格站了起来，利卡也站了起来，伸出手打算和芒格握手。但是，芒格根本没有理会，而是转过身大步走出会议室。

利卡回忆说："我对其他人说'我认为他不喜欢我'。"没想到大家齐声回答说："不，他很喜欢你。"

利卡问："那他为什么不和我握手？"

其中一位解释说："他有只眼睛失明了，没看见你伸出的手。"

尽管获得这样的解释，利卡还是觉得自己没戏，并且开始怀疑自己是否真的想要这份工作。利卡和芒格两人看起来似乎没有什么共同之处。很难将利卡描述为常春藤学霸一类的人。读本科时，利卡就读于他家附近的一所学校——加州大学河滨分校，这是一所虽然有点破旧但学术能力很强的大学，位于洛杉矶盆地烟雾弥漫的东部边缘。之后，利卡在加州州立大学北岭分校获得了工商管理硕士和健康管理硕士学位，并在非营利医院管理岗位上工作了 16 年。他拥有空手道黑带，还有一辆赛事级的哈雷摩托。总之，利卡和芒格看起来区别很大，这两人之间不多的明显的相同之处在于利卡也出生于中西部，对医院的运营十分了解而且比较关心。

利卡去医院面试的那一周还安排了其他几项面试，但那天在他打算离开的时候，他被要求留下来见一下关键人物。于是，利卡被迫取消了整个下午的安排，然后被提醒第二天再来接受更多的面试。

不久之后，他又见到了芒格。芒格直奔主题。芒格想聘用利卡，开出的薪酬等条件很吸引人。那么，利卡是如何回答的呢？

利卡回忆说："我说，通常这么重要的事情我喜欢和妻子讨论一下。"芒格什么也没说，只是盯着利卡。在一阵尴尬的沉默之后，利卡让步了，他说："不过，在今天这种情况下我认为没有这个必要了。"

芒格说："太好了，这就是我要雇你的原因。"

虽然芒格有一些古怪，但利卡立刻就知道自己喜欢他，并觉得可以从他身上学到很多东西。

对于医疗行业，利卡有自己的看法："医疗是一项非常艰苦的业务，你需要对它有信仰。我很喜欢这个行业，我觉得自己就属于这里。"

他们在合作开始之后便就管理工作达成了一致，芒格召开执行委员会会议的频率不得超过每月一次，日常工作必须放手让利卡负责。当然，日常的微观管理也不是芒格的风格，尽管他会毫不犹豫地给手下打电话，并分享他的想法。芒格只召开每两周一次的会议，因为他觉得有必要。

回馈社会的理念

芒格之所以加入这家医院的董事会，是因为受到了洛杉矶教区大主教迪克·西弗的邀请，他们是很好的朋友。芒格说："我当然知道医疗行业是个麻烦的行业，一旦你陷进去，你就很难脱身。"但芒格的处世哲学是，一个一流的人至少主动接受一些挑战，即便失败的概率很高。就像他反对不劳而获一样，他认为付出时间、付出智慧，用自己的名声去冒险，这和捐款一样重要。

芒格之所以参与社区服务事业，是为了减轻自己积累了这么多财富的负疚感，他认为自己的财富超过了应有的范围。芒格说："约翰·梅纳德·凯恩斯通过为自己的学校赚钱以及为国家服务来弥补他犯下的投资组合管理'原罪'，同样，我通过从事一些社会活动来弥补，而巴菲特通过成功的投资成为一名伟大的老师。"

芒格曾将自己持有的部分伯克希尔-哈撒韦股票分别捐给慈善撒玛利亚医院、计划生育组织、斯坦福大学法学院和哈佛-西湖中学，每家得到的数量是几百股。芒格夫妇每个月都要花几个小时在社区工作上，其中大部分是在洛杉矶。除了长期资助计划生育组织外，芒格还曾在哈佛-西湖中学、国家住房合伙企业和其他组织的董事会担任职务。国家住房合伙企业是 20 世纪 80 年代成立的公私合作组织，致力于改善美国低收入家庭的住房条件。不过，后来芒格对该组织的工作方式越来越不满意，最终辞去了董事职务。

就奉献社会而言，芒格的习惯是通常会选择两三项重要的公益事业，然后集中精力发挥作用。就像他和巴菲特保持在他们的“能力圈”范围内一样，他们参加公益事业时会选择自己真正理解的领域。芒格在慈善工作中发展出了一个“能力圈”，他主要关注生育、医疗和教育。

芒格的夫人南希是一位水彩画家，她把艺术列入自己的能力圈。她是著名的亨廷顿图书馆、艺术品收藏馆以及圣马力诺植物园的董事会成员，后者距离洛杉矶市中心约10英里。亨廷顿图书馆的特色是英美文明，拥有全美最全的18—19世纪英美艺术收藏品，还拥有海量的图书馆藏。托马斯·庚斯博罗的名作《蓝衣少年》和托马斯·劳伦斯的名作《红衣男孩》都收藏于此。为纪念历史上的淘金热以及加州建立150周年，在1999—2000年当地举办了一个大型展览，芒格夫妇进行了资助。

对于公益事业无法通过市场解决盈利问题，芒格认为那些成功的幸运儿有支持的义务。此外，针对很多公司在对外捐赠时仅仅是公司高层依据自己的喜好来决定，而公司股东几乎没有发言权，芒格认为这对股东是不公平的。1981年，芒格为伯克希尔-哈撒韦制订了一项新颖的企业慈善计划。伯克希尔-哈撒韦当时的总股本大约为100万股（当时的股价为470美元），对应每一股，公司会拿出2美元捐给股东选定的慈善机构。例如，某人拥有1 000股，他可以指定向救世军或美国红十字会捐赠2 000美元，或他选择的任何其他非营利组织。该计划非常受伯克希尔-哈撒韦股东的欢迎，他们许多人的大部分财富是手里的伯克希尔-哈撒韦股票。这项慈善计划可以让他们在不卖出股票的情况下进行捐赠，这帮了他们的大忙，避免了额外的税费。

芒格对公益事业的热情无疑与他的成长经历有关，对此《布法罗晚报》的出版人斯坦·利普西感同身受。利普西与巴菲特和芒格是奥马哈老乡，并一直住在奥马哈，直到他被巴菲特邀请去布法罗负责管理《布法罗晚报》。利普西说："在奥马哈，你早上起床时会问自己：'今天我要为这个城市做些什么？'这是一个价值观问题，就像一种家庭结构，在这里有一种期望对自己的城市有所贡献的文化氛围。"

芒格的一些慈善工作也存在遭人非议的情况，特别是他在计划生育组织的活动，以及近年来在非营利的慈善撒玛利亚医院任董事一事。

慈善撒玛利亚医院由一系列白色建筑构成，坐落于洛杉矶最高端的社区之一，距离罗伯特·肯尼迪总统被暗杀的国宾饭店不远。按照芒格的继子哈尔出于礼貌的说法，医院周边的环境处于变迁过程中，"但我认为它还没有找到自己的方向"。

该地区曾经遍布高级百货店、餐馆和公寓，但现在许多建筑空空如也。目前，这个地区已经渐渐演变成韩国城的一部分，尽管许多居民实际上是西班牙裔或低收入的白种人，其中很多是老年人。然而，在这样一个地方，慈善撒玛利亚医院凭借硬实力深深扎根于洛杉矶。它拥有 408 张床位、650 名医生、550 名护士和 1 800 名员工，当地许多经济状况稳定的家庭仍然在那里接受服务。芒格的妻子南希就出生在这家医院，儿子、孙子也是如此。芒格在这家医院接受了白内障手术，但发生了医疗事故，导致他一只眼睛失明。

医院里的争斗

这家医院成立于1885年，最早是当时美国圣公会的玛丽·伍德修女建立的仅有9张床位的护理站。第二年，圣保罗圣公会与加州教区达成一项协议，接管了该护理站，更名为洛杉矶医院和病人之家。从一开始，这家医院就在南加州大学培训护士和实习生。

在加入董事会后不久，芒格就开始意识到该医院存在管理不善问题，因为董事会总是支持医务人员的决定，而这些决定经常出于保护某些医生的经济利益，而不是出于保护病人的利益，或是出于提高医疗质量的考虑。

芒格说："我提出了一项决议，撤销医院负责人的职务，理由是这些人正在危及病人的健康和安全，但现任董事长不同意，最后经过投票，董事会中的一些医生投了赞成票，结果以17 ∶ 2通过。"

经过这一轮投票，现任董事长辞职了。芒格说："实际上，他是一个非常能干的人。作为一个外行人，他不愿意改变所谓的医疗决定是可以理解的。"虽然芒格推动改革招惹了一些麻烦，但他觉得有义务这样做，并挑起了董事长的担子。

引发整个事件的问题发生在心血管部门，当时整个部门充斥着政治阴谋、保护地盘的风气，对医疗问题却没有足够关注。在对现有医疗流程提出意见之前，芒格在一位医生朋友的帮助下研究了不同外科护理系统的死亡率和发病率。在他看来，这些大权在手的家伙之所以会做出错误的决定，是那些“保守派”要反对进步派造成的。

芒格的继子哈尔的妻子现在也是该医院的董事会成员，对于医院的这种状况，他评价说：“在所有权、控制权的争夺方面，医院和大学没什么两样。从本质上讲，慈善撒玛利亚医院多年来提供的可以说是一直被一群人操纵的社区活动，我并不是说他们没有能力，但除了因为你的医生在那里之外，人们实在没有什么理由去那家医院。芒格意识到，医院要生存，就必须有良好的技术和卓越的医德。”

哈尔说，当芒格实施改革时医院里不可避免地出现了一些抵触情绪。“秩序的改变带来的波动，与你在收购一家公司后所遇到的没什么不同，因为你做的事情与之前的管理层不同。很多习惯于原有秩序的人无法适应，不得不离开。”

在与董事会的一些成员和某些医生进行了长期激烈的斗争后，芒格和他的支持者取得了胜利。芒格说：“十年之后回顾过去，虽然我讨厌那些所经历的心痛时刻和不快场面，但我热爱现在和我一起工作的这些人。”

芒格以一己之力为医院招募了许多医生，这对一家大型非营利医院的非专业董事长来说是罕见的。芒格对医学技术很感兴趣，并从与医生的共事中获得了极大的乐趣。

妙手回春的芒格式管理

作为新任 CEO，在利卡接管医院之后，员工和董事会之间的关系变得融洽起来，但医院的业务仍然有颇多亟须改进的地方。医院积压了大量的应收账款账单，在利卡履新的第一年，医院就注销了惊人的 2 000 万美元坏账。但从那以后，情况渐渐改善。利卡也逐渐习惯芒格的个性，他们显然是同一类人。

人们对芒格持有不同的看法，对此，利卡说："我认为有些人根本不了解他，他们认为他撒手不管，其实不然。这三年来他非常关心运营现金流、投资回报，然后回顾并分析，看看如何能将工作做到更好。"

利卡说芒格坚持医院的经营必须秉承一个目标——尽可能以最好的方式服务社区。利卡说："对于低收入家庭，医院的确可以通过在医保账单上做手脚来榨取额外的收入，但芒格不允许这样做。"

利卡说，在北岭地震之后，该地区的其他医院都试图最大化上报的损失，甚至声称建筑上原来就有的裂缝都是由地震造成的，以便从联邦紧急事务管理局（FEMA）那里获得更多的补助。相比之下，在慈善撒玛利亚医院对大楼进行检查并确定没有重大损坏后，芒格没有向 FEMA 提出任何资金要求。

利卡说："他不会仅仅为了金钱而做任何事，但只要是他认为正确的事，即使明知会赔钱，他也会去做。"

经过精心的运作管理，慈善撒玛利亚医院现在已经是各种医疗专业的实习基地，这些专业包括：加州最大的心脏病学项目；南加州第二大心胸外科项目；脑疾病的新疗法；妇女保健服务，包括产科、妇科、新生儿重症监护、妇女泌尿科、乳腺癌和生育服务；整形外科，特别是关节置换和骨盆重建；眼科护理，包括规模庞大的视网膜手术实践计划；肿瘤学项目；南加州最大的肾结石治疗。这些吸引了来自南加州、西部各州甚至海外的病人。

芒格和利卡的心血没有白费，这家医院声名鹊起，名满各地，表现之一是它在1998年7月27日被著名报纸《美国新闻与世界报道》评为美国最好的医院之一。

当然，仍然会有许多医生对芒格的重组策略心存不满。但无论如何，该医院的地位都远远高于从前。然而，尽管医院的现金流状况大为改善，但财务状况仍然不稳定。芒格说，在市中心的大型医院里总是充满很多问题和不确定性，即使有最周密的计划，也不能保证长期的成功。

芒格的继子哈尔说："我非常尊重这家医院，但它的确是一块难啃的骨头。如果你问芒格为什么要这么做，他会提到一点，那就是他希望生活有所挑战。如果所有的事情都易如反掌，那这多没意思。"

在担任董事长的十年里，芒格已经成为医院里人所共知的人物。利卡说员工都有自己喜欢的关于“芒格主义”的故事，比如那些或许芒格不止一次讲过的故事、格言或笑话。每年，芒格夫妇都会到医院的礼堂参加晚宴，向忠实的员工颁发工作5年、10年甚至40年的纪念胸针。有一年，利卡请他到台上说几句话。芒格步履有些蹒跚地走上舞台，但走错了麦克风，那个麦克风没有打开。他开始说话时，台下的观众只能听到低沉的咕哝声。

他的妻子喊了好几次“麦克风没打开”，但他没有听到。于是，技术人员在幕后忙活了好几分钟，给麦克风通上电，最后他们完成了。于是，在芒格结束讲话时，礼堂里回响着他的声音：“感谢你们选择在慈善撒玛利亚医院工作。”说完，他转身离开了舞台。

芒格的教育理想

镜头转向明星岛，在卡斯湖畔，度假屋前的沙滩，一阵风吹过挪威松，比平时猛烈了些。芒格坐在早餐桌的首位，家里的一群小朋友正吃着鸡蛋、火鸡培根，以及重新加热的昨天晚餐剩下的自制饼干。

儿子小芒格前一晚也来到明星岛和妻子以及三个孩子团聚。他到达时已经很晚，从加州的萨克拉门托乘飞机来的。他在那里的一个州立委员会工作，目标是重编从幼儿园到12年级的科学和数学教材。小芒格向大家介绍了由大学教授组成的委员会的目标，于是话题集中在教育上。

芒格有一些关于高等教育的想法想要表达，但碰巧的是芒格两岁的小孙女也有表达的欲望。这下热闹了，当大人继续说话时，小孙女靠在爷爷身上，大声唱着字母歌，也就是那首大家从小熟悉的 ABC 字母歌。

好像是与小孙女进行二重唱，芒格也畅谈自己的理想，说他想创建一所真正的学校，那里不分什么专业，只有几门选修课。学生会获得一系列教程，让他们充分学习数学、科学、经济、历史等知识，以便在当今世界真正接受良好的教育。在上研究生之前不分专业。看着晚辈投来的质疑眼光，芒格对大家说，当今的许多问题在于年轻人过早专业化，永远学不好能让他们好好生活的科目，致使他们对这个世界的了解不够。说到这里，小孙女似乎是为了证明自己的多才多艺，乐呵呵地唱起了脍炙人口的《小星星》，这首歌和字母歌曲调一样，只是填了不同的词。

******

芒格家的绝大多数孩子在小学阶段都在公立学校上学，直到他们要上中学（除了最小的菲利普，他从四年级就开始上私立学校）。芒格的五个儿子都毕业于哈佛－西湖中学，这是洛杉矶的一所私立学校，学校名字的来源是在 1900 年左右，来自波士顿的学校创始人写信给哈佛大学，请求允许自己在洛杉矶新办的中学名称中使用“哈佛”二字。芒格的女儿艾米莉和母亲一样，上的是马尔伯勒学校；女儿莫莉、温迪和自己的母亲住在帕萨迪纳，上的是韦斯特里奇学校。莫莉最后离开了那所学校，去了公立学校。

总之，芒格全家都对教育充满了热情。芒格的夫人南希一直是母校马尔伯勒学校以及斯坦福大学的校董。1997 年，芒格夫妇向马尔伯勒学校捐赠了 180 万美元，用于培养新时代的卓越人才。他们向斯坦福大学的绿色图书馆捐赠了不少，还在斯坦福大学法学院资助了一个教授职位，这样法学院的学生就可以有教授商业知识的课程可上。

芒格担任哈佛 - 西湖中学的校董 30 多年。他是一名活跃、积极的校董，并担任过董事长职位。他非常喜欢这所学校，他甚至希望有一天自己的追悼会能在学校的小教堂里举行。在这所学校里，芒格能够将自己对优质教育的理念与对科学及建筑的欣赏有机地融合在一起。芒格夫妇捐赠 700 多万美元建造了芒格科学中心，他几乎参与了建筑设计的各个方面。在哈佛中学和西湖中学合并之前，芒格觉得学校的科学实验室太少。合并后，高年级的理科生人数翻了一番。芒格说，如果不扩建科学设施，那就是对教育的亵渎。

芒格在奠基仪式上说：“很多建筑存在的问题是，它们没有留下足够的灵活空间。我们不一样，我们尝试着使在建的科学设施在将来一个世纪的大部分时间里能够运行，并且运行良好。我看不出它有什么理由会过时。”

芒格科学中心这座最先进的建筑坐落在山坡上，可以俯瞰冷水峡谷。它包括十几个量身定制的实验室、一个会议室、一个计算机中心和一个剧院式的演讲厅。该演讲厅一共有 110 个座位，每个座位都留有笔记本电脑接口。该建筑的一些独具特色的地方对一个漫不经心的人而言可能并不明显，例如生物、化学和物理实验室的长椅是不同的，以适应不同类型的实验。虽然芒格把许多关于该建筑的建设标准留给老师们去决策，但他坚持线路通风和供暖系统是重点，抗震能力必须大大超过目前的标准。

芒格非常关心建设问题，他花了相当长的时间来审阅建设计划。有一次，芒格要求一名建筑师对学校的礼堂进行改建，在地面上增加一个斜坡，但建筑师说这不可能。芒格不依不饶，直到建筑师找到了办法。

换做其他人一定会恼火，但奇怪的是，这名建筑师对芒格的坚持似乎并不恼火。关于这一点，芒格的老朋友、同样也是哈佛 - 西湖中学校董的布思说："不，他不会让人觉得被冒犯，他有一种天赋，措辞得当，能让事情变得有趣。"

尽管芒格会花大量的时间和金钱支持他的孩子所就读的私立学校，但他对公立学校的困境也并非不关心。

芒格说："我上的是奥马哈的公立学校，在那个时代，上私立学校的都是没有机会上公立学校的人，如今德国仍然是这种情况。私立学校是为那些上不了公立学校的人准备的，我个人更喜欢这样的体系。然而，一旦这样的体系有相当大一部分呈现出明显的不良后果，我们就必须做一些改变，不能让那些不良后果继续下去。”

芒格说，就像给那些贫困的人群发放购物券，他支持“教育券”这一概念。“富裕阶层不需要这些教育券，他们负担得起良好的教育，并且现实的确如此。如果这些教育券能提供给那些因为没钱而只能去读烂学校的人，我认为挺好的。但看看我们的教育现状，我认为对于现行教育的弊端我们应该做些技术上的改变，现在的方式是愚蠢的。”

对于现今美国的高等教育状况，芒格持保守派观点，甚至是清教徒式的观点。他对美国大学培养的“受害者”心态尤其不满。

芒格说：“你可能会说，学术圈中最混乱、最糟糕的是文科系。如果你想了解情况，可以问这样的问题：什么样的心态可能对一个人的幸福、一个人对他人的贡献等造成最大的伤害？什么样的心态是最糟糕的？问问这样的问题，你就能看到原因所在。毫无疑问，答案就是某种顾影自怜，我实在无法想象还能有什么比这更具破坏性的了。然而，我们的整个大学教育体系正是在培养学生的这种‘受害者’心态。你花钱把你的孩子送到这些地方去，而这就是学校教的东西！至于这些缺乏理性的观点到底是如何流入高校的，实在令人惊讶。”

接着，芒格又补充了带有中西部特色的箴言：“每当你认为是外界的不公平毁了你的生活，实际上是你毁了自己的生活。”

正如出现在 8 月早晨卡斯湖畔的场景，芒格经常思考提高教育水平的方法。他的观点在很大程度上来自对自己所受教育的回顾，以及观察自己家中八个孩子以及孙辈在各种学校上学的经历。芒格说："我们的教育模式太过统一呆板，现实中的许多问题从本质来看跨越了许多学科。因此，如果打算用单一学科的知识去解决现实中的问题，就像是打桥牌时只算王牌而忽略其他搭配，这样做很疯狂。但现在这种思维仍在流行，更糟糕的是，长期以来，在软科学方面存在相互割裂、各自为战的情形，但这在高等教育中却受到鼓励。我认为这不应该，一切都应该只是没生物学那么基础才对。"

一般认为，知识的范围是如此之大，以至很少人能在从事本职工作的同时真正拥有多学科的知识。对此，芒格不以为然，他说："其实，你不必什么都知道。对于那些重要的东西，知道一些重要的概念即可。"

当然，芒格所认为的重要概念与许多学者所说的并不一致。例如，他说应该要求律师掌握心理学和会计学，而不是仅仅将其作为选修课。芒格声称大多数人能接受飞行员那样的训练会更好，他解释说："飞行员必须学习所有有用的驾驶知识，然后必须持续训练，这样他们才能迅速应对任何可能发生的情况。"

芒格说："就像优秀的代数家一样，飞行员需要考虑周全，所以他会知道什么时候集中精力于应该发生的事情，什么时候集中精力来避免不应该发生的事情。"

芒格说他自己的生活经历就是这样一个过程。当去哈佛大学法学院时，他回忆说："我在高中上过一门愚蠢的生物课，学习时间不长，主要是死记硬背，学了一个明显不完整的进化论，包括草履虫和青蛙的解剖结构，以及一个荒谬的'原生质'概念，现在都已经没什么人提到这些知识了。直到今天，我没有在任何地方上过化学、经济学、心理学或商学方面的课程。不过，由于我早期在物理学和数学上打下的扎实基础，在某种程度上吸收了硬科学的基本精神，之后我进一步将其运用于软科学，这样在组织学习和分类总结方面，无论是什么跨学科的世俗智慧，都很容易获得。"

因此，芒格的生活变成了一种不期而遇的教育实验。他继续说："我发现，通过非正式方式所完成的非全面教育给我带来的结果远远超出了我的预期。就像大家都去参加一个'蒙眼贴驴尾'的高风险游戏，由于获得了先天优势，我好像成了游戏中唯一一个没有被蒙住眼睛的人，因而获得了巨大的优势。例如，我原本没有计划学习心理学，但掌握了之后，它为我创造了巨大的优势。"

******

芒格非常喜欢富兰克林，他说："我曾试图用一种糟糕的方式模仿富兰克林的生活。富兰克林在 42 岁时退出了商界，更专注于成为一名作家、政治家、慈善家、发明家和科学家，这也是我将兴趣从商界转移到别处的原因。"

芒格非常关心教育，芒格的女儿艾米莉评价说他有一个重要的观点："不只为自己的家庭积累财富，他向很多机构捐款，特别是教育机构。他非常关心这件事，不仅仅是捐款，还花时间和智慧来解决真正的问题。"

女儿谈起父亲的好当然容易，让我们听听芒格的老朋友布思的评价。布思和芒格是一代人，他们那代人是不轻易表达情感的一代人。布思说透过芒格坚硬的个性外壳，发现"他有一种深切的同情心和高度的理解力。虽然从外表来看并不明显，但在他的内心、在他的慈善工作中这些都得到了体现。他不是一个喜形于色的人，但无论如何他都有一颗宽宏大量的心"。

第 20 章

投资界的元老和良知

Charlie Munger

一个人的价值观会塑造其公众形象。应当简单地生活，不走捷径。

——罗纳德·奥尔森

幽默且犀利的芒格

芒格经常引用已故诺贝尔物理学奖得主理查德·费曼的话，他说第一条规则是不要自我欺骗，而你就是那个最容易受骗的人。如果芒格发现某人在自欺欺人，他的反应会是翻脸不认人。

有一个可怜的教授卷入了与芒格的辩论，这有关对投资策略的学术讨论。此事发生在1996年纽约市本杰明·卡多佐法学院。当时，由于好友突然去世，预定的主持人无法出席，芒格被请去救场。

芒格告诉观众："一个人的意外死亡让你看到一个乡巴佬突然要负责管理一群大主教，他们将讨论用拉丁文来修改宗教仪式。但我想我可以主持这样一个会议。"

会议的任务是讨论罗格斯大学纽瓦克分校法学院威廉·布拉顿教授的研究成果，他研究的是为什么公司会向股东支付股息，而不是将利润再投资。很快，芒格就向布拉顿教授指出其假设前提存在缺陷。

> 芒格：据我所知，福特汉姆大学法学院的教授（吉尔·E.费希）昨天发言时说没有通用的公司治理计划，其中包括没有通用的股息政策，你支持这样的观点，对吗？

布拉顿：在这个方面，我的观点与费希教授完全一致。

芒格：但你说过，在经济学中，关于什么是最佳股息政策、什么是最佳投资策略存在一些模糊的地方，对吗？

布拉顿：我认为，我们大家都知道什么是最佳投资策略。

芒格：不，我不知道。至少，我不知道这些人使用这个短语时的具体含义。

布拉顿：当我看到的时候我也不明白…… 但从理论上讲，如果我看到的时候就能搞明白，那么今天这场会议就是关于我而不是关于巴菲特了。（现场爆发出笑声）

芒格：请问，一家公司成为一家平庸的公司、一项投资成为一项平庸的投资的分界点在哪里？

布拉顿：分界点在于当投资回报率低于资本成本时。

芒格：什么是资本成本？

布拉顿：嗯，这是个好问题（笑声），我认为……

芒格：如果你要使用资本成本这个术语，请告诉我们它具体是什么意思。

布拉顿：我想我们现在讨论的是理论问题。

芒格：不，我想知道在这个模型中资本成本是什么。

布拉顿：在这个模型中？马上就要开始讲了。

芒格：哦，是在前言还是在什么地方？

布拉顿：你说得对。（笑声）

芒格：嗯，但是我们中有些人对这个答案不太满意。（笑声）

布拉顿：我说过，如果你把这个模型作为现实世界投资决策的模板，你就是个傻瓜。（笑声）这个模型只是试图从人类行为的特定角度来进行分析而已。

芒格：但如果你用无法解释的模型来解释事情，这究竟是一种什么样的解释呢？（笑声）

布拉顿：这是一种从社会科学角度出发的解释，你可以选取你认为它有价值的部分。

芒格：有些人认为这就是一派胡言，你觉得可以接受吗？（笑声）

布拉顿：这完全可以理解，我也会尽力帮助大家理解。（笑声）

芒格：为什么？你为什么要这样做？（笑声）

布拉顿：因为这是我的工作。（笑声）

芒格：因为其他人也在教这种东西，这就是你正在告诉我的事实。（笑声）

在这场交流中，观众的笑点是至关重要的，至少这让这场辩论听起来不像是在初中食堂里争夺食物的大战。他们在辩论中所使用的开玩笑的语气都是善意的，但提到的要点却相当严肃。为了确保自己的观点没有被误解，芒格接着做出了说明，作为补充：

大家不要有误解，我对资本成本的评论并不意味着我认为布拉顿教授的大部分观点是错误的。恰恰相反，我认为它们非常正确。布拉顿教授谈论的公司代理成本、债务水平、股息政策等，我认为非常正确。在某种程度上，这些传统的学术解释是他给我们带来的智慧。只是资本成本这个问题总是让我有些耿耿于怀。（笑声）

对于如何衡量资本成本，芒格其实有自己的观点，虽然他当时并没有说。按照巴菲特的解释，在伯克希尔－哈撒韦，衡量资本成本时要看公司每保留 1 美元利润能否创造出超过 1 美元的价值。他说："如果由你们拿着 1 美元比由我们拿着更有价值，那么我们就没有超过我们的资本成本。"

最简单的方法就是最好的方法

曾经有一名学生问芒格，他和巴菲特分享他人智慧是不是在履行他们的社会责任。对此，芒格回答道：

当然，的确如此，你看看伯克希尔－哈撒韦，我称其为终极的教学训练。巴菲特永远不会乱花钱，他会把财富回馈给社会。他只是在构建一个平台，好让人们倾听他的观点。不用说，这些都是很好的观点，这个平台也不错。可以说我们俩都是按照自己的方式教学的学者。

芒格和巴菲特都进入了人生的这样一个阶段，他们可以自由选择自己的行为方式，只关注那些既有意义自己又感兴趣的事情。芒格曾在斯坦福大学、南加州大学法学院发表演讲，也曾接受朋友的邀请为一些组织公开演讲。和巴菲特一样，他更喜欢和年轻人交流，因为年轻人仍处于学习的过程中，有时间去实践他们俩认为重要的东西。

芒格的演讲多是非正式的，但就像格雷厄姆一样，他的观点偶尔会引起大众的关注。他的方法是抓住重点，比如建议人们抓住少数几个能改变命运的大观念，并在实际生活中持之以恒。尽管他会谈到这些大观念可能是什么，但他并没有提供一个简单的公式，也没有提供一个简单的清单，而是让他的听众自己去探索。但偶尔他也会直抒胸臆，直截了当地告诉人们他的经验。

他的一些经验相当实用，适用于日常的生活，特别是在财务方面。比如说：你给予他人的帮助越多，他们对你的期待就越多；一定要量入为出，这样你才会有钱投资；在投资时，控制融资杠杆，以避免陷入万劫不复的境地。

芒格说："如果你想变得聪明，你必须不断问'为什么'，而且你必须有能力将答案与深层次的理论联系起来，你应该搞清楚关键所在。这虽然有点费力，但也很有趣。"

从物理学家那里芒格学会了通过寻求最简单、最直接的答案来解决问题。最简单的方法就是最好的方法。从数学家那里芒格学会了反过来看问题，反过来，总是反过来。

1986 年，芒格在哈佛－西湖中学的毕业典礼上发表演讲，他就是采用这种“反过来”的方法，成功地吸引了毕业班学生的注意力，他最小的儿子菲利普也在。芒格告诉学生们，他的生活方法是基于约翰尼·卡森的一次演讲，卡森在演讲中提到一个人做什么会使自己过上悲惨的生活。这包括吸毒、嫉妒、怨恨。他还举了一个自己认识的年轻人为例，这个人酗酒，最终落下各种毛病。只要一个人沾染了以上三种行为中的全部或任意一种，就会过上不快乐的日子。然后，芒格增加了四种，他认为这些也将会使一个人失败。这四种毛病是：不靠谱；从自己的经验中学习一切，而不向别人学习；浅尝辄止，从不坚持；模棱两可，首鼠两端。芒格说：“……我在很小的时候就听说过一个故事，其中有一句话说得很好：‘我希望我能知道我会死在哪里，那么我永远不会去那里。’”

如何成为一个伟大的投资者?

每当伯克希尔－哈撒韦或威斯科金融召开股东大会，很多投资者都会仔细倾听有关生活的格言，他们也会挤在门口听芒格和巴菲特谈论投资问题。其中一个经常出现的问题是“你是如何成为一个伟大的投资者的”。

首先，你必须了解自己的本性。对此，芒格回答说：“每个人都必须考虑自己的边际效率，并考虑自己的心理承受力。如果损失会让你感到痛苦——而且有些损失是不可避免的——你应该明智地选择一种保守的投资方式，这样可以挽救你的一生。所以你必须根据自己的本性和才能来调整自己的策略。我不认为我能给你一个普遍适用的投资策略。”

然后，你必须搜集信息。芒格说：“我认为，我从优秀的商业杂志中学到的东西比从其他任何地方都多，这是一种简单又有效的方式。从一期到另一期，从一本到另一本，你可以获得大量的商业经验，因为这些内容涵盖各种各样的生意。如果你养成了将所阅读的内容与潜在的想法联系起来的心理习惯，你就会逐渐积累起一些关于投资的智慧。我认为只有通过大量的阅读，你才有可能成为一个真正优秀的投资者。我想还没有一本书能达到这些效果。”

每年在伯克希尔－哈撒韦的股东大会上芒格都会推荐一些阅读材料，包括《价值线》发布的各种图表、罗伯特·西奥迪尼的书《影响力》以及罗伯特·哈格斯特朗的《巴菲特的投资组合》。

芒格解释说一个人的阅读不应该是随机的：“……你必须知道自己为什么要寻找这些信息，但不需要像培根说的那样，用研究科学的方法去阅读年报。当然，顺便说一下，这不应该是你研究科学的方法。如果你只是机械地搜集无尽的数据，然后试图理解它们，这显然不是研究科学的方法。你必须从一些与现实有关的概念开始，然后去看看你所看到的能否得到验证。”

芒格说：“一般来说，如果你看到一家优秀的企业，你应该问：‘这种好日子能持续多久？’我只知道有一种方法可以用来回答这个问题，那就是去思考为什么会出现现在这种结果，然后找出能够阻止这些结果出现的力量。”

这种思维方法帮芒格和巴菲特发现了一家家拥有特许经营权的公司，即所谓的“护城河”。有几个例子表明，这些公司拥有如此强大的品牌，以至它们似乎无往不胜。可口可乐一直就是这样一家公司，尽管它遭遇了一次次的无情挑战。此外，芒格还曾以箭牌口香糖为例。

芒格说：“作为迄今为止全球最知名的口香糖公司，这是一个巨大的优势。想想看发明替代品会有多难。如果你喜欢箭牌口香糖，当去购物时你看到货架上有两个不同牌子的口香糖，你真的会去拿只卖 20 美分的便宜货吗？你会把不知道的东西放到嘴里吗？你不值得冒这样的风险去考虑买另一个牌子。所以，很容易理解为什么箭牌口香糖有如此巨大的优势。”

一旦你清楚一家公司的价值，那么你接下来应该决定用多少钱买下这家公司是值得的，无论是将整家公司买下来，还是像一个典型的投资者一样，只是在股票市场上购买公司的一部分股票。

芒格继续说：“像箭牌，每个人都知道这是家很棒的公司，所以当你看它的股价时，你会想：‘我的天哪！这只股票的市净率竟然在八倍左右，而其他股票只有三倍。’这时，你又会想：‘我知道这家公司很棒，但这么大的溢价合理吗？这也太贵了吧。’”

是否具有回答这些问题的能力就解释了为什么有些人是成功的投资者，而另一些人不是。

芒格坚定地认为：“这从另一个方面说明了，如果投资这么容易，岂不是每个人都会非常富有。”

长期观察经济环境的变迁可以培养投资者的思维方式。芒格说自己还记得当年许多城市的市中心有很多看起来很厉害的百货店，它们的货品充足，提供的选择多样，拥有强大的购买力，并拥有市区价格高昂的房地产，到这些百货店的有轨电车也很方便。然而，随着时间的推移，随着私家车的普及，有轨电车线路被拆除，顾客搬去了郊区，那里的购物中心成为主要的购物场所。我们的生活方式发生一些简单的改变完全可以改变一家企业的长期价值。

拥有一定的地位和财富有助于芒格自由表达自己的观点，对于某些经济理论和商业实践，他会持强烈的反对态度。例如，他极其讨厌“有效市场理论”。

芒格公开宣称：“如果你认为美国的心理学教育不够好，你应该看看公司金融。所谓的现代投资组合理论到底是什么东西？它实在是疯了！”

芒格批评的“现代投资组合理论”是目前在主流的商学院

被普遍教授的概念。这类理论认为所有有关上市公司的信息都会在资本市场上迅速传播，所有证券的价格都会对相关信息迅速做出调整，因此，没有任何投资者具有相对优势，结果就是没有人能打败市场。

芒格回忆说，有一位市场有效理论专家多年来一直将巴菲特的成功解释为仅仅是拥有好运气的结果。但是，随着巴菲特的表现长期稳定，甚至越来越好，人们很难将巴菲特的成功仅仅归结为拥有好运气。于是，后来“……这位理论家找到了新的理论武器——六西格玛理论，并认为六西格玛导致了巴菲特的成功。不过，人们开始嘲笑他，因为遇到六西格玛实在是太幸运了。那么他又做了什么呢？他选择修改自己的理论。现在，他的解释是巴菲特拥有六个或七个西格玛技能。”

财经作家迈克尔·刘易斯也将巴菲特描绘成一个贪婪的操纵者，将其成功归结为偶然的结果。对此，芒格反驳道：“按照他的说法，巴菲特四十年来的成功是因为巴菲特掷硬币掷了四十年，而且每次都能成功。对此，我能说的就是，如果他真的这样认为，我有很大的生意要和他做。”

毋庸置疑，伯克希尔-哈撒韦之所以能够取得现在的成就，在很大程度上是因为芒格和巴菲特所具有的常识。例如，他们毫不理会流行的财务指标贝塔，该指标衡量一只股票相较于整体市场的波动性。许多专业投资者认为，一只贝塔值高于市场水平的股票是一只高风险股票。

对于这种观点，芒格说：“我们认为这简直是无稽之谈……要我说，只要赔率对我们有利，只要不存在亏掉本金的风险，我们就不会介意股价波动。我们想要的是有利的机会。我们认为随着时间的推移股价的波动最终会呈现出应有的结果。”

对于监管机构允许上市公司将股票期权记在账上，而不作为公司的支出，芒格和巴菲特都感到愤怒。他们几乎在每一次股东大会上都会提到这个问题。

芒格说：“美国大型公司中存在会计工作不诚实、不理想的现象，这些行为从根本上说是错误的。更重要的是，如果放任小腐败，它们就会变成大腐败，然后你就必须与既得利益集团不断斗争。在美国，关于如何处理股票期权的会计制度就是一种腐败，这可不是什么好事。”

巴菲特和芒格在大多数事情上意见一致，但对于在收购一家公司时什么要素在决策过程中应该考虑更多，他们持有不同的看法。巴菲特说，必须以股东利益为导向。但芒格说，在某些情况下会涉及公众利益，应该制定相应的法律来管理此类交易。

芒格说：“如果交易对象仅仅是一家拥有剧院的普通小型家族企业，那么对于出售公司这一问题，股东可以做主。但如果交易对象是一家对社会产生影响的大型公司，在某些情况下会引发连锁效应，这也让我感到困扰。所以，我认为应该有法律来规范此类交易。”

芒格说，如果由他来教金融，他将利用 100 家甚至更多公司的历史，分析它们哪些做对了、哪些做错了。

芒格说："教授金融这门课应该从投资决策最容易做出的案例着手。我经常引用的案例是早期的国家收银机公司（NCR）。这家公司的创始人非常聪明，他购买了所有的专利，拥有最好的销售团队和最好的工厂。该创始人也是一个工作狂，所有的热情都倾注在收银机业务上。当然，收银机的发明对零售业来说是天赐的礼物。你甚至可以说，收银机就像是早前改变人类社会的制药行业。如果你读到帕特森担任 CEO 时的早期年度报告，即使是一个笨蛋也能看出他是一个有才华的工作狂。因此，投资决策没那么难做。"

这家公司的 CEO 帕特森曾是俄亥俄州的一个零售商，他并没有发明收银机，但当他看到它的时候立刻意识到了它的价值，并出手买下了原来亏损的公司。帕特森的热情使他成为当代商业创新者的典范，实际上，是他提出了"员工福利"的理念（比如开设低成本的公司自助餐厅）、销售人员培训和激励的概念，还负责出版了第一份公司内刊《工厂新闻》。在 1913 年代顿市爆发大洪水期间，帕特森停止生产，并致力于救灾工作。他为大家提供食物、住所、电力和饮用水，公司的医生和护士照顾伤者和病人，工厂工人为家园被洪水淹没的居民建造船只。尽管如此，在业务上帕特森也没闲着，仍然是斗牛犬一样的竞争对手，还打了一场反垄断官司，先是输了，后来又翻了案。帕特森最值得注意的成就之一是雇了一个名叫沃森的钢琴推销员，后者在 NCR 工作了多年。后来，沃森被解雇后去了计算机制表记录公司工作。沃森利用他在 NCR 学到的许多商业技能，把该公司变成了大名鼎鼎的 IBM。

帕特森死后留下了一家优秀的公司，但他在社会公益事业上花了很多钱，以至他几乎没什么财产。但对他来说这并不重要，他有这么一句名言："裹尸布上没有口袋，钱是身外之物。"

芒格说虽然很少有公司能永远存在，但所有的公司都应该能存续很长的时间。控制公司的方法应该被认为是一种"金融工程"。就像是建设桥梁、制造飞机时都会有一系列备用系统和冗余储备以应对极端的压力一样，企业也应该有冗余的能力来缓冲来自竞争、衰退、石油危机或其他不利因素的打击。过度的杠杆或负债使得公司特别容易受到这类风暴的影响。

芒格说："在美国，建造一座危桥是一种犯罪行为，建立一家隐含危机的公司又何尝不是呢？"

芒格给普通投资者的建议

芒格对投资管理行业也非常有意见。他认为美国人从理财经理，尤其是从共同基金经理那里获得的收益被夸大了。

芒格说："对我来说，共同基金的业务情况令人惊讶，这个行业一直在成长。基金公司扩大规模或维持规模就能获得 12B-1 条款规定的费用或其他所谓的费用，我对这样的运作机制实在没兴趣。”

1998 年，在加州的圣莫尼卡，芒格对慈善基金会的一群高管发表讲话时特别批评了耶鲁大学将收到的捐赠投入一只相当于共同基金的基金：“这真是一项讽刺的惊人进步！很少有人会预料到在康菲尔德倒台很久之后，我们主流的大学却要成为他的追随者。”这里提到的康菲尔德是伯尼·康菲尔德，他在 20 世纪 70 年代创造了一个时运不佳的概念，即基金中的基金（FOF）。

先锋基金的创始人约翰·博格尔也是业内非常有分量的人物，他非常赞同芒格的说法。当芒格发表讲话时，他与非营利组织的其他董事交流，对被雇的顾问再去雇基金经理的做法持反对意见，因为每一步都要支付佣金，而这些钱原本可以省下来用于慈善事业。

博格尔说：“芒格说得对，在原本回报率就不高的股市上，这种多重收费对基金会和捐赠基金的回报率造成了毁灭性的影响。市场回报率为 5%，各种费用加在一起成本率为 3%，如此一来，净回报率仅有 2%。”

博格尔还说：“也请不要嘲笑他使用 5% 的回报率作为假设。股票的长期实际回报率是 7%，所以芒格假设的数字远非世界末日。”

芒格向非营利基金会的基金经理提出的建议很简单：“省下你的时间、金钱和担忧。只要把收到的捐赠投入指数基金即可，或者你可以追随伯克希尔 - 哈撒韦的脚步，直接购买高质量的股票（只要股价没有被高估）并长期持有。”

我们甚至没有必要担心投资多元化的问题。芒格说：“在美国，一个人或一个机构如果将所有财富长期投入三家优秀的国内企业，最终肯定会变得富有。在大多数股市投资者还关心行情起伏的时候，这样的投资者有什么可担心的呢？尤其是他像伯克希尔－哈撒韦一样理性地相信，只要成本足够低，并长期专注于那些最优的选择，他的长期业绩一定会不错。”

芒格甚至表示，如果是合适的公司，投资者甚至可以将90%的财富集中于一家公司。他说：“事实上，我希望我的家人使用这样的方法。据我所知，到目前为止，伍德拉夫基金会的做法被证明是非常明智且成功的，将大约90%的资金集中于创始人所持有的可口可乐股票。计算一下美国所有的基金会如果没有出售创始人所持有的股票会如何将是一件有趣的事情。我想，如果是这样，它们的境况现在会好得多。”

尽管芒格断言在考虑费用和成本之后，对于绝大多数受到专业管理的资金，指数基金或许是更好的选择，但他还是提出了另一种观点：

> 你是否应该投资指数基金？这取决于你是否比一般人在投资方面做得更好，或者你能否找到一个几乎肯定比一般人水平更高的投资家。你要多琢磨琢磨这些问题，这会让生活变得有趣。

但芒格也承认，如果每个人都把钱投入指数基金，指数所包含的股票的价格将被迫超过内在价值，那么这种投资将变得毫无意义。

正是这种对资金管理的清醒认知在一定程度上导致了巴菲特和芒格在 20 世纪 90 年代中期对一件事持反对态度。当时，有人成立了一种共同基金来专门投资伯克希尔–哈撒韦的股票。由于伯克希尔–哈撒韦的股价较高，一般投资者望而却步，这些公司表示，成立这种专门的基金就是让普通投资者能够搭上财富快车的特别做法。

挫败克隆伯克希尔–哈撒韦的企图

位于宾夕法尼亚巴拉辛维德的五西格玛投资合伙企业已经向美国证券交易委员会提交申请，计划成立信托基金，向投资人发售集资后，直接投资伯克希尔–哈撒韦。投资该信托基金的门槛低至 300 美元，当时，伯克希尔–哈撒韦的股价约为 3.5 万美元。在伊利诺伊州，一家名为耐克证券的企业也计划建立一只类似的信托基金。

对于这样的计划，五西格玛公司的负责人山姆·卡茨说："坦率地讲，我们正在做的是让普通人买得起伯克希尔–哈撒韦的股票，因为一个人现在不够富有并不意味着他没有这方面的向往。"

一位参与该计划的经纪人说通过这个计划的推进，你会发现“巴菲特和芒格原来是控制狂”，因为他们出手阻止了该计划。

1995 年 12 月，伯克希尔－哈撒韦向美国证券交易委员会提交了一份长达 24 页的备忘录，称该信托计划会误导投资者。这份备忘录由芒格的律所提供，并分发给了各州的监管机构。

巴菲特说：“我在投资管理行业干了 44 年，并一直致力于不让任何人失望。如何不让人失望？其中一个关键因素是让他们有合理的预期，知道他们能得到什么、不能得到什么。如果有成千上万的人对我们感到失望，无论以什么方式，芒格和我都无法有效地工作。如果是这样，就不会有伯克希尔－哈撒韦。”

除了向美国证券交易委员会投诉之外，他们也没闲着，芒格还亲自向五西格玛公司写了一封措辞尖锐的信：

> 对新投资者而言，巴菲特先生并不认为伯克希尔－哈撒韦目前的股价具有吸引力。如果朋友或家人问他是否应该现在买入伯克希尔－哈撒韦的股票，巴菲特会回答：“不。”

为了打击这类投资公司股票的信托计划，伯克希尔－哈撒韦采取了不同寻常的方法——创造了一种 B 级股票，价格是正股的 1/30，正股现在被称为 A 股。B 股的结构和方式都是独特的，这样的制度使得经纪人赚到的佣金很少，从而客观上降低了他们把股票推荐给客户的热情。此外，B 股的承销机构包括两家折扣经纪商：嘉信理财和富达。通过折扣经纪商，所有投资者都将更容易买到 B 股原始股。

有批评人士称，巴菲特和芒格创立 B 股是因为他们无法容忍失去对伯克希尔－哈撒韦股东政策的控制。纽约德累斯顿证券公司的分析师詹姆斯 · K. 穆尔维说："这是巴菲特经常遇到的一个小问题。"

最初，巴菲特和芒格计划发行 10 万股 B 股，但表示将会继续增加发行量，直到满足公众需求。最终，公开发行的 B 股数量增加了 4 倍多，以每股 1 110 美元的价格出售了 517 500 股，使伯克希尔－哈撒韦的股东人数增加了一倍，达到 8 万人。此次发行活动使伯克希尔－哈撒韦增加了 6 亿美元的资本金。

与此同时，耐克证券继续推进它的信托计划，只不过这只信托基金始终未成气候。

投资与道德

有些人指责芒格和巴菲特常常居于道德高地高谈阔论，例如，迈克尔 · 刘易斯等指责他们对外要求高的道德标准，却没有对自己的投资采用同样的要求。这些人特别指出伯克希尔－哈撒韦投资过一家有损公众利益的烟草销售商的股票。

对于这样的指责，芒格倒是同意。他说："在某种程度上，我们的确对自己的行为进行道德审查，但当我们的投资组合包括一家公司的小部分股票时，我们从来没有以世界道德检察官自居。”

1993 年 4 月，伯克希尔－哈撒韦购买无烟烟草的领先制造商 UST 约 5% 的股份，数量相当可观。当时该公司的股价在 27 美元和 29 美元之间，5% 的股份的价值将超过 3 亿美元。UST 拥有两个香烟品牌，同时也生产葡萄酒。此外，伯克希尔－哈撒韦出售了所持有的 RJR 纳贝斯克股份，这家公司的业务涉及食品和烟草。

对一些人来说这是小题大做，但对芒格来说，购买一家公司的股票和拥有整家公司有很大的区别，他会遵循不同的规则。

“如果我们购买的是上市公司的股票，（巴菲特）不会判定公司业务的道德水平，我们能判断和控制的是自己的行为。”

芒格表示，尽管伯克希尔－哈撒韦持有过烟草公司的股票，但它也拒绝过整体收购一家烟草公司的机会。

芒格说：“我们不想涉足销售成瘾性药物的公司，更不要说成为这种公司的大股东了，这不是我们的行为方式。我们会持有股份，因为如果我们不持有股份，别人也会持有，但我们永远不打算让伯克希尔－哈撒韦成为这种公司的大股东。”

尽管如此，芒格也承认在投资上自己和巴菲特犯过很多错。他说：“如果让我为董事会制定规则的话，我会花三个小时的时间来检查愚蠢的错误，包括考虑机会成本所带来的影响的量化。”

尽管他认为商界存在腐败行为并一直坚持批评的态度，但总体而言，芒格认为整个社会和企业界还是值得尊敬的。

芒格说：“我不同意这个世界正在变得越来越糟这种说法，当然，城市里存在一些不正常的现象，商界也存在一些不正常的现象。但大体而言，还是相当不错的。例如，如果你考虑产品的工程完整性，你可以问问自己自动变速器上次熄火是什么时候。你一定不记得了。这说明我们已经学会以更可靠的方式将很多事情做好。你需要像波音公司那样的支持系统，当波音飞机停留在空中时，每个导航系统背后都有三个备用系统。我认为，商界有很多值得钦佩的地方，有很多做得不错的地方，这些经过时间考验的价值观总体而言取得了胜利，而不是相反。可惜的是，我们的社会存在不正常现象。既然政界存在这类问题，商界存在这类问题也就不会让人觉得意外。”

******

一位股东曾在股东大会上问巴菲特他的一天是如何度过的。巴菲特回答说自己的日常时间大部分是在打电话和阅读，然后对芒格说：“我就是这样度过的。你都做些什么？”

芒格慢悠悠地回答说：“这个问题让我想起了二战期间的一个朋友，他们那个小组没什么可做。一天将军找到我朋友的上级——格洛兹上校。将军问：‘格洛兹上校，你在做什么？’将军得到的回答是‘什么都没做’。”

“将军听到这个答案很恼火，于是转头问我的朋友：‘那你又在做什么？’”

“我的朋友回答说：‘我负责帮助格洛兹上校。’这就是我对我在伯克希尔－哈撒韦做了些什么的最佳描述。”

第 21 章 收获的季节

Charlie Munger

芒格现在说话和以前一样，唯一的区别是现在听他说话的人比以前多得多。

——南希·巴里

不图回报的家庭钓鱼活动

1999 年 8 月的一天，南希计划乘船前往米粒湖，它是构成卡斯湖水域的七个小湖之一。于是，一大家子一起出发，南希和芒格担任导游，大卫负责开船。天光云影，天气不错，天空看上去比平时更加广阔，湖面在阳光的照射下闪闪发光，像是银色和蓝色交织在一起。他们乘坐家里最大的一艘船，沿湖向上，经过狭窄的长满芦苇的溪流，那是密西西比河的源头。在河水流出卡斯湖的交界处有一座大坝，这一年水位很高，独木舟可以在上面划过。不难想象一名 16 世纪的探险家或一个法国猎人第一次来到这个地方时的心情。大卫开船沿着另一条小河而上，经过一家乡村旅馆，又经过一座桥，一些年轻人向路过的船只挥手。河水清澈，大家会跳到河里游泳。继续往前开，越来越偏远，人烟渐渐稀少。米粒湖名副其实，这是一片原始的水域，边上都是野生的水稻。芦苇在微风中沙沙作响，到处都是海狸坝。

芒格说："我们放根线钓鱼吧。"他一边说一边让大卫把船开到不大不小的水道入口附近。对此，南希说："我们是不是离岸太近了。"芒格回答说："还好，还好。"他指挥大卫把船开到河的一边，然后让船漂过入口，然后在船靠近有芦苇的岸边时迅速后退。结果没多久，一股强风将船推进浓密的稻田里。大卫使劲想开出来，但秸秆和杂草迅速缠绕螺旋桨，使马达无用地空转，散发出焦糊的气味。于是，芒格、大卫和一位客人在船尾弯下腰，把那些缠绕在螺旋桨上的东西拿掉，反复理出一块地方，试图给马达一个能发力的空间，以便把船开到更深的水域。

南希并没有表现出沮丧，也许是为了不说出“我早就告诉过你”这样抱怨的话，她抬头看着天空，寻找小鸟的踪迹。她是一个狂热的观鸟者，有人告诉她在米粒湖附近有鹰巢。很幸运，通过观察，她的确发现了一只鹰在远处一棵高高的松树附近盘旋。最终，那只鹰展翅高飞，在它远离之后，南希将话题转向了另一种兴趣——绘画。南希说：“当你画画的时候，你会注意到云的底部通常是暗色的，地平线附近的天空是亮色的。当你往上看时，你会发现越往上天空越暗。”

这时，女儿莫莉兴奋地大声说，根据自己过去和父亲一起划船的经历，船被水草缠住的情况会时常遇到，通常她把泳衣穿在休闲裤里，以在必要时随时可以下水，把船推到合适的地方。说话间，男士们终于战胜了缠绕螺旋桨的东西。最终，这个没有任何收获的钓鱼队伍沿着一连串的湖泊开着船回家了。

开船出游，被困在杂草中或被困在沙滩上，这样的情形在芒格的家庭生活中是很常见的。由于日复一日的各方面生活元素的积累，芒格一家的日子充满了仪式感。例如，在很多个周末，芒格夫妇经常从洛杉矶开车到他们在圣巴巴拉的房子，原因就像芒格说的："我们喜欢这栋房子。"

位于圣巴巴拉的芒格山庄坐落在一片树林里，距离沙滩有点远，海景有限，但经常有海风吹过。对于这栋房子的砖木结构，最好的描述是加州法式建筑风格。房屋正中央有一个大大的日光房，宽敞的酒室紧挨着厨房。芒格的书房里有一些与在卡斯湖的房子一样的装饰元素：帆船模型、木刻的小鸭子以及成堆的图书，包括毛姆的书，撒切尔、马克·吐温和爱因斯坦的传记，还有罗伯特·赖特的《道德的动物》、伍德豪斯的《无事忙俱乐部》。书桌的一侧还放着《玫瑰大全》和《法国室内艺术》。

降低目标　幸福快乐

塞缪尔·约翰逊（Samuel Johnson）是 18 世纪著名的英国作家、文学评论家和诗人，编著有《英语辞典》，即《约翰逊词典》。塞缪尔在谈及自己编著的词典时有很多经典的语录，芒格非常欣赏他，希望自己有朝一日也能像塞缪尔一样。芒格说："我相信人类幸福的秘密在于有低目标，所以我立刻就这样做了。我很清楚我打算做些什么、怎么做，而且我做得很好。"

当然，这种自夸带有一些开玩笑的意味。芒格最初可能从没想过自己会成为亿万富翁，也没想过自己会成为世界上最独特、最受关注公司之一的二把手，他原本的目标是通过勤奋努力，过上高质量的生活。现在，毫无疑问，芒格的成就已经超出自己原先的目标。

与芒格相比，巴菲特的生活和投资似乎毫不费力，而芒格的一生却极其坎坷。无论是个人生活还是职业生涯，芒格都多次遭遇艰难险阻和令他伤心欲绝的事情。对此，芒格总是一笔带过，轻描淡写地说大多数人都会有这样的经历。如果说人生就像是生活在一个盒子里，对于想取得更大成就的人而言，必须尝试各种努力来撑大盒子，甚至突破盒子的四壁。

在喜诗糖果成立 75 周年的庆典上，芒格说："……一个人必须学会适应失败，因为无论你多能干，你都会遇到阻力和麻烦。实际上，创造出喜诗糖果这么杰出公司的人也至少失败过一次，而且是遭遇了惨重的失败。但是，如果一个人明白生活总是充满了兴衰变迁，始终坚持正确的思路，遵循正确的价值观，那么他的一生最终会如愿以偿。所以我想对大家说的是，不要因为遭遇逆境而气馁。"

正是由于对一些基本原则的坚持以及时刻对机会的留意，芒格从一名相当成功的律师一跃成为一名以专业知识闻名国际的个人投资者。他的财富为他提供了年轻时所渴望的独立。

芒格说："在一生当中，你会有精妙的想法，不会只有一个，而是会有很多个。就事物的本质而言，真正精妙的想法几乎肯定会大获全胜。可以肯定的是，如果你掌握了它们，你只要循着它们，就会获得机会。但精妙的想法不会总是出现，所以，一旦它们出现，你要好好地抓住。”

关于积累财富，芒格说在没有起步资金的情况下积累到第一个 10 万美元是最艰难的阶段。接下来的挑战是从 10 万美元到 100 万美元，要做到这一点，一个人必须一直保持量入为出、收大于支。他解释说，财富的积累就像滚雪球一样，从高高的山顶开始，并且尽早开始，时间越长越好。这一点，同样适用于长寿。

虽然芒格和巴菲特是一对绝世好搭档，二人的生活方式却有很大的不同。巴菲特以一种极其简单的生活方式而闻名，除了阅读公司财报、定期打打桥牌以及偶尔打打高尔夫球外，他几乎没有什么爱好。当然，巴菲特会和朋友们在一起，参加各种商务会议。

相较而言，芒格虽然不能被描述为一个奢华的人，但他生活得更充实，甚至可以说丰富多彩。事实也的确是这样，当伯克希尔 - 哈撒韦需要他时，他便会飞奔而来。同时，他还在每日新闻集团、威斯科金融、慈善撒玛利亚医院、哈佛 - 西湖中学履行职责。此外，在妻子南希的陪伴下，他会遍访好友，从缅因州到爱达荷州。他会在夏威夷打高尔夫球，也会在各大洲的各种水域钓鱼，无论是鳟鱼、北梭鱼，还是大西洋鲑鱼，或者是其他任何会上钩的鱼。他曾和老朋友马歇尔与布思一起去澳大利亚的热带雨林，还和家人一起去了英国、意大利以及其他地方。他贪婪地阅读，从恐龙理论到黑洞理论再到心理学。他的八个孩子有自己的家庭，仅仅是参加各种生日聚会、毕业典礼、婚礼、洗礼和节日活动，就足以让芒格的社交生活变得极为忙碌。

芒格一家相聚在英国

随着年龄的增长以及财富的增加，芒格仍然避免过于奢华的生活，但他愿意活得安逸一些。芒格说："巴菲特经常笑我喜欢坐经济舱，以前我的确经常这样做。但是现在，当我和南希一起外出旅行时，我们通常会乘坐头等舱或商务舱。"最终，在 2000 年的时候，芒格通过伯克希尔–哈撒韦旗下的公务机公司定制了分时度假包机服务，这是一家提供高端商务飞行服务的公司。

每当伯克希尔－哈撒韦或威斯科金融召开股东大会，前来参会的股东在寻求理财智慧的同时也会向芒格询问如何妥善地养家糊口的问题，而这正是芒格具有丰富经验的另一个领域。

芒格说："无论是在道德方面还是在行为举止等方面，我对我所有的孩子都很满意。"但对于如何让他们更努力工作，以及如何让他们变得比自己更富有，芒格却不太敢肯定。

他说："我的几个孩子各自成长的环境不一样，从家境中等到家境宽裕。说句实话，那些在我们家不宽裕时成长的孩子工作更努力。"

芒格家的孩子大多对父亲这样的评价不以为意，他们已经习惯了父亲的表达方式。至于父亲的唠叨，女儿莫莉说："这是一种自嘲，他喜欢拿自己开玩笑。你知道有的人笨拙沉闷，他不一样。他并不指望你相信他的话，他只是充分发挥了这个特点。他的思想活跃得很。这是适合他的风格。"

芒格家的孩子基本都从事法律行业，尽管他们都被同一个行业所吸引，但他们彼此却有着很大的不同。他们身上多少都带有一些父亲的特点，例如女儿莫莉是一个活泼的、引人注目的金发女郎，她的五官和父亲很像；儿子小芒格和父亲一样，对科学也很着迷。芒格走到哪里都带着一本书，无论身边的风景有多美妙，对他都毫无吸引力，女儿艾米莉也是一样的。有一次，艾米莉的丈夫刚进家门就闻到了一股煳味，当他四处检查时，发现厨房里冒出浓烟，烤箱里的食物烧焦了。此时，艾米莉就坐在厨房里，整个人沉浸在一本书中，根本不知道大难即将临头。还有一次，她在机场等航班，在候机时走进了一家商店，找到一本书，坐在地板上开始阅读。她全神贯注，以至她的飞机飞走了也全然不知。最后，航站楼关闭，艾米莉还坐在地板上静静地看书，被锁在店里，她不得不打电话找人帮忙才得以出去。

芒格家的有些孩子宗教信仰与父亲并不同，也有些孩子所从事的工作收入并不高，但芒格对此并不介意。例如，他会骄傲地告诉人们儿子小芒格在从事科学教育工作，或儿媳曼迪是当地学校的董事会成员。

曾经有一段时间，女儿莫莉耗费了大量精力来做一些被父亲称为左翼行为的事情，成年之后，她改信天主教。莫莉说："父亲认为我是一个极端的自由主义者，但他这样说其实一部分原因是为了凸显效果，因为他喜欢扮演一个说话直来直去的角色，但我不认为他真的以为我是个疯子。"

芒格造船记

芒格曾表示他和巴菲特都不想作为精明到只知道赚钱的可怜角色而被载入史册。他说："我们不想给朋友和家人留下只会赚钱的印象。"

所以，芒格偶尔也会做出古怪的行为。

1998年秋，芒格对外宣称："我正在建造一艘船，离完工还有不到60天，就叫它愚者芒格号吧。这不是一项经济行为，但很有创意，还没有人造过一模一样的船。"

芒格的这艘船叫"海峡猫号"，有84英尺长、41英尺宽，是一艘双体船，在佛罗里达州的一个造船厂里制造，采用环氧树脂、飞机用的复合材料和凯夫拉尔纤维来制造。简言之，它是当时世界上同类船中最大的一艘。这艘船在1999年初完工，但整个过程并非一帆风顺。

和芒格一起设计这艘双体船的人叫威廉姆斯，他回忆说故事始于几年前的一个下午，当时他正在自己的渔船上工作，渔船停在圣巴巴拉长长的码头边。

威廉姆斯曾是一名潜艇艇员，做过深海潜水员，先是为石油公司工作，然后自己干。他以在海峡群岛捕捞海胆为生，那里有世界上质量最好的海胆。这些海胆会运到圣巴巴拉出售，然后连夜运往日本，在那里它们是一种美味佳肴。不幸的是，由于职业生涯的大多数时间都是在水下度过的，他开始受到潜水症的折磨。

威廉姆斯那艘老旧的"东海岸号"捕龙虾船吸引了许多在码头漫步的游客的注意力。他说："有一天，有两位老先生看着我的船很是欣赏，他们做了自我介绍，是芒格和他的一个朋友，我当时并不知道他们是谁。"两人问了各种各样的问题，过了一会儿，威廉姆斯提出可以带他们到船上转一圈看看。

打那之后，芒格会偶尔打来电话，两人会一起吃午饭，讨论主要集中在芒格感兴趣的两个话题——钓鱼和船。渐渐地，二人成了朋友。于是，就像芒格一直以来留给众人与众不同的印象一样，人们看到的是一位资深金融家和一名深海潜水员成为合作伙伴，后者喜欢在圣巴巴拉的悬崖上玩滑翔。

威廉姆斯年过天命，身材高大、性格随和，整天乐呵呵的，从不畏惧任何挑战，与芒格的这次合作非但没有吓到他，他还从中学到了很多东西。他说："芒格问过我一个问题，当时我立马就回答了。过了几天，我想到为什么要这么回答呢，这不是他想知道的。如果现在我遇到同样的情况，我会在回答他之前仔细想一想。我想说的是现在我会先花一天的时间，想好了再回答他的问题。"

他们之间的谈话偶尔也会转向哲学。

威廉姆斯回忆说："芒格有一次问我：'如果给你一个可以实现任何愿望的机会，你打算做什么？'我说我会建造一艘最大的双体船，横渡大洋，这样你就再也见不到我了。"没想到，接下来芒格问他为什么要建造一艘双体船，并且开始讨论双体船的优缺点。尽管威廉姆斯对接下来发生的事情并没有做准备，就像典型的冒险家一样。有一天，芒格对他说："我们去找一艘双体船看看。"不幸的是，他们感兴趣的这种船并不存在，政府征收的豪华税导致许多游艇制造商倒闭，从而在美国很难找到这样的制造商。最后，终于在佛罗里达的一个小镇里找到了一家愿意接这个活的游艇制造商。

但在这个项目进行三个月后，事情就偏离了原来的轨道。

可以肯定的是，两人原本就打算造一艘与众不同的船，但这家造船厂出了一系列问题，以至芒格抱怨说他们简直就是佛罗里达的流氓、无赖、海盗。

威廉姆斯说："我去现场看了看，事情进行得非常不顺利。芒格说：'好吧，你来亲自造一艘吧。'于是，我就都炒了那些人的鱿鱼。"

威廉姆斯和他的妻子瑞秋迅速收拾好行李，赶去佛罗里达接手这项工作。这艘船虽然还没有完工，但是船体已经很大，移动起来非常困难，但也别无选择。威廉姆斯不得不带着警察、许可证和搬家公司去造船厂。在拖拉船体时，他安排了一个电力公司的员工在船的前面放低电线，这样船就不会挂住电线。

威廉姆斯在圣约翰河畔租了一块地，距离原来的造船厂不远。他租了几辆大的牵引车用作办公室，由于造船的材料具有污染性，芒格和威廉姆斯不得不建造了一个船坞。威廉姆斯说："我们自己建了一个船坞。"

威廉姆斯说："船体的设计基本上出自芒格之手，他每周都会发来两三张图纸。在一名海洋工程师和其他 46 个人的帮助下，我负责为他建造这艘船。"

在这些设计图纸上，芒格潦草地做注释，他用的是尺子和黑色记号笔，这样更容易看清。他画了一个主餐厅的比例模型，还配有桌椅，并仔细测量坐得舒适所需的精确空间。威廉姆斯保存了芒格所有的注释，放在造船的文件里。他说："我非常珍惜那些图纸。”

芒格会经常给威廉姆斯打电话，一旦他说完自己想要说的话，就会立刻挂断电话，从来就没有煲粥式的闲聊。虽然这会显得非常突兀，但威廉姆斯已学会适应，对此既不感到惊讶，也不感到生气。

芒格还去了佛罗里达的造船现场，检查进展。他甚至会拿起一个木桶，放在楼上的房间里，坐在那里看一会儿，然后说窗户的位置太高了，要调整。的确，为了保证海上航行的安全，威廉姆斯之前安装的窗户相对较小。于是，小窗户被改成了大窗户，这样一来，人们无论是躺在舒适的躺椅上，还是坐在休息室的桌子旁，都可以看到令人心旷神怡的海景。

由于当地工人并不熟悉所使用的高科技材料和设备，威廉姆斯亲自上阵进行培训，还安排了造船商的代表到现场教工人们如何正确施工。船坞所在地绿湾泉处于农村地区，当地许多工人从未从事过这样的工作。除了工资高，员工的福利也很好。威廉姆斯拿着芒格给的钱为大家买了失业保险、健康保险以及员工补偿保险。有着这样好的待遇，威廉姆斯说：“大家都变得忠心耿耿，热爱工作。”

这艘船陆陆续续建造了三年，在那段时间里，威廉姆斯一家与工人及其家人变得非常熟悉，大家也意识到这份工作对他们是多么重要。在这个项目完工后，威廉姆斯的妻子打电话给该地区的大型造船商，试图帮这些工人找新工作。

她回忆道：“当打电话时对话是这样的，他们会说好吧，寄一份简历过来吧。我会说你们为什么不过来看看他们能做些什么呢。我向他们展示了这艘船，最终所有工人都找到了新工作。”

对于世人皆知的泰坦尼克号沉没灾难，威廉姆斯并没有被吓倒。他声称自己造的这艘船航程可达 1 500 英里，是不可能沉没的，因为整个船体由一个个单独的水密舱组成，如果其中一个发生漏水，水不会灌到其他单元。这艘船装有机动船帆、全球定位系统、自动驾驶仪、雷达和气象传真机。这艘船还有一个定制的计算机系统，其中包含世界上所有海域和港口的海图。

除了楼上的沙龙会客厅，下层还有两个房间，一个船员休息室和一个图书馆兼休息室，这艘船最多可载 149 名乘客和 6 名船员。因为是按照海上航行的标准建造的，所以这艘船还具有营业资格，获准提供从阿拉斯加到加州卡波圣卢卡斯的旅客运送服务。

船上装有两台 350 马力的康明斯柴油发动机，外加两台发电机来供电。自备的海水淡化系统每天能产生 500 加仑的水，足以供船员和乘客定期淋浴。酒吧有一台四桶容量的啤酒冷却机器，还有一台 35 箱容量的冰柜和一台每天能生产 200 磅冰的制冰机。这艘船携带最先进的视听系统，并可以在全球任何地方接收卫星电视信号和通话。

舱内装饰了灰白色的鸟眼枫木、皮革家具和一块由进口材料制成的柔软的绿色地毯，即便是不小心将机油洒在了上面，也可以用纸巾擦拭干净。

船舱入口的蚀刻窗户在阳光的照射下会不断变幻出轻盈的颜色。他们专门为这艘船创作了一个圣巴巴拉的海边故事，并花费 5.5 万美元从佛罗里达请来了一位玻璃雕刻大师将这个故事刻在装饰玻璃上。入口的窗户上描绘了一片海草丛，然后门厅的隔板展示了海草丛中的各种海洋生物，玻璃上的故事随着墙壁一直延伸到楼下的浴室。在那里，一条穿着贝壳胸衣的美人鱼装饰着女厕所的门；有着一脸浓密飘逸的胡须的海神指向男厕所。

对于这艘倾注心血的船，芒格说："我这辈子从来没有像这样一掷千金。我说过，这是一件很有创意的事情。"至于到底为这艘船花了多少钱，尽管芒格不愿透露，但据一位专家估计，总支出应该在 600 万美元左右。

经过三年的建造，又花了一年的时间，新船终于交付使用。威廉姆斯和另外两名船员一起驾驶它航行了 7 000 英里，把它开回了圣巴巴拉。他们在开始这段旅程时赶上了 1999 年的飓风季节，后来得知这是加勒比海历史上最严重的飓风季节之一。飓风米奇横扫了这个地区，船员被迫在哈瓦那紧急避难。他们在海明威码头整整等了 25 天，等飓风和其他恶劣天气过去。在天气条件允许后，他们穿过巴拿马运河，沿着中美洲、墨西哥的西海岸，直到加州。

由于它的大小和载客量，该船必须配备两名资深船员。威廉姆斯和哥哥曾在维尔京群岛的圣托马斯岛经营租船业务，现在他们担任了这些角色，他们的另一半也在船上帮忙。

芒格曾声称他永远不会在船上过夜，但当新船开到的时候他带着南希飞到了卡波圣卢卡斯，他们在那里待了整整三天，开船去看了鲸鱼，并在海上垂钓。

威廉姆斯说："芒格一直想要一艘具有双重用途的船。"芒格把它设计成一艘白天可以开派对的船，他希望有一半的时间出租给公司开董事会，另一半的时间提供给一些组织进行慈善筹款活动。芒格的设想包括观鲸旅游、捕龙虾派对、穿越海峡群岛之旅，这会唤起人们对《蓝色海豚岛》的回忆，那本书后来被拍成了电影。按照芒格的设想，威廉姆斯夫妇计划每年举办 50 场经营活动、50 场慈善活动。

但这艘船未能成功获得在圣巴巴拉之外地区的运营执照，部分原因是当地的旅游船船主反对，部分原因是它的尺寸过大。但有时它也会因为特别的理由被允许在圣巴巴拉之外的其他港口使用。有一次，威廉姆斯夫妇在加州蒙特雷举行了一场巴菲特小圈子派对，巴菲特、比尔·盖茨以及其他一些知名企业精英出席了这场派对。船上为 65 人举办了一场包括七道佳肴的宴会。虽然船上配有一个面面俱到的厨房，包括两台对流烤箱，但晚餐是在岸上准备好送上船的。另外一次，芒格的女儿艾米莉在加州新港海滩举办了她的 40 岁生日派对，派对就开在船上，她的朋友从世界各地飞来参加这次活动。

在新船完工后，威廉姆斯和芒格开车经过码头的停车场，此时有辆汽车从停车位冲出来，朝着芒格的车撞过来。威廉姆斯对着司机大喊，就在撞车前对方猛踩了刹车。

芒格对威廉姆斯说：“你救了我一命。”威廉姆斯认真地回答说：“我永远不会让你有事的。”没想到芒格却提醒说：“你走错了，走到我这边来。”他指了指自己失明的左眼。

看似随意实则理性的芒格

芒格为了开心花约 600 万美元建造了一艘船，这对他的家人和朋友甚至对威廉姆斯来说非比寻常，但也谈不上古怪。

威廉姆斯说：“芒格其实非常务实，有一天我们一起开车出去，他说我得给你看看我盖的房子。”于是，芒格带路，威廉姆斯开车，来到蒙特西托的温泉路尽头。芒格指着一座可以俯瞰太平洋的豪宅，那里有一个游泳池、很大的花园，花园大到需要一辆高尔夫球车才能四处走动。威廉姆斯对芒格说：“这是你退休后住的地方？”芒格回答说：“不，我从来都不喜欢住在这样的地方。”

女儿莫莉说：“父亲对情绪化这件事持怀疑态度，因为情绪化会导致你做愚蠢的事情，这样的故事我们听到过很多。我曾试图回想父亲有没有说过‘凭着直觉，就跟着感觉走’之类的话，答案是没有，那不是他的风格。”

不过，莫莉也承认父亲会时不时地显示出随性的一面。“虽然他有理性的一面，但他并不是一个枯燥无聊的人。他精力充沛、思维活跃。一旦他认定你是个值得交往的、靠谱的人，他会对你忠诚热情、掏心掏肺。总之，关于父亲的性格，一个很好的结论是他非常重感情，但同时具有强大的心理控制力，这是一种独特的情绪性格组合。”

结束语

当巴芒还年轻的时候，巴菲特会经常告诉那些好奇的股东如果自己发生了什么事，芒格可以替代他执掌伯克希尔－哈撒韦。随着时间的流逝和年龄的增长，芒格以标准的中西部式幽默回答了关于公司接班人的问题。他说："在乔治·伯恩斯 95 岁的时候，有人问他：'你总是抽这样的大雪茄，你的医生没有提醒你应该注意吗？'人们得到的回答是：'我的医生死了。'"

但现在巴芒都已经年逾古稀，这个回答不再有效。

芒格说："在适当的时候，公司的管理层一定会发生变化，这是一个不可避免的问题。"

然而，两人都表示会在适当的时间宣布接班人，可能会有两个，一个负责运营，一个负责投资。此外，伯克希尔－哈撒韦依然拥有轻松管理的长期理念。芒格说："死亡的确会带来一个坏处，那就是无论下一任 CEO 是谁，我们都不太可能找到一个像巴菲特这么优秀的资本配置者，但这并不影响伯克希尔－哈撒韦依然会是一家优秀的公司。"

芒格说他和巴菲特都没有被接班人这个问题所困扰。"非常幸运的是，巴菲特计划无限期地活下去。"

有一位股东问下一个芒格在哪里。对此，芒格实事求是地说："对芒格的需求其实没那么多。"

芒格的幽默令人无法抗拒，即便是黑色幽默。他说在自己死后人们会问："他留下了多少钱？"答案是："他把一切都留下了。"

附录 1 惠勒 – 芒格合伙企业的表现

年份	合伙企业表现（%）	道琼斯指数（%）
1962	30.1	−7.6
1963	71.7	20.6
1964	49.7	18.7
1965	8.4	14.2
1966	12.4	−15.8
1967	56.2	19.0
1968	40.4	7.7
1969	28.3	−11.6
1970	−0.1	8.7
1971	25.4	9.8
1972	8.3	18.2
1973	−31.9	−13.1
1974	−31.5	−23.1
1975	73.2	44.4
平均	24.3	6.4

附录 2　芒格一生的时间线

1924 年，芒格于 1 月 1 日出生在内布拉斯加州的奥马哈市。

1941—1942 年，芒格就读于密歇根大学。

1942 年，芒格加入了美国陆军，担任气象预报员。

1943 年，在美国陆军服役期间，芒格就读于帕萨迪纳的加州理工学院。

1948 年，芒格以优异的成绩毕业于哈佛大学法学院。

他开始在洛杉矶的莱特 & 加勒特律师事务所从事律师工作，该所后来更名为穆希克、皮

勒 & 加勒特律师事务所。

1949 年，芒格获得了加州律师执业资格。

1950 年，芒格与埃德·霍斯金斯建立了合作关系，并最终与他成立了一家变压器公司。

1959 年，巴菲特和芒格在奥马哈举行的一次晚宴上相识，这次晚宴由他们共同的朋友埃德温·戴维斯医生主持。

威斯科金融成立。

1960 年，芒格拆掉了位于洛杉矶汉考克公园附近的一座豪宅，将地块一分为二，并卖掉了其中的一块以回笼资金，全家搬进了在另一地块上建造的新房子。

1961 年，芒格和合作伙伴埃德·霍斯金斯出售了变压器公司。

奥蒂斯·布思和芒格合作，开始了他们的第一个房地产项目的开发。

1962 年，一家投资公司——惠勒 – 芒格合伙企业在洛杉矶成立，芒格和杰克·惠勒是这家公司的合伙人。

同年，芒格 & 托尔斯律师事务所成立，由七名律师组成，包括罗伊·托尔斯、罗德里克·希尔斯——他后来成为 SEC 主席，还有他的妻子卡拉·安德森·希尔斯——她后来成为美国贸易谈判代表。

同年，巴菲特开始买入位于马萨诸塞州新贝德福德的纺织公司伯克希尔 – 哈撒韦的股票。

1965 年，芒格辞去了律所的工作，不再从事律师行业。

芒格、李克·古瑞恩和巴菲特开始购入蓝筹印花的股票。

巴菲特积累了足够多的伯克希尔－哈撒韦的股份，足以控股该公司。

1967 年，芒格和巴菲特去了纽约，购入联合棉纺公司。

以大约 860 万美元的价格收购了国民赔偿保险公司及其姊妹公司。

1968 年，巴菲特第一次组团，包括芒格在内，一起前往加州科罗纳多，与本杰明·格雷厄姆会面，讨论低迷的股市。

巴菲特开始清理伯克希尔－哈撒韦的资产结构，并将其重组为一家控股公司。

1969 年，芒格和巴菲特支持贝洛斯医生上诉到加州最高法院，该医生将一名病人转介到一家诊所堕胎。

芒格成为洛杉矶哈佛中学的董事，该学校后来与西湖中学合并。

拥有 100 名合伙人的巴菲特合伙企业于 1969 年底关闭，所有投资人有多项选择：收取现金、转成伯克希尔－哈撒韦和多元零售的股票或者投资红杉基金。

巴菲特和芒格收购了伊利诺伊国家银行。

1972 年，通过蓝筹印花，巴菲特和芒格以 2 500 万美元的价格买下了喜诗糖果。

古瑞恩和芒格获得了信函基金的控股权，后来将其更名为新美国基金。

1973 年，在斯坦·利普西的领导下，《奥马哈太阳报》因曝光“男童之家”的丑闻而赢得了普利策奖。

伯克希尔－哈撒韦开始投资《华盛顿邮报》，成为凯瑟琳·格雷厄姆家族以外的最大股东。

1974 年，芒格成为哈佛－西湖中学的董事长，一直任职到 1979 年。

巴菲特和芒格收购了加州帕萨迪纳的一家储贷机构的母公司威斯科金融。

1975 年，芒格辞去惠勒－芒格合伙企业总裁的职务，该公司于 1976 年清盘。从 1962 年到 1975 年，公司的年复合增长率超过了 20%。

1976 年，美国证券交易委员会（SEC）完成了对蓝筹印花、威斯科金融和伯克希尔－哈撒韦之间关联关系的调查。巴菲特和芒格在不承认无罪或有罪的情况下达成和解，并向威斯科金融的股东支付了 11.5 万美元，这些股东可能因他们的商业行为而受到了损害。

芒格成为蓝筹印花的董事长。

1977 年，通过蓝筹印花，巴菲特和芒格以 3 250 万美元的价格买下了《布法罗晚报》。

截至年底，伯克希尔－哈撒韦对蓝筹印花的持股比例增至 36.5%。

伯克希尔－哈撒韦投资 1 090 万美元买入大都会通讯公司的股票。

1978 年，芒格成为伯克希尔－哈撒韦副董事长，同时出现了视力问题。

伯克希尔－哈撒韦在蓝筹印花的持股比例增加到 58%，要求将蓝筹印花完全整合到伯克希尔－哈撒韦中。

1979 年，威斯科金融收购了精密钢业仓储公司。

1980 年，芒格接受令他极度痛苦的眼部手术，但不幸失败，左眼失去了视力。他右眼的视力变得很有限，被迫戴着厚厚的白内障眼镜。

1983 年，蓝筹印花完全并入伯克希尔－哈撒韦，这一过程几年前就开始了。

1984 年，芒格成为威斯科金融的董事长兼总裁。

1985 年，威斯科金融保险公司的总部设在奥马哈。

伯克希尔－哈撒韦的纺织厂被永久关闭。

巴菲特和芒格以 3.15 亿美元的价格收购了斯考特 & 费策，该公司业务包括《世界百科全书》、柯比真空吸尘器。当时，著名的"野蛮人"伊万·博斯基盯上了这家公司。

1986 年，在运营新美国基金赚到很多钱之后，芒格和古瑞恩关闭了之前收购的新美国基金，并将部分股票分配给了基金的投资人。

每日新闻集团成为一家上市公司，由芒格担任董事长。

1987 年，伯克希尔－哈撒韦以 7 亿美元收购了所罗门兄弟 12% 的股份，巴菲特和芒格被选为董事会成员。

1989 年，芒格宣布退出美国储贷机构联盟，以抗议该组织不愿支持合理的行业重组，尽管该行业的危机迫在眉睫。

伯克希尔 – 哈撒韦向吉列、全美航空和冠军国际这三家公司投资了 13 亿美元。芒格参与了伯克希尔 – 哈撒韦对吉列的投资谈判。

伯克希尔 – 哈撒韦购买了吉列 6 亿美元的优先股，这些优先股后来被转换为吉列 11% 的普通股。

伯克希尔 – 哈撒韦收购了位于奥马哈的波仙珠宝公司，这家公司同样出自创立内布拉斯加家具城（NFM）的家族。

芒格的妹妹玛丽这一年因帕金森病离世。

1991 年，所罗门兄弟的一名债券交易员违反了联邦法规，导致该公司濒临破产。巴菲特、芒格和芒格律所的奥尔森、德纳姆奋力拯救该公司。巴菲特接任所罗门兄弟 CEO 达 9 个月。

1992 年，威斯科金融旗下的互惠储蓄放弃了储贷行业牌照。

1993 年，芒格入选《福布斯》400 富豪榜。

美国储贷机构联盟清算解散。

芒格和巴菲特加入了陷入困境的全美航空的董事会。

伯克希尔 – 哈撒韦以 4.2 亿美元的股票收购德克斯特鞋业公司。

1994 年，通过法定合并流程，互惠储蓄并入威斯科金融。

1995 年，伯克希尔 – 哈撒韦以 23 亿美元收购了盖可保险剩余的股份。

芒格和巴菲特退出了全美航空董事会。

1996 年，威斯科金融收购了堪萨斯银行家担保公司。

1997 年，芒格被任命为开市客的董事会成员，这是一家总部位于华盛顿州伊瑟阔的仓储式连锁零售公司。

伯克希尔 – 哈撒韦以 16 亿美元收购飞安国际，以 5.85 亿美元收购国际乳品皇后。

所罗门兄弟以 90 亿美元的价格被卖给了旅行者集团，其中伯克希尔 – 哈撒韦在这笔交易中所占的份额约为 17 亿美元。

1998 年，伯克希尔 – 哈撒韦以 7.25 亿美元的价格收购了捷安飞行公司。

旅行者集团与花旗集团合并，成为全球最大的金融服务公司。

附录 3　芒格的哈佛演讲

跨学科技能：教育的意义

（注：本篇是芒格于 1998 年 4 月 24 日在哈佛大学法学院 1948 年毕业生 50 周年同学聚会上发表的演讲。）

今天，我来玩一个苏格拉底纸牌游戏，以纪念我们的老教授。我会提出五个问题，并给出简要的回答，这五个问题如下：

（1）各行各业的专业人士是否需要具备更多的跨学科技能？

（2）我们的教育是否提供了足够的跨学科知识？

（3）对于各种精英化的软科学教育而言，什么才是切实可行的跨学科教育的最佳形式？

（4）在过去 50 年里，精英学术界在提供最佳跨学科教育方面取得了哪些进展？

（5）什么样的教学实践能够加快这个进程？

我们从第一个问题开始：各行各业的专业人士是否需要具备更多的跨学科技能？

要回答这个问题，我们首先要明确，跨学科知识是否有助于提高专业认知。为了找到应对认知低下的良方，有必要弄清楚认知低下的根源所在。文学家萧伯纳笔下曾经有个人物这样解释所谓“职业”（或专业）的缺陷：“归根结底，每一种职业都是哄骗外行的阴谋。”早些年的历史证明，萧伯纳的这个判断是千真万确的。例如 16 世纪，当时占据社会主导地位的职业人士是神职人员，他们将威廉·丁道尔（William Tyndale）烧死，原因是他将《圣经》翻译成英文。

但萧伯纳低估了问题的严重性，他认为上述情况主要是因为这些职业人士出于自私的故意使坏。但比这更重要的是，复杂的潜意识心理倾向对职业人士的行为有着可怕的经常性影响，其中最容易引起麻烦的有两种倾向：

（1）机制造成的偏见。拥有这种天生认知偏见的职业人士会认为，对他们自己有利的，也同样对客户和整个文明社会有利。

（2）持锤人倾向。这个名称来自那句谚语：“在拿着锤子的人看来，每个问题都非常像一颗钉子。”

治疗“持锤人倾向”有个显而易见的好办法：如果一个人拥有多种跨学科技能，那么他就会有许多不同的工具，可以尽可能减少“持锤人倾向”所引发的认知错误。

此外，当一个人拥有足够多的跨学科知识时，他会从实用心理学中了解到，无论是谁，人在一生中必须与上述两种倾向的不良影响做斗争。到了这一步就可以说，他在通往普世智慧的道路上迈出了具有建设性的一步。

让我们分别用 A 和 B 代表两种对学科的不同描述，如果用 A 代表某类专精深窄的专业学科，用 B 代表覆盖广泛且非常有用的其他学科，那么很明显，同时拥有“A 加 B”认知的职业人士通常比只掌握 A 的家伙更棒。这一点是不是确定无疑的？

若果真如此，那么，人们不去获取更多 B 类知识的理由只有一个：由于生活所迫，他不得不掌握 A，而生活中还有其他紧要的事，所以掌握更多的 B 类知识不现实或可行性不大*。后面我将会证明，对于大多数有天分的人来说，这种仅仅掌握一门学科的借口是站不住脚的。

我提出的第二个问题很容易回答，我不想为它花费太多的时间。我们的教育太过局限于某类学科，而很多重大问题往往会涉及很多不同的学科。在这个过程中，试图用单一学科来解

* 大白话就是“大家都很忙”。——译者注

决这些问题，就像玩桥牌时一心只想着靠大牌取胜，而忽略其他因素一样。这就显得脑子有点问题了，就像《爱丽丝梦游仙境》中“疯帽子”的茶话会。但这种情况在当前的专业实践中非常普遍，更糟糕的是，多年以来，人们各自为政，认为各种软科学之间彼此相互独立，没什么关联，不像生物学等基础学科那样有很多环环相套的知识。

甚至，在我们年轻的时候，各学科之间门派鲜明、壁垒森严、排斥异己的情况非常严重。连一些最好的教授都对此感到非常震惊。例如，阿尔弗雷德·诺斯·怀特海（Alfred North Whitehead）很早就对此敲响了警钟。他的名言为：“令知识死亡的并非无知，而是对无知的无知。”他曾语重心长地指出：“各学科之间的割裂是非常有害的”。自那以后，许多精英教育机构越来越认可怀特海的观点，他们致力于改变这种学科隔离的状况，引进了跨学科教育，有许多奋斗在各个学科边缘的勇士赢得了喝彩，其中的佼佼者有哈佛大学的E.O.威尔逊（E.O.Wilson）和加州理工学院的莱纳斯·鲍林（Linus Pauling）。

如今，高等学府提供的跨学科教育比我们那时多了不少，这么做显然是正确的。

那么，第三个问题自然是这样的：现在我们的目标是什么？在精英教育中，对于大部分软科学而言，什么样的跨学科教育才是切实可行的、最佳的？这个问题也不难回答。我们只需要检验一下最成功的专精深窄的专业教育，找出其中的重要元素，然后把这些元素组合起来，就能得到合理的解决方案。

至于最佳的专精深窄的专业教育模型，我们不能到那些毫无改变的院校去找，因为它们深受上面提到的两种负面心理倾向和其他不良风气的影响，我们应该到那些对教学质量要求最严、对结果检查最严的地方去找。这就引导我们来到一个合乎逻辑的地方：今天大获成功并成为必修课的飞行员来训练学科。（没错，我的意思是，如果哈佛大学能够多借鉴飞行员来训练学科，将会变得更加出色。）跟其他行业一样，在飞行行业，前面提到的“持锤人倾向”心理效应会带来巨大的危险。我们不希望飞行员的脑子里只有一种处理险情的模型——*X*，以免在他遭遇 *Y* 类型风险的时候，由于只有一种认知而导致无法应对新险情。由于这个原因以及其他原因，对飞行员的训练是依照一个严格的六要素系统进行的。这六种要素包括：

（1）教给他足够全面广泛的知识，让他能熟练地掌握飞行所需的一切知识。

（2）全部教会他这些知识，不仅是为了让他能够通过一两次考试，更是为了让他能够熟练地应用这些知识，甚至能够同时处理两三种相互交织、重叠发生的复杂危险情况。

（3）就像任何一个优秀的数学家一样，他有时需要正向思维，有时需要逆向思维，这样他就能明白什么时候应该把注意力集中在他想要做的那些事情上，而什么时候应该把注意力集中在他想要避免的那些事情上。

（4）他必须接受各个学科的训练，力求把未来因为误操作造成损失的可能性降到最低。其中，最重要的操作步骤必须经过最严格的训练，以求达到最熟练的水平。

（5）他必须养成核对“检查清单”的习惯。

（6）在接受最初的训练之后，他必须保持对这些知识的常规性训练。他需要经常使用飞行模拟器来进行训练，以免那些应对罕见情况的知识因为长期不用而生疏。

很显然，在那些要求严格的专精深窄的领域，人们发自内心地认为上述六要素系统非常有必要。因此，培养解决各种问题能力的教育也应该具备这些要素，而且应该大力拓展这六种要素所涵盖的内容。如若不然，还能有什么其他更好的选择吗？

因此，下面的逻辑是不言自明的，如同白昼与黑夜。在试图把优秀学生培养成优秀人才的精英教育中，如果想得到最佳的结果，我们应该让学生学习大量的跨学科知识，持久掌握所有必要的技能，拥有根据实际情况熟练运用各种综合知识的能力，以及掌握在数学推理中用到的那些正向和逆向思维技巧，再加上形成使用“检查清单”的终身习惯。若想获取全面的普世智慧，别无他法，更无捷径。这个任务所覆盖的知识面特别广，乍看之下令人望而生畏，似乎不可能完成。

但仔细想想，如果我们考虑到下面三种因素，其实它并没有那么难。

首先，对于“所有必要的技能”这个概念我们应该明白，我们没有必要让每个人都像拉普拉斯（Laplace）那样精通天体力学，也无须让每个人都精通每个学科。事实上，只要让每个人掌握各个学科中真正重要的思想就足够了，它们的数量并不太大，相互之间的关系也没那么复杂。简言之，掌握各个学科中真正重要的、为数不多的思想足矣。这是因为对于大多数人而言，由于需要足够的天赋和大量的时间等制约因素，掌握大量的跨学科知识是不可能的。

其次，在精英教育中，我们拥有足够多的天赋和时间。毕竟，我们的学生都是百里挑一的，而且平均而言，我们的老师比学生更为优秀。我们差不多用13年的时间来把12岁的聪明学生打造成优秀的职业人士。

最后，逆向思维和使用“检查清单”学起来不难，无论是在飞行中，还是在生活的方方面面。

我们相信掌握跨学科技能是可行的，这就如同一个阿肯色州人被问到为什么相信洗礼时的回答一样：“眼见为实。”我们知道当代也有许多像本杰明·富兰克林一样杰出的人，一方面，他们接受正式教育的时间比其他很多优秀年轻人少，但却获得了强大的跨学科综合能力；另一方面，尽管他们在本专业以外的知识上花了不少时间，但对综合能力的掌握使他们在本专业的表现更加出色。

虽然已经有这么多跨学科的成功榜样，无论是时间、天赋还是案例，但我们依旧未能将“持锤人倾向”的负面影响降到最低，这说明如果你安于现状或者害怕改变，如果不去努力争取，你就无法取得重大的胜利。

这就向我们提出了第四个问题：自我们毕业以来，在提供切实可行的跨学科教育方面，精英教育取得了什么进展？

答案是他们做出了许多努力，调整了教学方向，提供了更多的跨学科教育。在走了一些弯路之后，现在整体情况已经比以前好很多。但是，依然存在不少有待改进的地方。

例如，在软科学领域，人们逐渐发现，如果几个来自不同学科的教授合作进行课题研究，或者一个教授曾经取得了几个学科的学位，那么研究成果会更好。但另外一种做法的效果通常是最好的，那就是补充法，或者叫作“各取所需”法或“拿来主义”，这种方法鼓励大家无论看中其他学科的什么知识，只要有用就尽管拿来用。这种方法之所以能够取得最佳效果，也许是因为它绕开了传统学术界根深蒂固的门派之争，引发这些争论的恰恰是单一学科固步自封的愚蠢，而这正是我们现在寻求改变的。

无论如何，只要我们更多地采用“各取所需”法或“拿来主义”，许多学科领域就能减少“持锤人倾向”引发的愚蠢。例如，我们班上成就最大的同学是罗杰·费希尔（Roger Fisher），在他的领导下，哈佛大学法学院将其他学科的成果应用到谈判研究中。罗杰写的关于谈判的著作充满智慧和道德感，目前销量已超过 300 万册。法学院还吸取了大量有用的经济学知识，甚至引入博弈论以便更好地理解经济竞争的原理，从而制定出更有针对性的反垄断法案。

反过来，经济学则受生物学中的“公地悲剧”*启发，创造出“无形的脚”这一名词，与著名的亚当·斯密那只“无形的手”遥相呼应。甚至是现在出现的“行为经济学”这一分支学科，也非常明智地主动向心理学寻求借鉴。

然而，像“各取所需”或“拿来主义”这种方法给软科学领域带来的结果，并非百分之百令人满意。实际上，这种方法也带来了一些糟糕的结果，比如说有些文学系吸收了弗洛伊德的理论；很多地方引进了极左翼或极右翼的意识形态，对于那些先入为主的人来说，重新获得客观的研究态度比回炉再造还要难；许多法学院和商学院采用了生搬硬套的有效市场理论，这些理论出自一些误人子弟的公司理财专家，其中有一个所谓的专家在解释伯克希尔－哈撒韦的投资成功时一直引用运气标准差（以证明我们是靠运气成功的），甚至一直加到六个标准差，也就是所谓的六西格玛（其实，这恰好证明了靠运气成功的概率非常小）。最终，他因为实在无法忍受大家的嘲笑而改变了说法。

但是，即便这种“各取所需”法能够避免这些神经病式的行为，它也存在一些严重的缺点。例如，在软科学领域借鉴自然科学的概念时，有时候会创造出一些新名词，但却没有揭示这些名词的渊源，没有遵照原有的秩序，这种现象会造成不利的影响，就像一种糟糕的文档归类法，会对这些被借鉴的概念

---

* 加勒特·哈丁于1968年在《科学》杂志上发表了著名的论文《公地悲剧》，其描述了公共资源因滥用而枯竭的现象。——译者注

在理解和应用上造成不利；再如，这种不利会使软科学领域无法出现像莱纳斯·鲍林那样的系统，他们利用物理学来改进化学研究，从而取得崭新的成就。尽管如此，我们还是相信一定能找到更好的方法。

这向我们提出了最后一个问题：在精英教育的软科学领域，有哪些方法可以促进我们优化？这里也有一些简单的答案。

第一，应该将更多的学科课程设置为必修课，而不是选修课。这就意味着，那些负责选定必修课的人必须熟练掌握大量的跨学科知识。无论是培养未来的跨领域问题专家，还是培养未来的飞行员，这个论断都是成立的。例如，法学院毕业生应该掌握心理学和会计学知识。然而，许多精英院校即使到了今天，依然没有这样的要求。那些制订培养计划的人往往自己的知识面就很窄，他们既不知道哪些课程应该入选必修课，也没有能力纠正其中的不足。

第二，学生应该有更多的实践机会，以便运用跨学科知识去解决问题，包括一些像飞行模拟器那样的练习机会，以免原本掌握的技能由于长期不用而遗忘。举个例子，我隐约记得，很多年前，哈佛商学院有个教授非常聪明，但是有点离经叛道，他给学生上课很有意思。

有一次，这个教授出的考试题目是这样的：有两位不谙世事的老太太刚刚继承了位于新英格兰地区的一家鞋厂，这家鞋厂专门制造名牌鞋，现在这家鞋厂遇到了一些严重的问题。教授详细地介绍了这些问题，并给学生充足的时间来写一些建议给两位老太太。最终，几乎每个学生的答案都被判不及格，但教授给了一个聪明的学生很高的分。那么，得到高分的学生的答案是什么样的呢？答案非常简短，大约是这样的："这家企业所在的行业和所处的位置都处于激烈的竞争之中，再加上当前遇到的问题非常棘手，两位不谙世事的老太太通过聘请外部人来解决问题是不明智的。考虑到问题的难度和无法避免的代理成本，建议两位老太太尽快卖掉这家鞋厂，最好是卖给那个拥有最佳边际效应优势的竞争对手。"我们可以看出，这个高分学生作答的依据并非当年商学院传授的知识，而是一些更为基本的观念，比如说代理成本和边际效应，它们分别来自大学本科所学的心理学课程和经济学课程。

说到这里，不由得感慨一下，同学们，如果当年我们也有这样的考核该多好，那样我们现在取得的成就将会大得多！

巧合的是，现在许多精英私立学校早已在七年级的科学课中使用这种跨学科教学模式，然而许多高校的研究生院却依然不明白这个道理。这个令人难过的现状再次证明了怀特海的论断："各学科之间的割裂是非常有害的。"

第三，大多数软科学领域的专业学校应该更多地使用顶级商业刊物，比如《华尔街日报》《福布斯》《财富》等，这些刊物都非常棒，可以起到飞行模拟器的作用。它们的报道往往有错综复杂的前因后果，我们可以让学生试着用各学科的知识进行分析。而且这些刊物有时候能够让学生学到新的归因模式，而不仅仅是重复原有的知识。如果一个学生想要尽可能地提高自己的判断力，那么在校期间就应该寻找机会，去践行他毕业后想要终生从事的工作，这样做非常有必要。在商界，我认识的那些具有超强判断力的人，他们也都用这些刊物来保持自己的智慧，学术界有什么理由例外呢？

第四，当大学偶尔有职位空缺需要招人时，应该避免聘请那些具有强烈政治倾向的教授，无论是左翼还是右翼，学生也应该避免受意识形态的影响。因为那些激情澎湃的人往往缺乏掌握跨学科知识所需的客观态度，受意识形态影响的人很难拥有综合各科知识的能力。在我们上学的那个年代，哈佛大学法学院有些教授就曾提到过一个由于意识形态而犯傻的典型，这个典型就来自耶鲁大学法学院。当时，在许多哈佛大学法学院的教授看来，耶鲁大学法学院是想通过引入一种特定的意识形态来提高法学院的教学水平。

第五，软科学应该加强模仿硬科学的基本组织精神（这里所说的硬科学是指数学、物理学、化学和工程学四门学科），这些学科治学的组织精神值得效仿。毕竟，硬科学在如下两方面做得更好：第一，避免单一学科造成的错误；第二，大量的跨学科知识更容易被应用，并常常获得良好的结果。例如，物理学家理查德·费曼（Richard Feynman）就能够用一只冷却的O型垫圈解开挑战者号航天飞机爆炸的原因。而且，以前软科学也曾借鉴这种方法取得了很好的效果。例如，在150年前，生物学只是乱糟糟地描述一些现象，并没有什么高深的理论。

后来生物学逐渐吸收了硬科学领域的一些方法，从而取得了非凡的成就。在这些基础上，新一代生物学家终于可以使用更好的思考方法，从而成功解决了许多问题。硬科学的这种精神既然有助于生物学，就一定也会使软科学领域受益，因为二者距离更近。在这里，我想解释一下我所说的基本治学精神，它包括下面四点：

（1）你必须依照各个学科的基本属性，按照顺序排列和使用它们。

（2）无论你是否喜欢，都必须熟练掌握并且经常使用这四门基础学科（数学、物理学、化学和工程学）中最重要的内容。而且，需要重视那些比自己的学科更加基础的学科。

（3）在吸收不同学科知识时，要弄清楚来龙去脉，避免违背“经济原则”。不必理会那些违背常识的事情，无论是在自己的学科，还是在其他学科。

（4）但是如果采用第（3）步并没有得到有用的新观点，你可以通过假设和验证的方式确立新原则，就像创建原有原则的过程一样。但你不能使用任何与原有原则相冲突的新原则，除非你能证明原有原则是错误的。

你将会发现，与当前软科学领域常见的做法相比，硬科学的这种治学精神更为严格。这让我想起了飞行员训练，飞行员训练之所以能够取得极大的成功，绝不是偶然。现实是最好的老师，跟飞行员训练的情况一样，硬科学的治学精神与方法不是“各取所需”，而是“无论是否喜欢都必须熟练掌握”。跨学科知识的合理模式应该是这样的：第一，必须弄清楚所有知识的渊源；第二，必须将最基本的解释置于首位*。

这个道理或许看似太过简单，以至似乎没什么用，但在商界和科学界，有一个非常有用的古老法则，它分为两个部分：第一，找到一个简单的基本法则；第二，严格遵循这个法则行事。对于严格遵循基本法则到底具有多大的价值，我打算用亲身经历来进行说明。

我当初来哈佛大学法学院时所受的教育并不多，没有任何学位，工作习惯也很散漫。院长沃伦·阿布纳·西维反对我入学，但在我们家的世交、法学院前院长罗斯科·庞德的介入之下，我还是被录取了。我在高中上过一门糟糕的生物课，主要通过死记硬背的方式，极其粗糙地学习了一个明显不完整的进化论，还解剖过草履虫和青蛙，此外还掌握了一个后来销声匿迹的荒唐的生物学概念——“原生质”。时至今日，我从来没有在任何地方上过化学、经济学、心理学或者商学课程。但我很早就学过基本的物理学和数学，我花了很多的精力来掌握硬科学的基本治学精神与方法。我用这种精神和方法去学习各种软科学知识，吸收跨学科的普世智慧。

因此，我自己的人生经历无意间成了一个教学实验，这是一个很好的案例，一个掌握自己专业的人在更为广泛的学术领域，验证了基本治学精神与方法的可行性与有效性。

---

* 也就是常识，即基础知识。——译者注

我发现，在通过非正式教育弥补自己知识短板的过程中，虽然我的学习意愿并不算非常强烈，但在这种基本治学精神与方法的指引之下，我的能力得到了极大的提升，这远远超乎我的意料。我获得了很多最初未曾想到的好处，有时候我觉得自己就像在“蒙眼贴驴尾”游戏中，那个唯一没有被蒙住眼睛的人*。例如，我本来没打算学习心理学，但这种基本治学精神与方法让我掌握了大量心理学知识，给我带来了很大的好处，这些好处很值得我改天专门讲一讲。

今天，我不打算再多讲了，我已经通过尽可能简单的自问自答方式完成了这次演讲。我的答案中最让我感兴趣的是，虽然我说的一切并非原创，很多理性和受过良好教育的人早已说过，但我批评的这些坏现象在全美顶尖学府中仍然非常普遍。在这些高等学府的软科学院系里，几乎每个教授都养成了单一学科的思维习惯。即使一种更好的思维模型唾手可得，他们也无动于衷。

在我看来，这种荒唐的现象意味着软科学院系的激励机制存在问题。错误的激励机制是主要原因，因为正如约翰逊博士曾经一针见血地指出的，如果真理与个人利益背道而驰，那么真理就很难被接受。如果这个问题是由高等学府激励机制引起的，那么解决的方法就很简单，因为激励机制是可以改变的。

今天，我以自己的生活为例，试图证明软科学领域的教

---

* 也就是众人皆醉我独醒。——译者注

育机构现在这样持续放纵单一学科所导致的偏狭，既非不可避免，也非有利可图。如果让我来解决的话，我认为约翰逊博士的方法是可行的。请别忘了约翰逊博士在描绘学术界那种懒惰而无知的状况时所用的字眼：在他看来，这种墨守成规的行为是一种“背叛”。

如果责任感不能让人们改善这种状况，还可以考虑诉诸利益。只要法学院和其他学术机构愿意更多地采用跨学科的方法，就可以解决许多问题。不管是常见的问题，还是罕见的问题，它们都会像查理·芒格那样，得到巨大的世俗回报。运用这种方法，不但能取得更大的成就，还能获得更多的乐趣。我推荐的这种方法可以让人达到心灵愉悦的境界，若要离开，就如同失去左膀右臂一般，因为那个境界会令人恋恋不舍。

致　谢

本书在许多人的帮助下才得以完成。当然，最重要的是芒格先生本人、他的妻子南希以及他们的七个孩子——哈尔、大卫、莫莉、温迪、小芒格、艾米莉和巴里。芒格家孩子的另一半也给予了大力的支持、帮助，并让人愉快。芒格的秘书多萝西·奥伯特非常出色，巴菲特的助手黛比·博萨尼克同样出色。《财富》杂志的编辑卡罗尔·卢米斯是巴菲特和芒格的多年老友，无论是在时间还是在想法上她都非常慷慨。本书有一份受访者名单，就不在这里一一列举了，请允许我将他们作为一个整体向他们表示感谢。虽然不用说，但必须要说的是，来自巴菲特的配合为我们打开了很多扇门。

我的经纪人爱丽丝·弗里德·马特尔对本书的撰写至关重要，威立父子出版公司的团队贡献也非常大，包括出版人乔安·奥尼尔，编辑德布拉·英格兰德、罗宾·戈德斯坦、玛丽·托德、彼得·克纳普和梅雷迪斯·麦金尼斯。没有菲利斯·金尼、乔林·克劳利以及我最亲爱的丈夫和助手奥斯汀·利纳斯的帮助，我的工作将无法完成。感谢大家。

Damn Right!: Behind the Scenes with Berkshire Hathaway Billionaire Charlie Munger by Janet Lowe
ISBN: 9780471244738